中国体操运动项目协同创新平台资助
武汉体育学院“东湖学子”经费资助
武汉体育学院中青年科研团队经费资助

我国少年男子体操运动员身体素质的评价与诊断

聂应军 著

北京体育大学出版社

策划编辑：李志诚
责任编辑：李志诚
责任校对：原子茜
版式设计：李　鹤

图书在版编目（CIP）数据

我国少年男子体操运动员身体素质的评价与诊断 / 聂应军著. -- 北京 ：北京体育大学出版社，2019.3
ISBN 978-7-5644-2328-5

Ⅰ. ①我… Ⅱ. ①聂… Ⅲ. ①青少年 – 男子项目 – 竞技体操 – 身体素质 – 评价 – 中国 Ⅳ. ①G832.02

中国版本图书馆CIP数据核字(2019)第055008号

我国少年男子体操运动员身体素质的评价与诊断
WOGUO SHAONIAN NANZI TICAO YUNDONGYUAN SHENTI SUZHI DE PINGJIA YU ZHENDUAN　**聂应军　著**

出版发行：北京体育大学出版社
地　　址：北京海淀区农大南路1号院4号楼2层办公B-421
邮　　编：100084
网　　址：http：//cbs.bsu.edu.cn
发 行 部：010-62989320
邮 购 部：北京体育大学出版社读者服务部 010-62989432
印　　刷：北京建宏印刷有限公司
开　　本：710mm × 1000mm　1/16
成品尺寸：157mm × 235mm
印　　张：16.75
字　　数：282千字
版　　次：2019年3月第1版
印　　次：2019年3月第1次印刷
定　　价：98.00元

序

竞技体操是我国“奥运争光计划”的重点项目，中国体操队在2008年北京奥运会上取得了9枚金牌的辉煌成绩，但在北京奥运会后逐步暴露出竞技体操运动员梯队“青黄不接”“空层断档”等严重问题，在2016年里约热内卢奥运会上更是取得零金牌的历史最差成绩。目前竞技体操运动员由以往绝对数量7000多人已锐减到2000人左右。少年体操运动员是“金字塔”竞技体操人才梯队的基层，少年阶段则是体操运动员从基层训练阶段向专项提高阶段过渡的承上启下的分水岭，也是体操运动员入选省队和国家队的关键时期。该阶段体操运动员的科学化训练和成才率已成为扩大竞技体操运动员基数、建设竞技体操运动员科学梯队和促进竞技体操项目可持续发展的关键。

发展身体素质是少年体操运动员最主要的训练任务之一。少年阶段良好的身体素质是体操运动员后续掌握和创新高难技术动作、承担大负荷训练、全面提高竞技能力和比赛取胜的基石，也是后期高级运动生涯防止损伤、延长运动寿命的重要保障。科学的评价与诊断是监控和保障少年体操运动员身体素质科学化训练的核心环节，引导着教练员规划、调控与优化运动员身体素质训练内容，科学制订身体素质训练方案等，对提高竞技体操后备人才训练质量和成才率具有非常重要的实践意义。

评分规则的不断更新、高难动作的不断涌现、训练理念与方法的不断发展，对少年体操运动员身体素质的训练提出了新的、更高的要求。但自1989年国家体委（现国家体育总局）颁布《男子体操教学训练大纲》至今，少年体操运动员身体素质评价指标与标准的发展基本处于停滞状态，关于少年体操运动员身体素质诊断方面的研究更是匮乏。而实践训练和选材中，少年体操运动员身体素质的评价与诊断也趋于“老套化”，缺乏系统性。基于此，本研究通过调查、测试、访谈、实证等多种方法，以男子竞技体操项目需求特征和少年时期身体素质发展特点为切入点，以服务体操运动员可持续发展为落脚点，综合运用多学科知识，突出理论研究与实践应用相结合，对少年男子体操运动员身体素质评价与诊断的理论依据、指标和标准的制定及实证应用展开了系统深入研究。本研究共分为六章，具体包括以下三个核心内容。

一、构建少年男子体操运动员身体素质评价指标与标准

首先，创新性地按9~12岁4个年龄组，从力量、速度、耐力、柔韧、灵敏5个方面构建了少年男子体操运动员身体素质评价指标体系；其次，确定了各项指标权重，通过横向和纵向对比分析，从定量视角诠释了整个评价指标体系的内在结构；最后，建立了4个年龄组单项以及综合身体素质的评分评价标准和等级评价标准，为监控身体素质实践训练水平提供了具体参数。

二、少年男子体操运动员身体素质的评价

实践测试和实证分析相结合，对少年男子体操运动员身体素质发展水平进行评分评价与等级评价，并以比赛成绩为参照，对评价结果进行了实证检验。通过评价，在微观层面揭示少年男子体操运动员各项身体素质训练水平以及存在的问题，在宏观层面把握目前少年男子体操运动员身体素质的整体发展状况和发展目标，对调控少年体操运动员身体素质实践训练、优化和修订切实可行的训练方案提供科学依据和引导。

三、少年男子体操运动员身体素质的诊断

首先，采用帕雷托分析法进行总体态势诊断，揭示了影响4个年龄组少年男子体操运动员身体素质水平的最关键因素，有利于各基层训练单位在宏观上科学、统筹安排少年男子体操运动员身体素质的训练内容。其次，依据结构模型理论，采用雷达图法进行个体态势诊断，在微观上准确定量地确定少年体操运动员身体素质的优势与薄弱环节。最后，建立“身体素质目标挑战模型值”（发展目标），进行差距诊断，明确了少年体操运动员身体素质的下一阶段发展目标，有利于教练员区别对待、因材施训。

诚然，少年男子体操运动员身体素质的评价与诊断始终处于动态的发展态势，笔者就此完成了一系列相关学术论文和研究课题。由于受研究时间、知识结构等所限，研究中不足、不当之处，恳请各界同人批评、指正。

聂应军

2019年1月于武汉

目录

1 导 论

1.1 选题依据及研究意义

1.1.1 选题依据

1.1.1.1 竞技体操的技术发展对运动员身体素质提出了更高的要求

现代竞技体操的一个显著特征就是要求运动员掌握和创新先进的高难动作技术，并不断提高运动技术水平。不断发展、创新高难动作和连接串已成为现代男子竞技体操的发展主旋律。另外，随着体操规则的不断修改，总分突破10分，进一步促进了体操高难动作和连接串的发展和创新；失误扣分的一再加重，对体操难度动作的质量要求也越来越高。可见，随着新难度动作和连接编排创新的层出不穷，稳定地完成高难成套动作成为男子竞技体操运动员取胜的法宝。对运动员自身而言，任何一个难度动作的发展和创新都建立在良好的身体素质这一物质基础之上。创新动作、增加难度和提高运动技术水平的过程同时也是对运动员身体素质极限不断挑战的过程。例如，复合轴动作的出现和连接的加难不仅增加了技术的复杂性，而且对体操运动员身体素质也提出了更高的要求；又如，自由体操中直体“旋”空翻对踺子的推手力量、弹跳力、速度和协调性要求更高。另外，体操运动内容丰富、技术复杂、动作繁多，良好的身体素质有利于运动员竞技能力的提高和各类动作技术的掌握，如良好的位移速度、爆发力有助于跳马和自由体操中高难度动作的完成。

由此可见，随着竞技体操动作技术的不断发展和体操规则的修改，各种新技术、新动作层出不穷，竞争日趋激烈，这对运动员身体素质提出了更高的要求。身体素质作为体操运动员发展高难动作的物质基础，已成为竞技体操运动员提高运动成绩的直接影响因素。一方面，力量、速度、柔韧和协调等素质的有机结合，不同肌肉和肌群之间在空间上的精确配合，是提高技术难度和保证动作稳定的关键。另一方面，良好的身体素质是运动员在训练和比赛中保持稳定、良好心理状态的基础，全面发展的身体素质也有利于竞技体操运动员的心理稳定。因此，加强身体素质训练已成为现代竞技体操动作技术发展和运动员在国际大赛中取胜的客观需要。

1.1.1.2 身体素质是影响少年体操运动员可持续发展的重要因素

《体育事业发展“十二五”规划》明确提出实施“竞技体育后备人才培养工程”，夯实竞技体育可持续发展的基础。目前，在我国三级训练体制下，体操人才呈现“金字塔”形，竞技体操在为我国争取巨大荣誉的背后，由于训练的不科学性，部分有天赋的少年体操运动员运动寿命的过早夭折也是普遍存在且无可置疑的事实。通过几年基础阶段训练，少年时期已成为男子体操运动员从基础阶段向专项提高阶段过渡的一个承上启下的关键时期，也是体操运动员从各业余体校进入各省市队的一个重要选材阶段。可见，少年时期科学的训练是提高成才率、实现运动员可持续发展的重要保障。

身体素质的发展具有不均衡性、波浪性、阶段性等特征，每个时期运动员身体素质的发展速度和训练目标也是不同的。一般认为，运动员身体素质增长较快的年龄阶段称为身体素质发展的敏感期。显然，准确把握运动员身体素质发展的敏感期，科学、适时、合理地安排身体素质训练内容能够取得事半功倍的训练效果，并有利于促进运动员基本技术的形成，预防和避免运动损伤，为运动员后续发展奠定良好的物质基础。9~12岁在《男子体操教学训练大纲》里属于中级前期训练阶段，也是力量、速度、耐力等身体素质自然增长快速期和敏感期，其主要任务之一就是把握身体素质发展的敏感期和有效期，着重发展速度、力量和自我控制的能力等，且身体素质也是这阶段的重点考核项目和选材指标。13~15岁已属于男子体操运动员中级后期训练阶段，这一阶段的主要任务之一就是学习和掌握基本难度动作和较高难度的潮流动作。可见，少年阶段是体操运动员从基础训练阶段向专项提高阶段过渡的关键时期。

综上所述，少年阶段是培养体操运动员至关重要的时期，也是体操运动员从基础训练阶段向专项提高阶段过渡的关键时期，亦是体操运动员身体素质全面发展的敏感期。良好的身体素质能为少年体操运动员以后发展和创新高难动作铺垫物质基础。因此，身体素质训练成为少年体操运动员训练内容的重中之重。另外，科学化身体素质训练还有利于防止运动损伤的发生，直接影响运动员可持续发展。相关研究也表明，如果运动员的身体素质水平与技术水平不能适应，运动寿命就会过早夭折。显然，科学发展少年体操运动员身体素质是提高竞技体操后备人才成才率、构建竞技体操运动员科学梯队、实现竞技体操运动员可持续发展的重要保障。

1.1.1.3 评价与诊断是身体素质训练过程中的关键环节

实时评价与状态诊断是训练过程中两个重要的环节，获取训练信息后加工处理的过程实质上是进行“评价与诊断”的过程。没有反馈的训练是盲目的训练。身体素质训练作为整个运动训练过程中的一个重要环节和组成部分，是一个多年控制系统工程，每一个阶段身体素质的训练目标和任务是不同的。由于身体素质训练过程的长期性和影响因素的复杂性，需要教练员和科研人员不间断地对运动员的训练进行实时评价和状态诊断，并根据反馈结果及时对训练方案做出调整。从纵向发展角度分析，伴随着体操规则的不断修改，竞技体操动作技术不断发展和提高，且男子体操每一个项目对运动员身体素质的要求也不尽相同，可以说体操运动员的身体素质训练也始终处于动态变化之中，这也需要教练员和科研人员对其训练过程进行动态的实时评价，及时、准确地获取运动员身体素质的反馈信息，科学地把握运动员身体素质现实状况、训练质量和进步速度。另外，及时对运动员进行状态诊断，发现每一名运动员身体素质的优势和劣势，科学地为运动员设定预期发展目标，以便及时调整训练方案，使运动员身体素质训练与技术训练有机结合起来，保证身体素质与技术水平的稳定上升，这既有利于教练员及时纠正训练中可能出现的偏态、有效克服训练的盲目性，同时也是教练员科学调控训练过程和制订下一阶段训练工作计划和目标的依据。

此外，少年阶段是体操运动员选材的一个重要阶段，身体素质既是主要训练内容，又是重要的选材指标。科学优化身体素质训练，就必须对身体素质训练水平进行科学评价与诊断，以便全面了解其训练过程中涉及运动员身体素质训练水平的主要参数，为进行科学选材和教练员制订训练计划、选择训练手段、调整和控制训练过程提供重要依据。显然，科学的评价与诊断，全面、客观地了解运动员身体素质发展的现实状况，能为少年男子体操运动员的训练和选材提供理论依据和实践指导。可见，评价与诊断是少年男子体操运动员身体素质训练过程中一个必不可少的关键环节。

1.1.1.4 目前关于体操运动员身体素质评价与诊断的综合研究匮乏

我国竞技体操的水平已处于领先地位，这是无可置疑的。领先的竞技水平与先进的科研水平是密不可分的。随着科学技术的飞速发展和运动训练的不断科学化，国内体育科研人员对体操运动员的身体素质训练水平的测试方法、测试指标、评定方法等都进行过相关研究。通过查阅大量的文献资料发现，20世纪90年代，我国在身体素质测试方法上有了很大突破。例如，有专家、学者采用先进的Cybex等动测力系统对我国优秀男、女体操运动员进行专项力量的诊断和评价；又如，吕万刚教授等提出了较为新颖的少年体操运动员专项素质测试方法，并对其评价体系进行了系统的研究。但近十年来，相关的研究主要集中在分析体操项目对身体素质的特殊要求、身体素质训练应注意的问题和遵循的原则、身体素质训练的内容与方法、身体素质的测试等方面。近期郑湘平博士针对少年女子体操运动员力量素质评价体系进行了系统研究，但对身体素质评价的综合、系统性研究较匮乏。

诚然，已有研究成果对本研究具有重要的方法借鉴和指导意义。但一方面，体操运动员身体素质是由力量、耐力、速度、柔韧、灵敏等组成的综合体，且包括一般身体素质和专项身体素质，关于其中某一项或几项具体素质的评价无法反映身体素质的整体情况，而国内外科研人员关于体操运动员身体素质的系统、综合性研究却较少。另一方面，体操运动员身体素质的训练与评价始终处于动态变化中，每个时期和每个年龄阶段都存在差异。竞技体操作为我国的重点奥运项目，特别是男子竞技体操，更是取得了傲人的辉煌成绩，这与为国家队源源不断地培养和输送后备人才的业余体校是分不开的。可近十几年来相关科研主要集中在高水平运动员技术水平和心理等方面，关于少年体操运动员身体素质的研究较少。此外，笔者值湖北省第十三届运动会体操竞赛期间，通过与黄石、仙桃、孝感等市队少年体操教练员的访谈获知，身体素质训练虽然是少年体操运动员的教学训练中使用频率最高的概念之一，但基层教练员对身体素质的评价却没有统一的标准可参照，对评价指标也是一味地人云亦云，“老套化”现象严重；对指标的选取以及所选取指标是否科学，存在很多茫然的认识，平时主要是根据传统指标或凭借自身经验检测运动员的身体素质，指标的科学性和标准的准确性缺乏实践支撑、理论指导和科学论证，难免出现无效率的决策行为。

另外，通过对湖北、广西、湖南、陕西等省队及国家队关于少年体操运动员身体素质的评价指标和标准的资料收集和分析（表1-1）发现，各省、市主要注重对运动员一般身体素质的评价，评价指标也显“老套化”，缺乏相对规范、统一、综合的评价体系。而目前关于少年体操运动员身体素质评价与诊断方面的综合研究匮乏，且由于运动项目特征的差异性和运动员年龄阶段的特殊性，其他项目或体操其他年龄段的相关研究对少年体操运动员身体素质的评价与诊断的实践意义不大。因此，加强与升华少年男子体操运动员身体素质的研究，显得尤其必要和迫切。

表1-1 部分省队和国家队少年男子体操运动员身体素质评价指标统计表

队	30米跑	立定跳远	引体向上	推倒立	慢起手倒立	控倒立	收腹举腿30秒	蘑菇全旋	400米跑	转肩	跳绳（次/30秒）	立定五级跳	爬绳或杆5米
湖北	√	√	√	√	√	√	√						
广西	√	√	√	√	√	√	√	√	√				
湖南	√	√	√	√	√	√	√	√	√				
陕西		√	√		√		√			√	√		
国家	√		√		√	√	√		√			√	√

1.1.2 研究意义

1.1.2.1 理论意义

竞技体育项目的训练离不开科学理论的指导。纵观国内外对体操训练的相关研究可以发现，关于少年体操运动员身体素质的综合性研究比较薄弱。我国少年体操运动员基层训练单位在有关运动员身体素质训练的理论方面长期以来存在着一些模糊认识，相关的理论体系也还没有完善。本研究运用运动训练学、运动生理学、运动力学、统计学、评价学等理论知识，结合对男子体操项目特征、少年体操运动员的训练特点与训练的实际需求、身体各素质之间的相互关系等的分析，构建一套较为科学、全面的少年男子体操运动员身体素质评价与诊断的理论与方法体系。这对于发展体操运动员身体素质训练理论、进一步完善我国体操运动员训练理论体系具有重要意义，也能为教练员制订运动员身体素质训练计划、选取身体素质训练内容与手段提供科学的理论指导。

1.1.2.2 实践意义

少年阶段的训练是培养体操运动员至关重要的环节，其中良好的身体素质是少年体操运动员发展高难动作的基石。本研究遵循文献溯源、理论与实证分析的逻辑思路，在对男子体操项目特征、运动技术与身体素质的关系等基础理论问题进行深层剖析的前提下，科学确定少年体操运动员身体素质评价内容，在系统的理论指导下构建少年体操运动员身体素质综合评价体系，用科学、合理、切实可行的方法在微观层面对全国少年男子体操运动员具体的身体素质进行实时评价与状态诊断，从宏观层面把握目前我国少年男子体操运动员身体素质的整体发展状况和发展目标，这显然对规范少年男子体操运动员身体素质训练过程、提高身体素质训练的科学化程度和运动成绩具有重要的实践意义。同时，也可为少年男子体操运动员的选材提供指标参数和发展目标导向，进而对提高我国体操后备人才的成才率、促进体操运动员的可持续发展具有重要的现实意义。

1.2 国内外研究现状分析

本部分旨在对身体素质的概念与分类，体操运动员身体素质评价、身体素质选材、身体素质训练内容与手段、身体素质诊断等几个方面的国内外相关文献进行综述，借鉴有价值的研究论点与研究方法，为本研究的深入进行提供有益指导。

1.2.1 关于身体素质的概念与分类研究

1.2.1.1 关于身体素质概念的研究

身体素质已成为体育运动中的一个专业名词术语而被广泛使用。关于身体素质的释义，国内外学者在各自不同的研究领域、从不同的角度进行了分析，并提出了不同定义。每个定义因侧重点不同，相互之间都存在一定差异。本研究主要从运动生理学、运动解剖学、运动医学、运动训练学等领域对身体素质定义进行了溯源、厘清与分析，旨在为本研究关于体操运动员身体素质内容的确定提供方向性指导。

（1）在运动生理学领域。

身体素质是指人体为适应运动的需要所储存的身体能力要素，是人体肌肉基本活动能力的表现，更确切地说，是人体各器官系统的功能在肌肉工作中的综合反映。身体素质的发展水平取决于肌肉本身的结构和功能特点，还与肌肉工作时的能量供应、内脏器官的机能以及神经调节能力有关。

（2）在运动解剖学、运动医学等领域。

身体素质是人体在完成某个动作的过程中表现出来的固有能力，包括速度、力量、耐力、柔韧及灵敏5个方面。陈明达等从人体体质角度认为“身体素质通常是指人体的基本活动能力，是人体各器官系统的机能在肌肉工作中的反映”，主要指“力量、速度、耐力、灵敏性、柔韧性、协调性和平衡性等能力”。

（3）在运动训练学领域。

在国外，美国健康、体育、娱乐和舞蹈协会把身体素质概括为与健康相关的身体素质（亦称健康素质）和与完成运动动作相关的身体素质（亦称运动素质）。健康素质是指与提高健康水平和增强体质有关的因素，如心血管耐力、肌肉力量和耐力、柔韧性等，这是一般人都需要的，是衡量健康水平和体质的标准之一。运动素质是指正确完成运动技术的能力，如速度、反应、爆发力、灵敏性、协调性和平衡能力等，这是运动员特有的，需要根据运动员特点和要求采用专门的手段去练习和发展，是衡量运动员训练水平和运动能力的标准之一。苏联于1984年出版的体育院校教材《运动训练的理论与方法》中，认为身体素质包括速度、力量、耐力、灵巧性、协调能力和柔韧性。

在国内，《体育词典》认为身体素质是指人体活动的一种能力，是人体在运动、劳动与生活中所表现出来的力量、速度、耐力、灵敏及柔韧性等能力。这一定义指出身体素质不仅仅是人体运动的能力，而且也是人体劳动和生活的能力。

《学校体育学》认为，身体素质是指人体在神经系统控制下，运动时肌肉活动所表现出来的能力，这种能力分为速度、力量、耐力、灵敏、柔韧等。

显然，在运动训练学领域，我国学术界身体素质界定的共同特点是认为身体素质主要指人体的力量、速度、耐力、柔韧、灵敏等能力。田麦久把机体在活动时所表现出来的力量、速度、耐力、柔韧和灵敏等各种基本运动能力称为运动素质，它是运动员体能的核心部分，也是身体训练的基本内容。可见，这种界定与身体素质在内容上并没有什么本质区别。

（4）其他相关定义。

随着时代的发展和实践的需要，有学者重新从内涵和外延的角度对身体素质进行了界定。柴建设认为，身体素质是指人体活动的技能，具体包括人体在运动、劳动与生活中所表现出来的身体形态、生理机能、运动机能和心理机能的发展水平。王良民认为，身体素质是机体各器官系统功能的综合表现，主要包括体格、生理机能、体能、适应能力4个方面。李松柏认为身体素质主要是指发育是否健全、智力是否完好、体质强弱、耐力好坏、运动的敏捷程度等，一般常用的具有可比性且易测量的指标有身高、体重、胸围、坐高等生理指标以及身体健康状况。张汉强等认为，身体素质是指人体在先天因素和后天因素共同作用下所形成的生理状况和综合的相对稳定的品质或能力。其中先天因素主要是指遗传因素，它为身体素质的形成和发展提供了前提条件；后天因素则主要包括营养状况、医疗条件、气候环境、生活习惯以及运动健身等因素。

由此可见，在特定的范畴中，身体素质定义的着重点是不一样的。在运动生理学领域主要是从人体机能的结构特征来把握身体素质内涵；在运动解剖学、运动医学等领域主要是从人体各器官系统的机能在肌肉工作中反映出来的能力定义身体素质；而在运动训练学领域，主要是根据机体在运动形式下所表现出来的能力而进行定义的，强调的是机体在运动中的一种能力，这也反映了运动训练过程中的一种本质特征；而所谓从内涵和外延上提出的定义，就是从广义上对身体素质进行定义，其内涵实际上指机体的生理结构，其外延指机体在活动中所表现出来的能力。另外，不同运动项目所需身体素质或身体素质内容的侧重点也是存在差异的。因此，本研究从体操运动员对身体素质的特殊需要出发，以男子体操项目特征、少年体操运动员训练的目的与任务、身体素质训练的内容和手段等为依据，从身体素质的共性与体操运动员身体素质的特性相结合的角度，科学确定少年体操运动员身体素质的内涵。

1.2.1.2 关于运动员身体素质分类的研究

运动员身体素质的分类直接影响着身体素质训练的安排、实施。因此，必须科学认识、理解与把握运动员身体素质的分类。划分的依据是身体素质分类的基础，根据不同的划分依据，身体素质的分类也不一样。通过对身体素质定义的分析可知，从不同角度对身体素质进行定义，会导致身体素质的主要组成部分存在一定差异。本研究主要针对的是运动员在体操项目中身体素质所涉及的主要内容，因此，着重从运动训练学领域分析运动员身体素质的分类（表1-2）。

表1-2 关于身体素质的几种主要分类统计表

分类依据	分类内容
与运动专项有关系的特点	一般身体素质、专项身体素质 或一般身体素质、辅助身体素质、专项身体素质
人体解剖结构的特点	上肢、躯干、下肢等
运动能力的表现特点	力量、速度、耐力、柔韧、协调、灵敏
运动机能的基本特点	基本运动素质（力量、速度、耐力、柔韧）、 复合运动素质（灵敏和弹跳力）

从表1-2可以看出，关于身体素质的分类主要有4种。但在体育运动中，由于运动项目的独特性，不同运动项目对身体素质的需求及内容的侧重点存在较大差异。体操项目对运动员的力量、速度、耐力、柔韧、灵敏等素质有着独特的要求，因此，有必要对力量、速度、耐力、柔韧、灵敏等素质的分类进行综述。

同样，划分依据不一样，各项素质分类的结果也不一样。其中力量素质是指人体神经肌肉系统在工作时克服或对抗阻力的能力，是竞技体操运动员运动训练的基础。根据力量与运动专项的关系，可分为一般力量与专项力量；根据力量与体重的关系，可分为绝对力量和相对力量；根据完成不同体育活动所需要力量素质的不同特点，可分为最大力量、快速力量和力量耐力；根据肌肉用力的部位，可分为上肢力量、下肢力量和躯干力量；根据力量的性质，可分为动力性力量、静力性力量和反应力量；根据肌肉收缩的方式，可分为向心收缩力量、离心收缩力量、等长收缩力量和超等长收缩力量。赵树耀等认为，就竞技体操而言，根据体操运动的练习特征和用力特点，竞技体操运动员力量结构可分为以下几种：支撑力量、推压力量、拉引力量、悬垂摆动力量、身体转动力量和下肢弹跳力量。

速度素质是指人体快速运动的能力，是竞技体操运动员完成动作的保障。速度素质包括人体快速完成动作的能力和对外界信号刺激快速反应的能力，以及快速位移的能力，按其在运动中的表现可分为反应速度、动作速度和位移速度。

耐力素质是指机体坚持长时间运动的能力。按运动时的外部表现，可分为速度耐力、力量耐力和静力耐力等；按运动所涉及的主要器官，可分为呼吸循环系统耐力、肌肉耐力及全身耐力等；按参加运动时能量供应的特点，可分为有氧耐力与无氧耐力；按耐力素质对专项的影响，可分为一般耐力和专项耐力；按运动状态，可分为动力性耐力和静力性耐力；按组织器官系统，可分为肌肉耐力和心血管耐力；按负荷时间、负荷强度，可分为短时耐力、中时耐力和长时耐力。

柔韧素质是指人体关节在不同方向上的运动能力以及肌肉、韧带等软组织的伸展能力，一般分为一般柔韧素质和专项柔韧素质。柔韧素质的好坏直接影响体操运动员动作质量的好坏和技术水平的高低。根据体操项目特征，体操运动员所需要的不是软而无力的柔韧，而是在做大幅度动作时，肌肉仍能快速而有力地收缩。

灵敏素质是指在各种突然变换的条件下，运动员能够迅速、准确、协调地改变身体运动的空间位置和运动方向，以适应变化着的外环境的能力，其生理学基础是在中枢神经系统指挥下，将身体各种能力（包括力量、速度、协调、柔韧等）综合地表现出来。灵敏素质一般分为一般灵敏素质和专门灵敏素质。体操项目中的急起、急停和快速改变方向等动作，都需要体操运动员具备良好的灵敏素质。另外，灵敏素质具有明显的项目特点，如体操运动员的灵敏主要表现为对身体姿势的控制和转换动作的能力。

综上所述，专家、学者们分别从不同层面和角度对运动员身体素质进行了多种多样的分类，为教练员的训练提供了实践指导。评价一种分类方法是否科学，关键看其是否正确提出了各项身体素质的聚类特征。本研究根据体操运动的训练特征、动作技术对各项身体素质的要求以及各项身体素质的神经-肌肉生理特征，从实践层面把身体素质分为一般身体素质和专项身体素质，各自内容又包括力量、速度、耐力、柔韧、灵敏等。而力量按体操动作技术对身体部位各类力量的需要，分为上肢力量（支撑力量、悬垂拉引力量等）、躯干力量（腹肌力量、侧腰肌力量等）和下肢力量（爆发力量等）。根据体操发展特点和动作技术需要，速度素质包括跑的速度、完成动作的速度以及转体和翻转动作的速度，即动作速度和位移速度。男子体操各个项目所需时间分别：跳马5~7秒、器械25~30秒、自由体操50~70秒，主要需要运动员的无氧耐力，且根据新比赛规则的要求，对运动员“连续比赛”的能力要求更高，需要运动员具备良好的专项耐力，因此本研究从一般耐力和专项耐力2个方面对体操运动员耐力素质进行研究。根据体操运动的特点和需求，女运动员要着重发展肩、腰、髋等部位的柔韧素质，男运动员着重发展肩、髋等部位的柔韧素质，男、女运动员还均应重视腕、踝关节的柔韧训练，实践训练中主要包括肩、胸、腰、髋、腿等部位的柔韧训练，因此本研究按身体各部位对柔韧素质进行研究。灵敏素质是身体素质的综合体现，但根据男子体操技术特征，时空、平衡等能力不完全是力量、柔韧等的综合反映，因此本研究主要根据体操项目特征，从时空、平衡等方面对体操运动员的灵敏素质进行研究。

1.2.2 关于身体素质评价的研究

评价通常是指对事物价值高低的判断，包括对事物质与量的描述和在此基础上做出的价值判断。评价已被广泛用于各个领域，如将评价用于教学，便产生和发展了教学评价，即对教学工作质量所做的测量、分析和评定。在体育运动训练中，评价主要是指在训练过程中和训练周期结束后对运动员各种能力进行测试、分析与评定，主要任务是检查训练效果，判断能力发展水平。本研究所指的评价主要是对少年男子体操运动员身体素质的训练效果、发展水平进行实时的检查与评估，也是对身体素质训练过程中训练方法和手段的监控和评定，主要目的是更好地促进少年男子体操运动员身体素质的训练和发展，以改进身体素质训练过程，提高训练质量。

1.2.2.1　关于评价体系的构建思路与方法分析

思路直接指引着论文的具体写作，科学、可行的研究思路对整个研究的顺利进行，并达到预期效果起着至关重要的作用。评价体系的构建是一个系统的过程，包括指标的筛选、权重的确定以及评分标准和等级评价标准等的制定。许多学者通过不同思路和方法构建了不同运动项目的评价体系，这为本研究提供了许多宝贵的经验。相关研究如下。

郑湘平博士对我国少年女子体操运动员力量素质的评价体系进行了系统研究，其具体研究思路和方法如下。首先，根据相关理论知识结合训练实践分析确定一级指标，再通过专家问卷调查初步筛选，结合身体素质测试成绩与运动员运动成绩的回归分析进一步筛选，综合理论分析最终确定二级指标；其次，通过层次分析法确定一级指标的权重，用灰色关联分析（各二级指标对全能成绩的贡献量大小）确定二级指标的权重；再次，采用累进评分法建立单项评分标准（不加权）和综合评分标准（加权）；最后，通过百分位数法建立五级等级评价标准。

韩夫苓博士在我国优秀女子自由式摔跤运动员专项体能评价研究中，评价体系的构建思路如下。首先，根据相关理论知识结合具体实践分析确定一级指标，通过德尔菲法初步筛选，结合多元线性回归分析方法进一步筛选，最终确定二、三级指标；其次，通过专家问卷调查统计法确定各指标权重；最后，运用百分位数法建立单项（不加权）与综合评分标准（加权）及等级评价标准。

孙葆刚博士在构建我国优秀儿童乒乓球运动员专项体能水平评价体系时，首先，通过理论分析，运用因素分解法初拟指标体系，再采用专家咨询法筛选指标体系；其次，运用主成分分析法进行了统计优化，即二次筛选，主成分分析法提取主成分时，采用各主成分的贡献率自动折算办法确定了我国优秀儿童乒乓球运动员专项体能指标8个主因子的代表性指标的权重；最后，用百分位数法制定了评分标准，以及单项指标得分和综合体能得分等级标准。

金宗强博士在我国优秀排球运动员专项体能评价体系的构建中，采用德尔菲法结合主成分分析法，确定了评价指标；通过问卷调查确定一级指标的权重，主成分分析确定二、三级指标的权重；采用百分位数法制定了单项指标（三级指标）的评分标准、体能一级指标与综合体能等级评价标准。

袁运平用与郑湘平博士同样的方法和流程确定了我国男子百米跑一级运动员体能水平的指标，并确定了权重。不同之处是，袁运平运用百分位数法，而不是累进评分法，建立了单项和综合评价标准，以及综合等级评价标准，且在制定综合评价标准时，对加权综合评分标准与不加权综合评分标准两者进行了差异检验，结果显示，两种方法差异不显著，都是可以接受的方法。但是，按照综合评价的科学理论，采用指标加权的方法进行运动员体能水平的综合评价可以加大综合评价的信息量，从而使评价结果具有更高的可靠性。

刘巍构建了东北高校排球运动员专项体能评价指标体系，即采用德尔菲法筛选出东北高校男子排球运动员专项体能的指标，运用层次分析法确立各个指标的权重，运用百分位数法制定高校男子排球运动员体能评价标准，并将单项评价和等级评价有机结合起来，最终建立东北高校排球运动员专项体能评价体系。

陈国平同刘巍的思路一样，在我国青少年女子网球运动员身体素质评价指标体系的构建中，运用德尔菲法确定评价指标，采用层次分析法确定权重，通过百分位数法建立单项（不加权）与综合评分标准（加权）及五级等级评价标准。

郭仲熙等用德尔菲法初步确定了中国优秀青少年乒乓球运动员身体素质训练水平综合评价指标，再用主成分分析法对指标进行进一步筛选，并确定了各指标权重。

综上所述，诸多博士论文以及发表于《体育科学》等报纸期刊上颇有质量的文章，在评价体系的构建思路上，普遍是通过明确评价对象和目标、确定评价指标体系、确定评价指标的权重、制定评价标准4个步骤来建立各种评价体系。在具体的方法运用上，主要是通过专家筛选与统计筛选相结合或只通过这两种方法中的一种方法来确定指标体系；通过赋权结合专家佐证、层次分析、因子分析等方法确定指标的权重；通过测试，采用百分位数法或累进评分法制定评分标准和等级标准。其中专家筛选就是通过问卷形式，请专家依据个人知识经验选出其认为比较重要的关键性指标，最典型的就是德尔菲法；统计方法就是借助计算机，通过主成分分析、回归分析等方法，对初选指标数据进行统计处理而精选指标。目前相关研究多数倾向于采用几种方法相结合来确定评价指标体系及其权重，这些关于评价方面的研究思路对本研究评价体系的构建具有非常重要的参考和借鉴价值。诚然，科学的方法是确保研究结果精确的前提，无论选用何种方法，首先应清楚把握相关方法的使用范围和优、缺点，再根据研究的实际情况和需要而具体确定。指标体系各指标的权重应具有系统性、一致性和统一性，但有些学者分别采用不同性质的方法设置同一指标体系中不同层次指标的权重，存在较为明显的缺陷。因此，本研究在具体的评价指标、标准、权重等的研究中，有必要对相关方法进行分析，再结合本研究的特点及对研究结果的预期分析，科学、合理地采用相应的方法。

1.2.2.2 关于体操运动员身体素质评价指标及其标准的研究

评价指标的确定是评价的关键步骤，指标的科学与否直接影响评价的整体功能。评价标准是衡量评价对象是否达到评价指标要求的尺度，是实施评价的依据，科学、合理的评价标准对于提高评价质量具有重要意义。可见，根据男子体操运动项目的特点，运用科学、合理的方法确定有代表性的评价指标并设定其标准，直接关系到体操运动员身体素质评价效果。国内外许多专家、学者在关于体操运动员身体素质评价指标及其标准方面也开展了一定的研究。

（1）国外相关研究。

苏联在这方面的研究相对较多。在苏联体操训练体系中，最具代表性的有苏联国家体操队参加第24届奥运会（表1-3）和第25届奥运会（表1-4）的总体规划。苏联在参加这两届奥运会的规划中都制定了国家体操男、女集训队员专项身体素质训练水平的评价指标。

表1-3　1984—1988年苏联男子体操队专项身体素质训练水平模式

指标	1984年	1985年	1986年	1987年	1988年
十字/秒	7.6	8.0（9.0）	8.0（9.0）	8.0（9.0）	8.0（9.0）
4米爬绳/秒	5.6	5.5	5.4	5.2	5.0
摆臂原地纵跳/厘米	65	67（72）	68（74）	70（76）	70（76）
20米跑/秒	3.1	3.05	3.00	3.00	3.00
最后助跑5米速度/（米/秒）	8.0	8.1（8.5）	8.2（8.5）	8.2（8.6）	8.2（8.6）
吊环水平支撑/次	6.0	6.5（8.0）	6.5（8.0）	6.5（8.0）	6.5（8.0）
十字慢上成支撑/秒	1	1（2）	1（2）	1（2）	1（2）
吊环前水平悬垂/秒	–	7.0	7.0	8.0	9.0
悬垂直臂慢翻上成十字/秒	–	–	3.0（4.0）	4.0（5.0）	5.0（6.0）
慢翻上成十字再压上/次	–	–	1	1	1

表1-4　1989—1992年苏联男子体操队专项身体素质训练水平模式

指标	1989年	1990—1992年
20米跑（电动计时）	3"1	3"0
20米跑（手计时）	3"15	3"05
最后5米助跑速度/（米/秒）	7.7	8.2
4米爬绳/秒	5.0	4.6
背水平悬垂/秒	5.0	6.0
水平支撑/秒	5.0	6.0
十字/秒	5.0	6.0
摆臂原地纵跳/厘米	60	65
技巧腾空阶段持续时间（伸展360°/秒）	1.0	1.1

尼·叶·安德里阿诺夫等提出了16项苏联少年男子体操运动员身体素质的测验内容，并制定了6~8岁男子体操运动员运动能力各指标全面发展水平的评价模型（表1-5）。从表中可看出，明显存在有待完善之处，即根据综合总分衡量身体素质发展水平，不能具体、精确地把握运动员各单项身体素质的优、劣势。例如，柔韧总分为优秀，可能只是肩部柔韧非常好，而腿部柔韧有可能非常差，这明显不利于运动员以后的发展。

表1-5　6～8岁男子体操运动员运动能力各指标全面发展水平

水平	年龄（岁）	力量（分）	速度力量（分）	柔韧（分）	协调（分）
高	6	25.4 以上	16.5以上	16.4以上	22.1以上
	7	31.7 以上	22.8以上	26.1以上	22.4以上
	8	32.0以上	24.8以上	27.5以上	24.0以上
中上	6	25.3~22.2	16.4~14.5	15.3~15.7	22.3~19.3
	7	21.6~27.8	22.7~19.9	26.0~24.1	22.3~19.6
	8	31.9~28.7	24.7~21.7	27.4~26.9	23.9~23.1
中	6	22.1~16.8	14.4~10.5	15.6~14.7	19.2~13.7
	7	27.7~20.2	19.8~14.1	24.0~20.1	19.5~14.0
	8	28.6~21.5	21.6~15.5	16.2~23.9	20.0~14.1
中下	6	15.7~12.6	10.4~8.5	14.2~13.6	13.6~10.9
	7	19.9~16.1	14.0~11.2	20.0~18.1	13.9~11.2
	8	21.4~17.9	15.4~12.0	23.8~22.7	14.0~11.1
差	6	12.5以下	8.4以下	13.5以下	10.8以下
	7	16.0 以下	11.1以下	18.0以下	11.1以下
	8	17.8 以下	12.3以下	22.6以下	11.04以下

（2）国内相关研究。

吕万刚等把少儿体操运动员专项素质的评价指标分为：后空翻（速度力量），吊环直臂屈体慢起手倒立次数（力量耐力），马头全旋（专项耐力），转肩、控腿（柔韧），连续5个后手翻所用时间（动作速度），自编的变化动作或联合动作练习（协调性）；将各项素质水平分为五等，即好（$\bar{x}+2S$以上）、较好（$\bar{x}+2S$以下至$\bar{x}+S$以上）、一般（$\bar{x}\pm S$）、较差（$\bar{x}-S$以下至$\bar{x}-2S$以上）、差（$\bar{x}-2S$以下）。

杨明等建立了13~15岁年龄组男子体操运动员吊环专项力量素质结构模式和评价标准，并运用教练员经验评定的方式检验了评价结果。13~15岁男子体操运动员吊环专项力量素质结构中，第一主成分是“直臂内收力量因子”，包括套环带十字（环带距腕关节10厘米）、低环俯撑十字压上（环距地20厘米）2个指标；第二主成分为“控制力量因子”，指标为吊环控倒立、双杠推倒立；第三主成分为“上臂伸肌及躯干屈肌力量因子”，指标为吊环前水平悬垂、吊环经前水平直臂直体慢拉上成倒悬垂；第四主成分为“速度力量因子”，指标是吊环连续屈伸上；第五主成分为“上臂屈肌及躯干伸肌力量因子”，指标为吊环分腿背水平支撑、吊环直臂分腿连续慢起倒立。

许铭等通过对广东省初级训练阶段少儿男子体操运动员若干身体素质指标进行分析认为，广东省7岁男子体操运动员主要身体素质测试指标包括30秒悬垂举腿、引体向上、立定跳远、30米跑，而8~9岁年龄组主要身体素质测试指标包括30秒悬垂举腿、引体向上、模仿练习、立定跳远、连续慢提手倒立。他们在此基础上建立了广东省初级训练阶段少年男子体操运动员主要身体素质优化模型，7岁年龄组：Y=11.89847+0.1806184×30秒悬垂举腿+0.5762881×引体向上+0.1369329×立定跳远-1.293397×30米跑；8~9岁年龄组：Y=9.194256+0.4717516×30秒悬垂举腿+0.4137599×引体向上-0.5061006×模仿练习+0.07317198×立定跳远+0.27206860×连续慢提手倒立。

李蕊经过研究确定了我国男子竞技体操运动员运动素质的一级评价指标及其权重，并对各个指标和权重进行了较为详细的分析，一级评价指标及其权重为力量（0.25）、柔韧（0.22）、速度（0.18）、耐力（0.15）、灵敏（0.20）。二级评价指标及其权重为力量：引体向上（0.41）、悬垂举腿（0.31）、立定跳远（0.28）；柔韧：转肩（0.45）、体前屈（0.28）、劈叉（0.27）；速度：30米快速跑（0.40）、10秒两头起（0.60）；耐力：400米跑；灵敏：1分钟立卧撑。但该研究未对不同组别男子竞技体操运动员各素质指标的评分标准进行设计，未将男子竞技体操运动员运动素质评价体系在具体的实践中进行检验，这些都需要在今后的实践和研究中进一步深化和完善。

徐建成把儿童体操运动员基础训练阶段的身体素质评价指标及权重定为力量（0.2）：引体向上（0.40）、立定跳远（0.40）、俯卧撑（0.20）；耐力（0.2）：400米跑（0.40）、800米跑（0.20）、蛙跳10米（0.40）；速度（0.2）：30米跑（0.40）、60米跑（0.20）、30秒悬垂举腿（0.40）；柔韧（0.2）：纵叉和横叉（0.60）、体前屈和下桥（0.40）；灵敏（0.2）：分腿屈体慢起手倒立（0.40）、转肩（0.20）、“米”字形移位测试（0.40），共为5个一级指标和14个二级指标。

张华等认为我国优秀男子体操运动员专项身体素质主要受5个因子的影响和控制，其测试指标共12项，即专项综合素质因子：吊环背水平支撑、双杠推倒立、双杠并腿水平支撑、双杠支撑慢起倒立、吊环十字支撑；耐力因子：鞍马全旋；力量速度因子：站立式起跑30米、4米爬绳；柔韧因子：站立体前屈、转肩；下肢力量因子：原地立定跳远、原地纵跳。通过回归分析得出：主要反映运动员柔韧、速度和力量耐力素质的站立式起跑30米、转肩、双杠并腿水平支撑、吊环十字支撑、原地纵跳、鞍马全旋6项指标，对运动员的运动成绩影响较大。

1.2.2.3 关于男子体操运动员身体素质选材方面的研究

国内外关于体操运动员选材中涉及身体素质的选材指标和标准，一般就是运动员平时身体素质训练的重点内容及考核指标和标准，对本研究身体素质指标和标准的确定具有重要的参考价值。

（1）国外相关研究。

罗马尼亚是世界体操竞赛中的劲旅，女子体操队尤为突出。罗马尼亚长期从事运动员选材领域研究的专家认为抓身体素质是首要的，他们于1970年测试了10万名4~18岁的儿童少年，对这10万名对象进行3年追踪测试，将所得数据经过统计学处理，建立了8项素质测定标准。①速度：6~8岁跑25米，9~10岁跑30米，11~12岁跑40米，13岁以上跑50米；②立定跳远（平地起跳，不可蹬边）；③原地纵跳摸高；④体前屈；⑤耐力跑：13岁以下男女均跑600米，13岁以上男子跑1000米，女子跑800米；⑥原地150克重的垒球投远；⑦单杠引体悬垂的持久时间（秒）；⑧反映灵敏性的绕杆蛇形跑。

苏联是传统体操强国，在身体素质选材方面也进行了大量的研究。尼·叶·安德里阿诺夫等从健康状况、形态机能、心理生理特点、身体素质等方面提出了关于苏联少年男子体操运动员选材、身体训练水平评定的相关标准，把身体素质的测验内容划分为15项（表1-6）。施列明等把少年体操运动员的身体素质选材的指标分为原地跳高、悬垂举腿10秒次数、俯卧撑10秒次数、原地跑10秒步数。舍夫琴柯等针对跳马项目的专项身体素质训练，提出了跳马项目速度-力量素质的评价方式。①评定一般的弹跳力发展水平。从硬地上向高处和向远处双腿蹬地起跳，大致的标准为：高度50~55厘米（不摆臂），65~70厘米（摆臂），远度260~280厘米。②评定专项的弹跳力发展水平。从高处跳至弹性支点上，然后再向高处和远处双腿起跳，大致的标准为：高度75~90厘米（摆臂），远度320~350厘米。③评定双手在马上快速有力推手这一项素质发展水平。肩带和手部肌肉工作的速度-

力量指标：足尖置于体操凳上的俯卧撑16~18次/10秒，双杠双臂屈伸14~15次/10秒；双杠上从肩倒立推起至手倒立7~8次/10秒，脚尖置于体操凳上的俯卧撑推起拍掌25~30次/10秒。另外，李文川通过中、俄高水平体操运动员体能训练的比较研究，发现我国男子体操训练，特别是初级阶段和中级前期阶段，过分注重一般身体训练，进而影响了运动员动作技术的训练。

表1-6　苏联少年男子体操运动员身体素质选材指标统计（1991年）

指标	6岁	7岁	8岁
引体向上/次	√	√	√
地上俯卧撑/次	√	√	
双杠双臂屈伸/次			√
脚触体操凳俯卧撑/次		√	
翻上成正撑/次	√	√	
直角悬垂/秒	√		
肋木悬垂举腿/秒		√	√
20米跑/秒	√	√	√
立定跳远/厘米	√	√	√
脚助力3米爬绳/秒		√	√
10秒俯卧撑/次		√	
双杠10秒双臂屈伸/次			√
分腿站立成桥/次	√	√	√
并腿坐体前屈/次	√	√	√
三面劈叉/次		√	√

西方国家对体操运动员身体素质选材的研究相对较少，主要是以自愿为原则的自然选拔方法进行选材。但是，西方有些国家对体操运动员选材相关学科的某些问题都有一定的深度研究，如法国、联邦德国在体操运动员的形态和身体发育的某些方面都有较高水平的研究成果。再如2007年美国体操俱乐部制定了体操运动员身体素质能力测验内容，包括：①肩部的柔韧灵活性，“桥”肩和髋关节的柔韧性；②腿部的柔韧性，“左右腿纵叉”（“天赋运动员选拔步骤”国家队成员增加踢腿、控腿的内容）；③悬垂举腿20次（从90°控腿开始到90°控腿结束）；④90°控腿爬绳；⑤高低杠连续并腿摆倒立；⑥垂直跳摸高；⑦分腿支撑慢提倒立；⑧控倒立；⑨20米冲刺跑。

（2）国内相关研究。

1989年，由国家体委颁布的《男子体操教学训练大纲》，是根据当时世界体操发展趋势和规律，总结我国体操多年的训练经验，并参考世界体操强国有关训练大纲编制而成，是我国各级业余体校、体操学校、体育运动技术学校（院）和省、区、市体操集训队共同使用的专业教学大纲。此大纲也制定了体操运动员身体素质的考核指标和标准，其中包括9~12岁少年男子体操运动员身体素质考核指标和标准（表1-7）。从表中可看出，此标准较笼统，如9岁少年男子体操运动员完成12个或29个引体向上均属于及格，不能更客观、精确地反映出运动员身体素质的实际水平和发展差异。

表1-7　少年男子体操运动员身体素质考核指标及标准

指标	标准	年龄			
		9岁	10岁	11岁	12岁
转肩/厘米	优秀	10以下	15以下	20以下	25以下
	及格	11~25	16~30	21~35	26~40
	不及格	26以上	31以上	36以上	41以上
立定跳远/厘米	优秀	185以上	195以上	205以上	210以上
	及格	160~184	165~194	170~204	180~209
	不及格	159以下	164以下	169以下	179以下
30秒引体向上/次	优秀	30以上	22以上	25以上	28以上
	及格	12~29	16~21	18~24	20~27
	不及格	11以下	15以下	17以下	19以下
控倒立	优秀		2'3"及上	3'以上	3'30"以上
	及格		1'~2'29"	1'30"~2'59"	1'45"~3'29"
	不及格		59"以下	1'29"以下	1'44"以下
连续提慢起倒立/次	优秀	20以上	22以上	26以上	30以上
	及格	8~19	12~21	15~25	18~29
	不及格	7以下	11以下	14以下	17以下
30秒悬垂举腿/次	优秀	20以上	23以上	24以上	25以上
	及格	15~19	16~22	17~23	18~24
	不及格	14以下	15以下	16以下	17以下
30米跑	优秀	5"2以下	5"以下	4"8以下	4"6以下
	及格	5"8~5"3	5"9~5"1	5"7~4"9	5"5~4"7
	不及格	5"9以上	6"以上	5"8以上	5"6以上

随着大量高难动作的涌现及评分规则的修改，时隔20年后，国家体育总局竞技体育司于2009年编著了《全国青少年奥运项目教学训练大纲》，对青少年体操项目教学大纲进行了重新撰写，对少年体操运动员身体素质考核指标及标准也有改变和微调（表1-8），但仍存在量化不够精细等不足之处。

表1-8　少年体操运动员身体素质考核指标及标准

指标	评价等级	9岁	10岁	11岁	12岁
立定五级跳/米	优秀	9.50以上	9.75以上	10.25以上	10.50以上
	及格	8.50~9.49	8.75~9.74	9.25~10.24	9.50~10.49
	不及格	8.49以下	8.74以下	9.24以下	9.49以下
30秒悬垂举腿/次	优秀	20 以上	23以上	24以上	26以上
	及格	15~19	16~22	17~23	18~25
	不及格	14以下	15以下	16以下	17以下
30秒摆动引体向上/次	优秀	30以上	22以上	25以上	28以上
	及格	12~29	16~21	18~24	20~27
	不及格	11以下	15以下	17以下	19以下
连续慢起倒立/次	优秀	20以上	22以上	26以上	30以上
	及格	8~19	12~21	15~25	18~29
	不及格	7以下	11以下	14以下	18以下
控倒立	优秀	2'以上	2'30"以上	3'以上	3'30"以上
	及格	30"~1'59"	1'~2'29"	1'30"~2'59"	1'45"~3'29"
	不及格	29"以下	59"以下	1'29"以下	1'44"以下
30米跑/秒	优秀	5.2以下	5以下	4.8以下	4.6以下
	及格	5.3~6	5.1~5.9	4.9~5.7	4.7~5.5
	不及格	6.1以上	6以上	5.8以上	5.6以上
400米跑	优秀	1'45"	1'40"	1'35"	1'30"
	及格	1'46"~1'56"	1'41"~1'51"	1'36"~1'46"	1'31"~1'41"
	不及格	1'57"以上	1'52"以上	1'47"以上	1'42"以上
爬绳或爬杆/秒	优秀	8以下	7以下	7以下	6以下
	及格	8.0~8.1	7.1~7.9	7.1~7.9	6.1~6.8
	不及格	10以上	9以上	9以上	8以上

同时，许多学者对体操运动员选材也进行了大量的研究，其中关于体操运动员身体素质选材方面的研究具体如下。

曾凡辉依据体操运动训练特点和专项技术的要求，经过多年的训练实践和科学研究，共选择了6项素质作为男子体操运动员最基本的身体素质选材指标，即30米跑、立定跳远、引体向上、悬垂举腿、提倒立、体前屈。

谭修德等通过对1989—1990年全国少儿比赛体操运动员，国家队男、女体操运动员共955人的测试，并将1981—1988年测试的体操运动员2652人作为对照组，制定了身体形态、身体机能、心理素质、身体素质、基本技术考核、教练员评定6个方面的评定指标，其中身体素质选材测试指标为6项：30米跑、立定跳远、引体向上、悬垂举腿、提倒立、体前屈。

温小铁对国外竞技体操运动员选材情况及主要科研成果进行了研究，并对竞技体操项目的特点进行了分析，同时，以此为选材依据制定了我国男子8~12岁、女子6~10岁身体形态的选材范围表及机能、素质指标和评价表。其中，身体素质选材指标包括4个方面，即速度：30米跑、原地10秒高抬腿跑频率、20秒两头起计时；力量：立定跳远、引体向上次数、俯卧撑次数、屈臂悬垂计时、直角悬垂计时；柔韧：转肩幅度；耐力：10岁以下进行400米测验，10岁以上进行800米测验。

综合国内外对体操运动员身体素质评价及选材的指标和标准的研究可知，专家、学者们通过专家调查法和数理统计法，结合理论知识与相关经验，确定了体操运动员身体素质的评价指标及标准，以及身体素质选材指标与标准，其中有许多颇有启迪的见解和方法，对体操运动员身体素质评价体系的构建具有重要的借鉴意义和参考价值，且为本研究初级评价指标的选取奠定了重要的理论基础。仔细对比可以发现，国内与国外在体操运动员身体素质评价指标、选材指标方面具有比较明显的差异。第一，国外主要选用了技术性较强的专项身体素质训练指标，且比较注重专项身体素质的测验与选材，而国内普遍是对一般身体素质进行测验与选材，如30米跑，国内注重整个30米跑速，国外普遍强调最后5米的跑速。第二，国外身体素质方面的指标及标准随着技术水平的提高而提高，更新速度较快，如苏联连续两届奥运会期间，身体素质的评价指标和标准就有明显的变化，而国内指标更新速度相对较慢，且对不同时期、不同等级运动员在评价指标和标准设置上没有较系统的区分和研究。第三，国内外对各项身体素质的重要性也存在不同的认识，即使在国内，对各项身体素质的权重也没有一个相对统一的认识。

国内对体操运动员身体素质评价的相关研究，主要还存在以下有待完善或不足之处：第一，过多注重一般身体素质的评价，专项身体素质评价指标严重缺乏，且评价标准比较笼统、不够细化，有待进一步精细化、具体化、系统化。第二，指标和标准缺乏系统性，“老套化”现象突出，指标归属不明确、主次不分明，如有学者把“转肩”和“分腿屈体慢起手倒立”分别归于柔韧练习和力量耐力练习，而有学者却把这两项统归于灵敏素质练习。第三，缺少对体操运动员身体素质具体年龄阶段的细致研究。第四，主要是以全能型运动员评价为主，对单项身体素质评价指标的研究几乎未见报道。第五，重复研究现象比较严重，指标内涵交叉较严重，有些研究在深度上也稍显欠缺，没有突出各自研究的重点；对发展和提高体操技术水平所需要的专门性身体素质训练手段，缺乏结合实践经验的验证性研究。国内外相关研究对本研究的启示有：第一，必须注重专项身体素质与一般身体素质评价指标的同步发展，与技术训练相结合确定专项身体素质指标，且评价标准应该具体、细致；第二，应紧密结合新时代竞技体操项目的特点和发展趋势，科学地筛选指标，适当进行新指标的开发；第三，根据单项和全能型选手在身体素质需求上的差异，对评价指标进行相应的归属和标注，突出单项特点指标和综合特点指标相结合的研究；第四，评价标准的制定应考虑各指标之间的相互促进或抑制关系，科学、合理地确定各项素质的标准和权重；第五，必须紧密结合我国少年男子体操运动员身体素质训练实践制定评价标准，并回到实践中，对所确定的指标和标准进行进一步的验证。

1.2.2.4 关于指标测试方法的研究

定量化的指标和标准普遍源于运动员实际训练中的测量，再结合经验，运用适当的统计学方法而确定。也有专家、学者在初步确定指标后，再通过对指标的科学测量，根据测试结果与运动成绩的回归分析，进行进一步筛选而最终确定评价指标和标准。可以说，在体操训练水平评价中，测量与评价是一个过程的2个方面，其中测量是前提、基础，评价是结果、目的。合理的测试方法则是测量的保障，科学、合理、可行的测试方法直接关系指标确定和标准制定的科学性、准确性，能为客观准确测试和科学评价身体素质提供保证。相关学者在身体素质测试方法方面也做了相应的研究，具体如下。

吕万刚等在对少年体操运动员专项素质测试方法及评价体系的研究中，创新性地建立了动作数量与质量兼顾的素质测试系统，并将各项素质水平分为五等，对少年体操运动员的科学训练、选材以及专项素质诊断都有重要的参考作用和应用价值。

曹太勇根据体操专项身体素质测试应较全面、客观、准确地反映出专项身体素质整体功能的要求和体操裁判评分特点，以及模糊数学隶属函数的原理，针对不同动作的特点，分别设计了4种测试体操专项身体素质的方法：第一种方法是通过评分获取测试成绩，测试成绩=评分/10，此方法适用于涉及动作技术，且难以精确定量的测试项目；第二种方法是数量结合评分，测试成绩=数量×评分/10，此方法适用于涉及动作技术，要求完成动作的时间、次数、距离等越多越好的测试项目；第三种方法是通过时间进行测试，适用于要求完成动作的时间越短越好的测试项目；第四种方法是由数量确定测试成绩，适用于比较简单、单一的测试项目。

王爱兰等针对艺术体操运动员，设计了依据上体后屈时躯干长度变化的数据来评定躯干柔韧性的方法以及高位纵劈腿A、高位纵劈腿B、仰卧横劈腿、扶把侧搬腿4种关于髋关节柔韧性的测试方法。

黄宝根等提出了重心平衡台实验、进退行走实验、眼震颤实验、前庭—植物性反应4种关于男子体操运动员的前庭机能稳定性及其平衡能力的测试方法，这些测试方法能比较客观地反映体操运动员前庭机能稳定性及其平衡能力的差异。

另外，也有学者在实验室条件下，通过先进仪器对某单项素质进行测试，主要集中在专项力量方面，采用先进的仪器对我国优秀男、女体操运动员进行专项力量的诊断和评价。例如，张云贵等在对国家体操男队队员、女队队员下肢各肌群力量的研究中，采用了美国Cybex测力系统，于1992年对11名国家体操男队奥运一线队员进行了膝关节肌群、踝关节肌群屈与伸的力量测定。肖光来等采用生理八导肌力测定仪、EMSF肌肉功能电刺激仪，确定体操运动员完成倒十字支撑、水平支撑和十字支撑动作所需的主要肌肉，并运用EMSF肌肉功能电刺激仪对优秀体操运动员进行了专项力量训练，取得了显著的成绩。

在关于其他运动项目运动员身体素质的研究中，专家、学者们也提出了力量、灵敏素质等的测量方法与手段，如田径跳跃项目专项肌肉力量的测量方法，用到测力计，等动肌力测量系统，AKM、BKM、WKM和TKK肌力测量系统，测力平台，专项测力仪等先进仪器。

国外也有相关的报道，苏联研究较多，为指导苏联体操的科学训练提供了理论依据。

根据身体素质指标的需要，测量方法主要有实验室测量方法和训练场测量方法2种。在实验室条件下，主要是采用各种类型的先进测量仪器，进行定量测量。这种方法可简称为实验室测量方法。在训练场上，主要是通过训练器械或反映运动员专项素质的手段，来测定运动员的身体素质训练水平。其中训练场测量方法比较普及，简单易行，适用于从事基础训练的单位。负责9~12岁少年男子体操运动员训练的基层业余体校主要分布在各个省、区、市，运用训练场测量方法测试运动员身体素质，比较普遍和实用。另外，根据指标的特点，必须有针对性地科学确定测量方法，如采取定数计时、定时计数、定距测时等多种手段和方法，并应充分考虑到定量指标与定性指标、静态指标与动态指标之间的相互关系。

1.2.3 关于体操运动员身体素质训练内容与手段的研究

身体素质是竞技体操运动员发展高难动作的物质基础，身体素质训练质量是衡量运动训练科学化程度的重要方面。本研究主要采用训练场测量方法测试运动员身体素质，一般情况下身体素质的评价指标就是比较典型的、有代表性的身体素质训练内容与手段。显然，身体素质训练内容和手段是构建体操运动员身体素质评价指标框架内容的主要源泉。另外，评价指标体系也指引着身体素质训练内容安排的主要方向。国内外学者对体操运动员身体素质训练内容与手段也进行了大量相关的研究。

1.2.3.1 国外相关研究

国外竞技体操实践训练充分认识到了身体素质对体操运动员运动成绩的重要性，一直重视身体素质的训练和科研。有学者通过对教练员的调研，确定了影响男子体操技术水平的13个因素，并对这些因素的重要性进行了排序，依次是技术水平、专项身体训练、一般身体训练、技巧运动训练、组织与进行训练过程的质量、勇敢和果断、顽强、主动精神和独立自主精神、协调能力发展水平、生活制度、身体结构特点、比赛条件、比赛计划，排在前两位的就是技术水平和专项身体训练。也可看出，男子体操运动员成功参加比赛，在很大程度上取决于其技术、身体素质、心理训练的水平。

日本男子体操队是世界强队，针对体操运动员的训练内容与手段也进行了相关的研究，如太田昌秀认为体操运动员基础性训练主要包括柔韧性、肌肉力量、空间感觉三部分，其中柔韧性为肩关节，胸、腰，髋关节，膝、肘、脚腕；肌肉力量包括臂力、腿力（跑、跳）、背肌力量、腹肌力量；空间感觉为横轴翻转和纵轴转体。他提出体操训练最重要的是要充分考虑各项目的特性，并进行适合于其特性的训练。

苏联也进行了相关的研究。如B.C.鲁宾等把高级体操运动员专项身体训练手段分为上肢练习、躯干练习、下肢练习三类，其中上肢练习包括两臂经侧至躯干的内收练习、两臂外展至侧举练习、两臂经前上引练习、两臂后引练习、两臂经前至躯干下压、两臂向前并拢、屈臂、伸臂、倒立直臂推手、肩关节内旋练习；躯干练习包括伸肩屈髋练习、向前举腿、向后举腿、屈躯干、伸躯干、双腿绕旋运动、体侧屈；下肢练习包括伸腿练习、屈足练习、屈腿练习、摆腿练习。又如舍夫琴柯等认为体操跳马项目所需要的身体素质主要为速度–力量素质，并提出了具体的训练手段和方法。其中提高助跑速度的训练手段和方法是20米加速跑—上板起跳，抓住悬挂的垂直缆绳接着跳下至垫子上，跳越障碍（板条、绳子）至堆起的垫子上再接前滚翻；增强双腿蹬地力的训练手段和方法有从高处（40~60厘米）跳至踏板上，接着向上起跳至堆起的垫子上再接前滚翻；增强推手力的训练手段和方法有双脚置于高处（体操凳、肋木）做俯卧撑推起拍掌，站高处（30~40厘米）跳起前手翻手倒立。

德国体操也在世界上占有一席之地，在体操运动员身体素质训练内容与手段方面也展开了相关的研究。例如，丁·维赛凯对体操运动员力量素质的训练内容和训练方案进行了具体的研究，训练内容和实践训练安排步骤如下：①拉力训练，将两个弹簧拉力器固定在肋木最高的一根横木上，向下压拉力器（动作要快）；②在练倒立用的矮双杠上做俯卧撑（动作要快）；③在肋木上做引体向上（动作要快）；④休息（伸展关节、劈腿原地跳跃）；⑤拉力训练（同①）；⑥在肋木上悬垂举腿；⑦推倒立；⑧休息，轻松跳绳；⑨推倒立；⑩拉力练习（同①）；⑪在肋木上做引体向上（同③）。

1.2.3.2 国内相关研究

国内关于体操运动员身体素质训练内容与手段的相关研究概括起来，主要体现在宏观与微观2个方面。

（1）从宏观、共性角度，多维度地对身体素质展开系统、综合研究。

在体操训练中，一般身体素质训练与专项身体素质训练是紧密相关的，二者是保证运动员顺利完成训练计划和掌握高难度动作的基础，同时也是避免运动损伤的有效保障。相关研究主要涉及一般身体素质和专项身体素质2个方面。

一方面，专项身体素质直接为体操运动员发展动作技术服务。目前从宏观角度对专项身体素质训练的综合研究较少。

陶武超等提出少儿体操专项身体素质训练应注意的4个要点：①重点发展柔韧性和爆发力；②要注意发展静力和耐力；③在提高身体素质的同时，要抓好基本技术；④结合技术特点进行力量练习，即要注重专项力量素质的训练。

孙少伏等分析了体操力量（分上肢、躯干和下肢3部分）、速度（分位移速度和动作速度）、耐力（分专项耐力和一般耐力）和柔韧（分肩、胸、腰、髋、腿、腕、踝等部位）等专项身体素质的常见训练手段，认为在力量、速度、耐力、柔韧等各种身体素质发展到一定水平的前提下，体操运动中的各种动作技术本身，就是其专项灵敏素质训练的最好内容，即认为灵敏素质是各种素质的综合反映。其中上肢及肩带力量的练习内容和手段有：悬垂引体类动作练习，包括引体向上、引体翻上、引体上成支撑、单臂引体向上等；爬杆、爬绳类动作练习；小杠铃和哑铃的练习。躯干力量的练习内容和手段有：腰腹肌力量练习，包括仰卧起坐、仰卧或悬垂举腿、仰卧两头起等。下肢力量的练习内容有蹬跳力量（弹跳力）练习、落地缓冲力量练习、下肢控制力量练习。耐力练习有中长跑、基本动作或动作套的多次重复等专项耐力练习。

张华运用统计学原理，建立了我国优秀男子体操运动员专项身体素质的训练模型，利用因子分析法得出男子体操运动员专项身体素质受到 5 个因子的影响，分别为专项综合因素因子、耐力因子、力量速度因子、柔韧因子、下肢力量因子，并且利用回归分析法建立了专项身体素质训练模型公式，即Y=58.008−0.309×站立式起跑30米−0.726×转肩+0.59×双杠并腿水平支撑+0.372×吊环十字支撑+0.664×原地纵跳−0.208×鞍马全旋，这对身体素质训练内容的安排起着一定的导向作用。

另一方面，一般身体素质训练是为专项训练打基础的训练，也是专项身体素质训练的基础，主要任务是全面发展基本素质，对动作技术的发展起间接的服务作用。竞技体操动作技术的不断创新与增难，对少儿体操运动员一般身体素质同样提出了更高的要求。目前关于体操运动员一般身体素质方面的研究较少。20世纪90年代，夏海燕通过抽样，测试了18名男子体操运动员七项基本素质（国家体委规定指标：立定跳远、30秒悬垂举腿、摆动引体向上、连续慢起倒立、30米跑、转肩和体前屈），发现少儿体操运动员7项基本素质与国家体委制定的指标还存在着一定的差距，总体上柔韧素质训练较差，不均衡发展现象严重。

近期，陈泳对少儿体操运动员一般身体素质训练的方法和注意事项进行了探讨，分析了少儿体操运动员在柔韧、力量、速度、耐力等方面的训练方法与手段及应该注意的事项，认为运动员在不同年龄和训练时期，身体素质训练安排应有所侧重。其中柔韧素质训练中，肩部的柔韧训练方法与手段有压肩、吊肩、转肩等，体前屈的柔韧训练分并腿体前屈和分腿体前屈两种，腿部柔韧训练主要采取压、踢、控和下叉等手段；力量素质训练的内容包括支撑力量、悬垂力量、腰腹力量、弹跳力量等；速度素质训练的方法和手段有快速爬倒立、侧手翻串、原地后空翻和前空翻、短距离冲刺；耐力素质训练手段有越野跑、变速跑等。

（2）从微观、个性角度，对某一单项素质进行单维度研究。

体操运动员身体素质具体内容包括力量、速度、耐力、柔韧和灵敏等，每一项素质对体操运动员高质量掌握各类技术动作都起着非常重要的作用，缺一不可。研究者们也从微观角度，根据每项素质的独特性，分别对各项身体素质进行了单维度的研究。

首先，力量素质是体操运动员身体素质中最基本最重要的素质。

根据体操项目特征，专家、学者们普遍认识到力量素质的重要性，关于体操力量素质训练的研究主要集中在理论与实践两个层面。在理论上，王庆伟对体操运动员专项力量训练的生理基础、定义、内涵及其特点、训练原则、训练手段等进行了理论探讨；赵元吉等总结了近十几年以来，有关高水平体操运动员专项力量训练理论方法的研究成果；葛晓通对体操运动员专项力量训练的内涵、原则和所应注意的事项及生理学理论基础进行了较为翔实的论述，提出力量练习的动作应尽量与实际动作在技术上相一致，主要包括发力部位、发力顺序和方向、力量的属性和身体的姿势等；孟祥武等从理论上分别论述了优秀体操运动员下肢肌肉力量的生理特征、下肢力量训练原则、下肢力量训练的安排特点。显然以上关于体操运动员专项力量训练的理论研究，为实践中专项力量训练方法与手段的采取、负荷的控制等提供了理论支撑和指导。在实践中，肖光来等采用EMSF肌肉功能电刺激仪进行实验，发现肌肉功能电刺激结合常规方法优于单一的常规力量训练方法，为力量素质训练提供了新的途径。任涛等对江苏体操队运动员朱天戈进行电刺激肌肉力量训练，通过 BIODEX 等速测力系统进行测试，结果表明肌肉力量得到了明显的增强，左右肩关节肌肉力量获得了同步协调平衡发展。欧文勤等利用CYBEX测力仪对国家队奥运会体操主力队员的下肢力量进行了测试，分析了男、女下肢各肌力的比例，为有的放矢地进行力量素质训练提供了科学的依据；并介绍了国家体操男队在1991—1992年的冬训期间进行力量素质练习的内容、负荷，提出力量素质训练的能量特点、动作幅度、方向必须与动作技术一致，需要注重超负荷训练，且不可损失动作技术的速度。吴健认为6~12岁是提高反应速度的最快阶段，下肢速度力量的提高可以直接转移到技巧和跳马这两个项目的动作技术中去，并提出了10种少儿男子体操运动员下肢速度力量训练的方法。杨汉奇介绍了支撑力量、悬垂力量、腰腹力量、弹跳力量的训练方法，提出应注意保持速度素质和力量素质训练的最佳组合，注重专项力量训练和一般力量训练相结合等建议。

其次，对体操运动员速度、耐力、柔韧和灵敏等单项素质系统、专门的研究较少。邱春等根据体操的特点和要求，提出少儿体操运动员应注重肩、胸、腰、腿、踝等部位的柔韧性训练，并具体分析了各部位柔韧性的练习方法，且对柔韧素质训练的强度、练习重复次数、组数和持续时间，以及如何处理柔韧与力量的关系等问题做了进一步阐述；尚敏分析了少年儿童体操运动员柔韧训练的时间、方法与手段、量和强度、静力性柔韧训练和动力性柔韧训练等；黄怡、何晋子分别分析了女子少儿体操运动员肩、胸、腰、髋、腿、踝等柔韧素质训练的手段。

综上所述，国外一些专家、学者对体操运动员身体素质训练内容与手段进行了相关研究，但由于各专家、学者结合各国实际、从不同理解层面和角度进行研究，相关研究成果存在一定的差异。而国内许多专家、学者主要是从宏观与微观的两个角度、多维度与单维度两个层面、理论与实践两个方面对体操运动员身体素质进行了相关的研究。在宏观上，从身体素质的共性出发，对其训练进行综合性的分析；在微观上，从理论与实践方面对单项素质进行了相关研究，其中主要以力量素质研究为主，其次是柔韧、耐力素质。已有相关研究成果为本研究的顺利开展提供了许多颇有启迪的见解和值得借鉴的方法与经验，但也存在一定问题：第一，缺乏对身体素质的系统研究，一定程度上对各类身体素质的训练手段与方法混为一体进行研究，缺乏系统的比较、界定与归纳；第二，单项素质的研究不够系统、全面，大多集中于力量素质训练，其中绝大多数又主要局限于对下肢力量的研究，其他单项身体素质的相关研究匮乏；第三，关于各项素质的训练方法与手段虽进行了不同程度的研究，但一定程度上存在重复、交叉现象，缺乏一定的深度和新意，且可操作性不强；第四，缺少对体操运动员身体素质具体年龄阶段的细致研究，每个阶段的训练方法与手段缺乏科学的验证与遴选，且没有系统、科学的练习规格说明，“老套化”现象严重；第五，男子体操有6个项目，每个项目具有各自的技术特征和对身体素质的特殊要求，而关于某一体操项目相关素质的系统研究几乎没有。鉴于上述分析，体操身体素质训练内容与手段的相关研究对本研究的启示有：第一，应紧密根据体操每个项目特征和少年阶段的训练实践，科学确定可操作性强的评价指标，对各指标的测试应有科学的规格与说明；第二，各年龄阶段的评价指标应有较为系统的区分和独立性、延续性；第三，每个指标确定的理论依据论证应充分，各指标要避免内涵交叉及评价效果重复；第四，指标的确定应紧密结合培养少年男子体操运动员的基层单位实际，可操作性、适用性强。

1.2.4 关于身体素质诊断的研究

《现代汉语辞典》对“诊断”的定义为：在给病人做检查之后判定病人的病症及其发展情况。从医学角度分析，诊断就是对人们的精神和体质状态出的判断。在运动训练过程中，为了改变和发展运动员的竞技能力，实现运动员竞技能力的现实状态向特定目标状态的转移，而及时地、不间断地对运动员竞技能力实际状态的检查和评定，称为运动员竞技能力现实状态的诊断（简称状态诊断）。运动员训练状态的诊断是训练过程的基本环节之一，也是训练过程中各环节的起始和出发点，主要目的是针对运动员所处的状况，决定其竞技能力的各个因素的发展水平和运动员的发育状况以及造成这一状况的原因等一系列问题进行中肯的分析和准确判断，及时发现训练过程中不同环节所存在的问题，测定现实状态与目标状态的差距，为运动员选材、制订训练计划、组织训练活动和实施反馈调控提供依据，对训练过程实现最佳化控制具有十分重要的作用。

1.2.4.1 体育运动中诊断的相关研究

尽管截至目前，尚未见到关于体操运动员身体素质诊断的研究，但国内在其他运动项目的体能、身体素质等诊断方面进行了相关的研究，如关于3000米、女子链球两个项目运动员身体素质诊断的专门研究，游泳、自由式摔跤、排球、100米、乒乓球、长跑等项目运动员专项体能诊断的研究。另外，还有关于某些项目技术与战术训练水平、竞技能力等的诊断研究。

金宗强博士对我国优秀排球运动员专项体能进行了态势诊断和差距诊断，其中态势诊断又包括总体态势诊断与个体态势诊断，采用的诊断方法有帕雷托截集法、雷达分析法和目标挑战模型法。总体态势诊断结果表明，运动素质和身体功能是构成男、女排球运动员专项体能的优势指标，是决定排球运动员专项体能水平的主要因素。差距诊断表明，男子排球运动员4项一级指标差距系数均值的大小排序为运动素质 > 身体功能 > 身体形态 > 健康水平；女子则为身体功能 > 健康水平 > 运动素质 > 身体形态。结果表明，男子排球运动员应重视运动素质与身体功能水平的发展，而女子排球运动员必须重视提高身体功能和健康水平。最后建立了比较完善的排球运动员专项体能评价与诊断的计算机系统。

姚旭霞博士对我国30名14~17岁优秀女子800米自由泳运动员进行专项体能评价与诊断研究，其中诊断包括态势诊断和差距诊断，分别运用帕雷托截集法进行总体态势诊断，运用雷达分析法进行个体态势诊断分析，运用“目标挑战模型法”进行差距诊断分析，结果表明我国14~17岁优秀女子800米自由泳运动员专项体能与目标挑战模型的差距由大到小依次为有氧耐力、专项力量耐力、速度、核心力量、快速爆发力、上肢力量、柔韧素质、灵敏协调素质。最后利用多元回归的分析结果，构建了我国14~17岁优秀女子800米自由泳运动员专项体能指标预测运动成绩的模型。

韩夫苓博士对我国优秀女子自由式摔跤运动员专项体能进行了诊断研究，其中诊断分为个体态势诊断和差距诊断，诊断方法分别为雷达分析法和目标挑战模型法。差距诊断表明，48公斤级女子自由式摔跤运动员三项一级指标差距系数均值的大小排序为：身体形态>身体机能>运动素质，55公斤级为：身体机能>身体形态>运动素质，63公斤级为：身体机能>身体形态>运动素质，72公斤级为：身体机能>身体形态>运动素质。这表明我国女子自由式摔跤运动员身体机能和身体形态普遍较差，在未来发展女子自由式摔跤运动员专项体能时，应重视身体机能和身体形态方面的提高和改善。最后对研究所构建的评价体系和诊断方法分别进行了实证研究。

孙葆刚博士对我国优秀儿童乒乓球运动员专项体能水平进行了评价和诊断研究，其中运用雷达分析法进行个体态势诊断，运用“目标挑战模型法”进行差距诊断分析，专项体能的差距诊断表明儿童男子运动员各主因子相对于目标挑战模型的差距系数由大至小排序为爆发力因子、速度因子、协调能力因子、核心稳定因子、柔韧性因子，儿童女子运动员则为速度因子、爆发力因子、协调能力因子、核心稳定因子、柔韧性因子。可见，我国儿童男子和女子乒乓球运动员应优先发展速度因子和爆发力因子。

袁运平建立了我国高水平男子100米跑运动员体能水平的诊断体系，即采用雷达分析法建立雷达图进行体能指标态势判断，归纳出我国男子100米跑运动员个体体能优势及劣势的指标；并通过指标差异系数公式〔差距系数=权重×差距/最优值×100〕建立了体能目标挑战模型。

1.2.4.2 其他领域诊断的相关研究

诊断已被广泛用于其他领域的研究，如临床医学上对各种病态的诊断，工业、机械等系统中各种故障的诊断，认知心理学中对人体的认知诊断及各种能力的诊断。也随之出现了与诊断相关的名词，如“鉴别诊断”“故障诊断”“认知诊断”等。在此，笔者阅读了与诊断相关的一些博士论文，了解诊断在不同领域的应用情况，以便进一步了解诊断的目的、功能和具体运用。

陈绍绵博士在对工业过程的控制、检测与诊断研究中，认为工业过程的监测和诊断也可称为控制性能的评价和诊断，其最根本的思想是利用性能评价方法来分析当前控制器的运行效果，如果不能令人满意，则要通过深入分析诊断出导致性能恶化的原因。评价和诊断主要分为以下5个步骤：①确定性能指标；②选择评价基准；③评价性能等级；④诊断问题原因；⑤实施改进措施。

高骏博士以电力变压器状态检修的工作内容为线索，开展电力变压器状态评价、故障诊断和故障检修策略等关键问题的研究工作。其中状态检修主要内容为：对监测获得的技术数据进行分析、判断，对其工作状态的可能发展做出预测，对明显存在异常的设备进行准确的故障诊断，从而提前确定备品备件以及提前确定最佳检修时间、检修内容及检修方案。其具体操作过程首先是监测常规状态量，如果正常，则收集状态参量，开展起始状态评价，提出检修策略；如果不正常，则收集故障特征量，开始故障诊断，提出故障检修策略，实施检修。

王博博士基于翻译领域里机器翻译目前整体性能评价的方法所提供的面向整体性能的评价指标一般难以深入地揭示机器翻译系统内部不同部分的性能表现，也难以定位系统具体的优势和劣势所在，研究提出了机器翻译系统的自动评价及诊断方法，与只能提供单一的整体评价指标的评价方法相比，主要优点在于通过诊断能够具体地呈现翻译系统的优点与缺陷，诊断方法能够为当今的机器翻译研发者提供更多的帮助。

可见，诊断已被运用于除医学领域外的其他许多领域。通过上述分析可知，诊断的主要目的是发现事物具体的问题、故障，即相关研究中通常所说的优势与劣势，进而提出改进措施。在体育运动中，一些学者针对某运动项目运动员的体能等方面进行了诊断研究，这对本研究具有重要的参考和借鉴价值。在运动训练学领域，诊断主要指起始状态的诊断，从该领域已有相关研究中可知，诊断主要分为态势诊断和差距诊断，其中态势诊断又包括总体态势诊断与个体态势诊断，采用的诊断方法有帕雷托截集法、雷达分析法和目标挑战模型法。采用帕雷托截集法对运动员总体态势进行分析，能清晰地了解运动员专项体能在整体上的优势与劣势，这一方法被广泛应用于企业管理、人力资源管理、人际关系处理、人生规划等领域。采用雷达分析法对运动员个体专项体能态势进行分析，能揭示每名运动员专项体能的优势与劣势，可以清晰地了解每名运动员专项体能指标发展态势。而差距诊断的主要目的是根据每名运动员的实际情况找出差距，在此基础上制定相对的期望发展目标，以便有针对性地为运动员安排训练方法和内容。

另外，从上述各领域已有研究可以看出，评价与诊断实际上既紧密联系又存在区别。一方面，一般评价主要用于对过程、效果、发展水平的检查与评估，具体到运动训练中，主要就是指对训练过程的效果、发展水平进行实时检查与评估。而诊断更趋向于对事物所处状态的评定、判断、鉴别，主要目的是发现问题、剖析原因，提出相对应的解决策略。另一方面，训练过程中的状态诊断与检查评定这两个环节，在一定条件下可以相互转化。一个较大的运动训练过程中每一阶段的检查评定，正是一个较小的运动训练过程开始时对运动员起始状态的诊断；而每一个独立的运动训练过程开始时对运动员起始状态的诊断，也都可以看作一个更大训练过程的阶段性检查评定。这样，对运动员现实状态的诊断和对运动训练计划实施结果的检查评定这两个环节就紧密地联系起来了。

1.3 研究目标、研究内容和解决的关键问题

1.3.1 研究目标与任务

本研究的主要目标是根据男子竞技体操项目的特征及动作技术发展需要，紧密结合我国少年男子体操运动员的训练特点、实际训练需求，立足于运动员的长远利益与可持续发展，以运动训练学、生理学、评价学、系统学等多学科理论为支撑，运用科学、合理的方法和

手段，构建一套全面、可行的少年男子体操运动员身体素质评价体系。在此基础上，对少年男子体操运动员单项和综合身体素质进行评价，在微观和宏观两个层面揭示我国少年男子体操运动员身体素质的发展状况，且对其评价结果进行验证性的实证分析，以验证该评价结果和评价体系的科学性。另外，运用科学的方法对现阶段我国少年男子体操运动员身体素质的优、劣情况进行诊断，分析出少年男子体操运动员各项身体素质的最优组合，制定运动员各项身体素质可发展的期望目标模型，为在训练实践中教练员能客观、准确地把握少年男子体操运动员身体素质训练状况、科学规划其身体素质训练提供切实、可行的策略指导。

具体的研究任务为：

（1）重构我国少年男子体操运动员身体素质评价体系构建的理论依据。

（2）对相关文献进行分析，结合实地调研，获得我国少年男子体操运动员身体素质评价指标的框架体系；通过专家调研与统计学相结合的方法，结合理论分析，构建我国少年男子体操运动员身体素质评价体系。

（3）对我国少年男子体操运动员身体素质进行评价与分析，对评价结果进行验证分析。

（4）建立诊断标准，对我国少年男子体操运动员进行个体态势与综合态势诊断，及差距诊断。

1.3.2 研究内容

全文共分为六章，其主要内容的具体安排如下。

第一章 导论

该章系统阐述了论文选题依据与研究意义、国内外研究状况、研究目标与任务、研究的主要内容、研究对象与方法、技术路线、研究特点与创新点等。

第二章 少年男子体操运动员身体素质评价体系构建的理论研究

该章包括少年男子体操运动员身体素质定义与构成要素、少年男子体操运动员生理解剖特点、少年男子体操项目主要动作技术特征、少年男子体操运动员的训练特征和动作技术特点、各项身体素质之间的转移关系分析等。这一章主要是为我国少年男子体操运动员身体素质评价体系的构建、评价与诊断提供理论支撑。

第三章 少年男子体操运动员身体素质评价体系的构建

首先通过文献资料法、专家访谈法、问卷调查法等方法，初步确定各项身体素质的主要训练内容与手段，构建其评价指标的初步框架；然后根据综合评价体系构建流程，在明确指导思想、构成要素、评价对象与目标的前提下，运用德尔菲法与因子分析法相结合的方法，分别确定9~12岁4个年龄组少年男子体操运动员身体素质评价指标体系，在此基础上，运用模糊综合评判法，进一步得出每个指标的权重系数。最后通过对指标进行测试与调查，确定每个指标的评价标准，从而构建一套科学、可行的少年男子体操运动员身体素质评价体系。

第四章 少年男子体操运动员身体素质的评价

首先，对少年男子体操运动员身体素质进行评价，包括身体素质单项与综合的评分评价与分析，以及综合与单项的等级评价与分析；其次，根据身体素质的评价结果与运动成绩的相关性分析，进一步检验评价结果与评价体系的科学性。

第五章 少年男子体操运动员身体素质的诊断

该章主要包括两方面内容：一是通过建立态势诊断标准，进行总体态势诊断和个体态势诊断，确定少年男子体操运动员综合身体素质与单项身体素质的优势指标与劣势指标，分析出每名运动员身体素质的优势、劣势因素，进而通过对运动员身体素质的具体分析，从整体上揭示少年男子体操运动员每个年龄组身体素质的具体发展状况；二是通过差距诊断，制定少年男子体操运动员各项身体素质的期望发展目标模型，分析出目前我国少年男子体操运动员身体素质的发展差距和发展目标。

第六章 结论与研究展望

该章包括对本研究进行总结、剖析本研究存在的不足、对后续进一步的研究进行展望等几部分。

1.3.3 解决的关键问题

（1）构建一套科学、合理的少年男子体操运动员身体素质评价体系，对我国少年男子体操运动员身体素质进行评价。

（2）运用科学、可行的方法，对我国少年男子体操运动员身体素质进行诊断。

1.4 研究对象与方法

1.4.1 研究对象

1.4.1.1 研究对象的界定

本研究的主要对象是我国少年男子体操运动员身体素质的评价与诊断。身体素质训练的主要任务是提高技术训练的效果，为全面的技术动作训练服务。在运动训练学研究中，不同运动项目身体素质的主要内容因运动项目的技术特征不同，存在一定的差异。根据男子体操项目特征，前期主要从力量、柔韧、速度、耐力、灵敏素质5个方面收集资料，然后再根据德尔菲法三轮专家咨询筛选而最终确定身体素质的评价指标体系。

1.4.1.2 少年男子体操运动员年龄段的确定

根据人体生长发育的规律以及形态、生理和心理的特点，将人体年龄划分为以下几个时期（表1-9），其中将少年期定于13~17岁。

表1-9 从生理学角度对人体年龄段具体划分统计表

婴儿期	幼儿期	学龄儿童	少年期	青年期
2~3岁	4~6岁	7~12岁	13~17岁	15~18岁

1989年国家体委颁布的《男子体操教学训练大纲》中，将8~9岁定于训练初级阶段，10~12岁定于训练中级前期阶段；国家体育总局颁发的《全国少年体操比赛规定动作及评分细则（男子）》，将少年体操运动员的比赛分为甲（11~12岁）、乙（9~10岁）两组；国家体育总局竞技体育司于2009年编著的《全国青少年奥运项目教学训练大纲》，将少年男子体操运动员的年龄阶段也定为9~12岁，这显然更符合体操项目的特点和体操运动员的发展实际。因此，本研究把少年男子体操运动员的年龄阶段定于9~12岁。

1.4.2 研究方法

1.4.2.1 文献资料法

通过校内、校外图书馆，中国知网学术期刊网络出版总库、维普期刊全文数据库、SPORTDI scussdeng运动科学全文数据库、美国科学情报研究所（ISI）的Web of Science数据库、中国体育资讯网等多种途径检索和查阅国内外与力量、速度、耐力、柔韧等身体素质，体能训练，体操训练，少儿训练，评价与诊断等大量相关的文献和专著，其中涉及生理、解剖、运动训练、统计学、评价学、系统论、可持续发展理论等多个理论领域。通过对这些文献资料的重点阅读和分类整理，了解本研究的相关动态和前沿，开阔与拓展本研究视野与思路，为确保本研究的顺利开展提供有力的理论支撑与指导。

1.4.2.2 专家访谈法

针对研究中所要解决的具体问题，从少年男子体操运动与身体素质评价与诊断理论、初级评价指标的确定两个方面对多位专家进行访谈。另外，还在研究框架设计、具体指标的测试、评价标准的制定与校对、评价与诊断结果的分析等方面获得了许多有益的指导。

1.4.2.3 德尔菲法

本研究在总结我国少年男子体操运动员身体素质主要训练内容与手段的基础上，经过三轮专家咨询，最终构建较为全面、科学、可行的我国少年男子体操运动员身体素质评价指标体系。

（1）专家的选取。

专家的选取是关系到指标体系建立成败的关键。根据德尔菲法专家遴选的标准，本研究主要从4个方面选取专家：

第一，从事少年男子体操运动员训练科研的理论专家。以主要选取“小”专家为宗旨，即以选取对少年男子体操运动员的训练有过系列而又富有影响的科研理论专家为主。另外，本研究还选取了2012年负责《全国少年体操比赛规定动作（男子）》重新修订的部分专家。

第二，长期从事男子体操运动员训练的教练员。首先，以长期从事少年男子体操运动员训练的教练员，特别是培养过优秀少年男子体操运动员的教练员为主；其次，选取部分从事青年男子体操运动员训练的教练员，他们对少年体操运动员进入青年阶段前所必须具备的身体素质有着比较清楚的了解。

第三，优秀男子体操运动员。他们对少年时期体操训练有着深刻的体会和心得。

第四，运动训练学领域的专家。因为体操运动员身体素质的训练、评价与诊断，都涉及运动训练学领域相关知识，选取该领域专家可以保证身体素质的评价与诊断符合运动训练相关基本原理。

第五，体育测量评价与统计领域的专家。少年男子体操运动员身体素质评价体系的建立，涉及体育测量与统计学等专业理论知识、相关原理和方法，选取该领域专家可以确保指标选取与测量结果科学、可行。

根据德尔菲法特点和需要，一般情况下专家人数以10~30人为宜。本研究选取了符合要求的专家24名（表1-10）。

表1-10　德尔菲法专家的基本情况一览表

姓名	单位或省市	职称	备注
吕万刚	武汉体育学院	教授、博导	对少年男子体操运动员动作技术、身体素质的训练与创新、评价进行了系统的研究
魏旭波	武汉体育学院	教授、博士	国际级裁判，曾为埃及天才学校体操教练，2012年《全国少年体操比赛规定动作（男子）》编写的执笔人
刘万发	广州体操队	资深裁判、高级教练员	2012年《全国少年体操比赛规定动作（男子）》编委之一
黄力平	李宁体操学校	国际级运动健将	2008年奥运会男子竞技体操裁判，多次获得世界体操锦标赛团体和单项冠军
杨威	湖北省体育局体操运动管理中心	国际级运动健将	奥运会团体、全能冠军
赵奇	国家队	高级教练员	国家队青、少年男子体操运动员教练员
金卫国	国家队	高级教练员	国家队青、少年男子体操运动员教练员
王国庆	国家队	高级教练员	国家队青、少年男子体操运动员教练员
白远韶	国家队	高级教练员	国家队青、少年男子体操运动员教练员
叶晓东	国家队	高级教练员	国家队青、少年男子体操运动员教练员
马长森	国家队	高级教练员	国家队青、少年男子体操运动员教练员
胡守文	国家队	高级教练员	国家队青、少年男子体操运动员教练员
方家明	湖北省体育局体操运动管理中心	国家级教练员	杨威等奥运冠军青少年时的教练员
林朝阳	四川	高级教练员	奥运冠军邹凯的启蒙教练员
王合义	河南	高级教练员	所执教队获全国少年体操比赛总决赛9岁组团体冠军
谢剑辉	福建	高级教练员	所执教队获全国少年体操比赛总决赛9岁组团体亚军

续表

姓名	单位或省市	职称	备注
吴刚	上海	高级教练员	所执教队获全国少年体操比赛总决赛10岁组团体冠军
易捷	湖南省体育局体操运动管理中心	高级教练员	所执教队获全国少年体操比赛总决赛10岁组团体亚军
王献彪	浙江	高级教练员	所执教队获全国少年体操比赛总决赛11岁组团体冠军
王志坚	北京	高级教练员	所执教队获全国少年体操比赛总决赛11岁组团体亚军
刘锦宇	江苏	高级教练员	所执教队获全国少年体操比赛总决赛12岁组团体冠军
代腾飞	山东	高级教练员	所执教队获全国少年体操比赛总决赛12岁组团体亚军
俸晓东	武汉体育学院	教授	运动训练学领域专家
刘星亮	武汉体育学院	教授	体育测量与评价学领域专家

注：表中所指全国少年体操比赛系2012年“李宁杯”全国少年体操比赛总决赛。

（2）专家积极系数、权威系数和协调系数分析。

专家团队的选取需要考虑专家对本研究调查的积极性、专家自身的权威性以及专家之间的协调系数，其中专家积极性主要反映专家对该项目研究的关心程度，专家意见的协调程度是指专家组内部对指标选取意见的分歧程度，而专家权威性则与预测精度之间具有正函数关系。通过对这3个方面的分析，能较充分地反映德尔菲法咨询结果可信程度的高低。

①专家积极性：一般用专家咨询表的回收率来作为专家积极系数，回收率越大，则说明专家对该研究的关心程度越大。由于本研究充分利用了“李宁杯”全国少年体操比赛湖北分赛区比赛与佛山总决赛两次机会，并得到了赛会各位工作人员以及教练员的大力支持与配合，加之在专家选择时已经考虑到了咨询表回收问题，因此专家积极系数非常高，具体见表1-11。其中广东中山市和陕西省少年男子体操队主教练没参加佛山总决赛，在规定时间没能进行第二轮反馈咨询；国家队两位教练员由于前往伦敦（奥运会），在规定时间没能进行第三轮反馈咨询。

表1-11 咨询专家的积极系数一览表

	发出份数	回收份数	回收率/%	有效问卷	有效率/%
第一轮	24	24	100	24	100
第二轮	24	22	91.7	21	95.5
第三轮	22	20	90.9	20	100

②专家权威程度：专家权威程度等于专家判断系数与熟悉程度系数的算术平均值，其计算公式为：Cr =（Ca+Cs）/2。其中 Cr表示专家权威程度，Ca 表示判断系数，Cs表示熟悉程度系数。可见，专家权威程度主要由两个因素决定：一个是专家对问题的熟悉程度。熟悉程度分为 5个等级，即非常熟悉、较熟悉、一般、较不熟悉、很不熟悉，其具体量化值见表1-12。

表1-12 专家对问题的熟悉程度系数表

熟悉程度	熟悉程度系数（Cs）
非常熟悉	0.9
较熟悉	0.7
一般	0.5
较不熟悉	0.3
很不熟悉	0.1

另一个是专家对方案做出判断的依据。判断依据主要有直觉、国内外同行的了解、理论分析、实践经验。判断系数总和等于 0.6 表明对专家判断的影响程度小，等于 0.8 表明对专家判断的影响程度为中等，等于 1 表明对专家判断的影响程度大，其具体量化值见表1-13。

表1-13 判断依据及其影响程度量化表

判断依据	对专家判断的影响程度		
	大	中	小
理论分析	0.3	0.2	0.1
实践经验	0.5	0.4	0.3
国内外同行的了解	0.1	0.1	0.1
直觉	0.1	0.1	0.1

通过统计、计算德尔菲法第一轮专家咨询结果中“专家对问题的熟悉程度系数表” 及“专家判断依据量化统计表”的数据（表1-14），获取了专家权威系数，具体结果见表1-15。

表1-14　专家的判断依据量化统计表

判断依据	素质				
	力量素质	速度素质	耐力素质	柔韧素质	灵敏素质
理论分析	0.24	0.25	0.26	0.25	0.27
实践经验	0.47	0.45	0.43	0.46	0.37
国内外同行的了解	0.1	0.1	0.1	0.1	0.1
直觉	0.1	0.1	0.1	0.1	0.1
Ca	0.91	0.90	0.89	0.91	0.84

表1-15　专家权威系数结果一览表

一级指标	判断系数（Ca）	熟悉系数（Cs）	权威系数（Cr）
力量素质	0.91	0.86	0.89
速度素质	0.90	0.85	0.88
耐力素质	0.89	0.78	0.84
柔韧素质	0.91	0.85	0.88
灵敏素质	0.84	0.77	0.81

从计算结果中可以看出，本研究选取的24位专家对少年男子体操运动员身体素质的熟悉程度均在非常熟悉与较熟悉之间，判断依据对专家的影响程度介于中等与大之间。总体而言，专家权威程度的平均值均在 0.8 以上，可见，本研究选取德尔菲法专家的权威程度较高，即本研究的预测精度较高。

③专家咨询协调系数：专家意见的协调程度是指专家组内部对指标选取意见的分歧程度，通过调查可以判断出专家组对每项指标的评价是否存在较大分歧，并能有效地找出高度协调专家组和持异端意见的专家，同时也能反映出咨询结果可信度的高低。衡量专家意见协调程度的系数有各指标评价结果的变异系数和专家意见协调系数。本研究主要考虑专家们在筛选、完善和修正评价指标体系过程中对各指标的变异系数。

指标的变异系数（V_i）主要反映专家意见的协调程度，通俗地说就是指数据（专家赋值）的离散程度，主要目的是用于判断专家对每项指标的评价是否存在较大分歧或者找出高度协调专家组和持异端意见的专家。变异系数的计算公式：$V_i=\frac{S_i}{M_i}$

V_i——表示i指标的变异系数

M_i——表示i指标的算术评分平均值

S_i——表示i指标标准差

专家意见的协调系数V_i介于 0~1，V_i越小，说明i指标的专家意见协调度越高，具体结果见第三章评价指标体系构建部分。

1.4.2.4 问卷调查法

本研究根据研究需要设计了“少年男子体操运动员身体素质评价的专家调查问卷”。问卷涉及的内容包括身体素质训练内容、身体素质的结构及相关理论、身体素质评价指标体系结构的验证等。专家主要以体育院校理论专家，各省、区、市少年男子体操运动员训练单位的一线教练员、国家队教练员、体操裁判员等为主。

问卷设计的步骤：查阅文献资料 → 征求专家意见 → 综合德尔菲法调查结果 → 制定调查问卷 → 效度检验 → 预备调查 → 修改问卷 → 信度检验 → 正式调查。

（1）问卷调查对象基本情况及调查情况。

问卷调查主要以封闭式问卷调查为主，分2种方式进行：一种是利用2012年“李宁杯”全国少年体操比赛（第一赛区）（2012年7月）和总决赛（2012年8月）期间进行调查；另一种是对通过各省、区、市的教练员和体育院校专家发送邮件或快递的方式调查。调查对象的基本情况和调查问卷的回收情况分别见表1-16、表1-17。

表1-16 被调查专家的基本情况一览表

	专家		教练员	
职称	教授	副教授	国家级教练员	高级教练员
人数	15	32	8	50
	注：两位博导，体操国际级裁判1人	注：体操国际级裁判2人	注：4人曾为一级及以上运动员	注：25人曾为一级及以上运动员

表1-17 问卷调查的发放和回收情况统计表

对象	发放份数	回收份数	回收率/%	无效份数	有效份数	有效率/%
专 家	47	43	91.5	1	42	97.7
教练员	58	56	96.6	3	53	94.6
总数	105	99	94.3	4	95	96

（2）问卷效度和信度检验。

①问卷效度检验。

效度的检验方法有多种，本研究采用较常用的专家经验评价法，即请相关学科专家对问卷的内容或结构效度进行评价。通过对问卷的内容与结构效度按照五级评定进行专家评价。其总体评价结果见表1-18。

表1-18　问卷效度检验专家评价结果一览表

专家	职称	非常合适	合适	比较合适	不太合适	不合适
体操教师/科研人员	副教授	1	4			
	教授	1	5	1		
教练员	国家级教练员	2	5	1		
总计		4	14	2		

②问卷信度检验。

信度即可靠性，它指的是采用同样的调查问卷和同样的方法对同一对象重复进行调查时，其所调查的结果相一致的程度。信度一般用一致性系数来表示。信度检验的方法有多种，根据本研究的实际情况，采用再测信度法对调查结果进行检验，即对同一对象先后进行两次调查，然后比较两次调查结果的一致性，并统计出一致性系数。按照再测信度法的要求，随机对10位专家进行了再测信度检验，两次调查的时间相距15天，然后统计出两次调查的一致性系数。经调查结果统计专家调查问卷再测一致性系数R=0.85，问卷的一致性系数较高，符合再测信度的要求。问卷信度检验调查表发放、回收情况统计见表1-19。

表1-19　问卷信度检验调查表发放、回收情况统计一览表

发放份数	回收份数	回收率/%
10	10	100

1.4.2.5　模糊综合评价法

模糊综合评价就是以模糊数学为基础，应用模糊关系合成的原理，将一些边界不清、不易定量的因素定量化，从而进行综合评价的一种方法。其基本原理是通过确定被评对象对各等级模糊子集的隶属程度来评价被评对象的优劣。本研究运用此方法确定少年男子体操运动员身体素质评价指标的权重，具体的步骤和计算过程见第三章指标权重制定部分。

1.4.2.6 测试法

本研究根据最终确定的评价指标，依据各指标特点和研究需要，制定具体测试方法，并选取2012年来自全国各地参加“李宁杯”全国少年体操比赛总决赛（佛山）和第一赛区（湖北），以及湖北、湖南、广东、陕西省队等参加全国集训的少年男子体操运动员为测试对象，进行各二级指标的测试，根据测试数据，采取合理的统计学方法构建评价指标的标准；根据制定的标准，结合测试数据，对运动员的身体素质进行评价。测试数据的科学性直接关系到评价标准制定与评价结果的科学性。而科学、合理的测试过程则是获取有效、真实测量数据的保障。本研究主要是采用训练场测试法获取数据，影响数据测试因素主要涉及测试对象的选取、测试者、测试标准、测试方法与程序等几个方面，有效地控制其影响因素是保证数据科学性的关键。

（1）测试目的：测试我国少年男子体操运动员9~12岁4个年龄组身体素质的二级评价指标，为制定评价指标标准以及实施评价与诊断提供真实的数据。

（2）测试时间与主要地点：2012年7月8日—15日，地点为湖北省武汉市，测试单位为福建、江西、湖北、湖南、广东、广西、四川、贵州、陕西、李小双体操学校、襄阳等体操队；2012年8月18日—26日，地点为广东佛山，测试单位为北京、河北、山西、上海、江苏、浙江、山东、河南、温州市等体操队；2012年9月，测试单位为仙桃、武汉市体校，武汉体育学院体操学校，湖北省奥体中心全国集训队等。

（3）测试对象：主要考虑测试样本含量及测试对象的特征和代表性。首先，在统计学中，样本个数在30（$n \geqslant 30$）以上的定为大样本，反之则为小样本，大样本量既可以提高总体的代表性，又可减少随机误差。可见，足够的样本量是减少抽样误差的保障。从表1-20可看出，测试对象基本为大样本量，且几乎涵盖全国绝大部分省、市少年男子体操运动员训练单位，具有典型的代表性，以确保评价标准制定的普及性，以及评价与诊断对象的全面性和代表性，进而确保评价与诊断结果的代表性。其次，测试对象均为从小开始进行竞技体操训练的、9~12岁的少年男子竞技体操运动员，测试指标基本源于他们平时身体素质训练内容，保证了测试对象能很好地理解和掌握测试指标的方法与要求。

（4）测试者：测试者的能力与水平直接影响测量的客观性。本研究测试者主要是专业水平较高、实践经验较丰富的专门从事少年男子体操运动员训练的教练员，对测试指标的测试尺度和要求有着较深入的理解和掌握。另外，各位教练员给予了该研究高度的赞许与配合，对测试认真负责，且大部分测试基本是在笔者亲自参与下与教练员一起完成的，很大程度上保证了测试结果的客观性。

表1-20　少年男子体操运动员测试对象基本情况一览表

	9岁组（37人）	10岁组（40人）	11岁组（35人）	12岁组（24人）
分布省、市	北京（1） 河北（2） 上海（1） 福建（3） 河南（5） 广西（1） 温州（4） 江西（2） 四川（2） 贵州（4） 陕西（2） 湖北（3） 襄阳（3） 佛山（4）	北京（4） 河北（1） 山西（1） 上海（4） 江苏（3） 河南（1） 福建（1） 广东（4） 广西（3） 四川（5） 贵州（5） 陕西（1） 湖南（4） 湖北（3）	北京（5） 河北（1） 上海（3） 江苏（2） 浙江（4） 福建（1） 温州（1） 广西（4） 四川（2） 贵州（5） 陕西（1） 湖南（1） 湖北（4） 佛山（1）	江苏（4） 江西（6） 山东（3） 温州（3） 广西（1） 湖北（4） 李小双体操学校（3）
运动员部分运动成绩	包括全国比赛团体前五名、全能和6个单项的前八名运动员	包括全国比赛团体前五名、全能和6个单项的前八名运动员	包括全国比赛团体前三名、全能和6个单项的前八名运动员	包括全国比赛团体前三名、全能和6个单项的前八名运动员
年龄/岁	9.45 ± 0.36	10.37 ± 0.32	11.46 ± 0.41	12.47 ± 0.21

（5）测试内容：为经过德尔菲法专家筛选和因子分析法验证后最终确定的评价指标体系中的二级评价指标，9、10岁为16项二级评价指标，11、12岁为18项二级评价指标。

（6）测试细则：明确测量标准与尺度，规定测试细节并将其具体化，尽量减少测量中的主观因素，实施标准化测量是保证测量结果有效性、客观性、公平性的重要因素。本研究根据每个指标的选取目标及特性，并综合专家的意见，制定了每个指标的测试细则（规格与要求）。

（7）测试程序：测试程序是获取有效测试结果的保障。本研究数据测试程序主要涉及测试时间的选取和测试过程的操作与控制。在测试时间上，主要考虑运动员的生理因素，因为运动员的身体生理机能状况是影响测试结果的重要因素，如测试前运动员的休息情况和疲劳程度等。因此，本研究主要是在运动员经过一个小训练周期（一个星期）的“训练调整”和“休息”两个阶段后进行测试，一般是星期日，以保证运动员身体机能处于较好的状态，要求所测运动员没有伤病或所受伤病对测试指标不构成任何影响；且为了避免测试指标过多，尽量减少测试本身对运动员的影响，每一个指标测试后，一般在运动员心率基本恢复到安静状态以及自我感觉机能状态得以恢复后才进行第二个项目测试。除400米等个别项目外，大部分指标测试了2~3次，取其平均值。指标测试顺序为：星期日上午：闭目单足站立平衡—30秒摆动引体向上—转肩—地面控倒立—五级蛙跳—30秒肋木悬垂举腿—5米爬绳（手脚并用/徒手）—15秒/20秒原地后空翻—低双杠直臂并腿屈体提倒立（或地面直臂分腿屈体提倒立）；星期日下午：双杠/吊环直角支撑/吊环控倒立—原地跳转360°/540°—连续5个后手翻—蘑菇全旋—助跑最后5米跑速—30秒双臂屈伸/低双杠连续推倒立—站立并腿体前屈—400米跑。在测试过程中，涉及按要求选取器材或场地、使运动员明确测试规格与要求等程序，还要重点考虑运动员的心理因素。本研究是在运动员的教练员亲自参与下，以身体素质测验的名义进行测试，以提高测试者的认真程度和积极性。

1.4.2.7 数理统计法

“身体素质评价”部分：运用主成分因子分析法对评价指标体系结构进行验证，以弥补德尔菲法在主观上可能存在的不足；对根据模糊综合评价法设计的问卷的回收情况，运用SPSS 16统计软件包进行了统计分析。另外，对指标的测试数据进行统计，并运用积差相关法对本研究测试结果的可靠性进行估价。然后根据测试数据，采用累进计分法建立评价标准。

“身体素质诊断”部分：运用SPSS 16 软件中的帕雷托分析法对少年男子体操运动员身体素质的总体态势进行诊断，运用 Excel 2000 中的雷达分析法对每名测试运动员身体素质的个体态势进行诊断。

1.5 技术路线

技术路线图见图1-1。

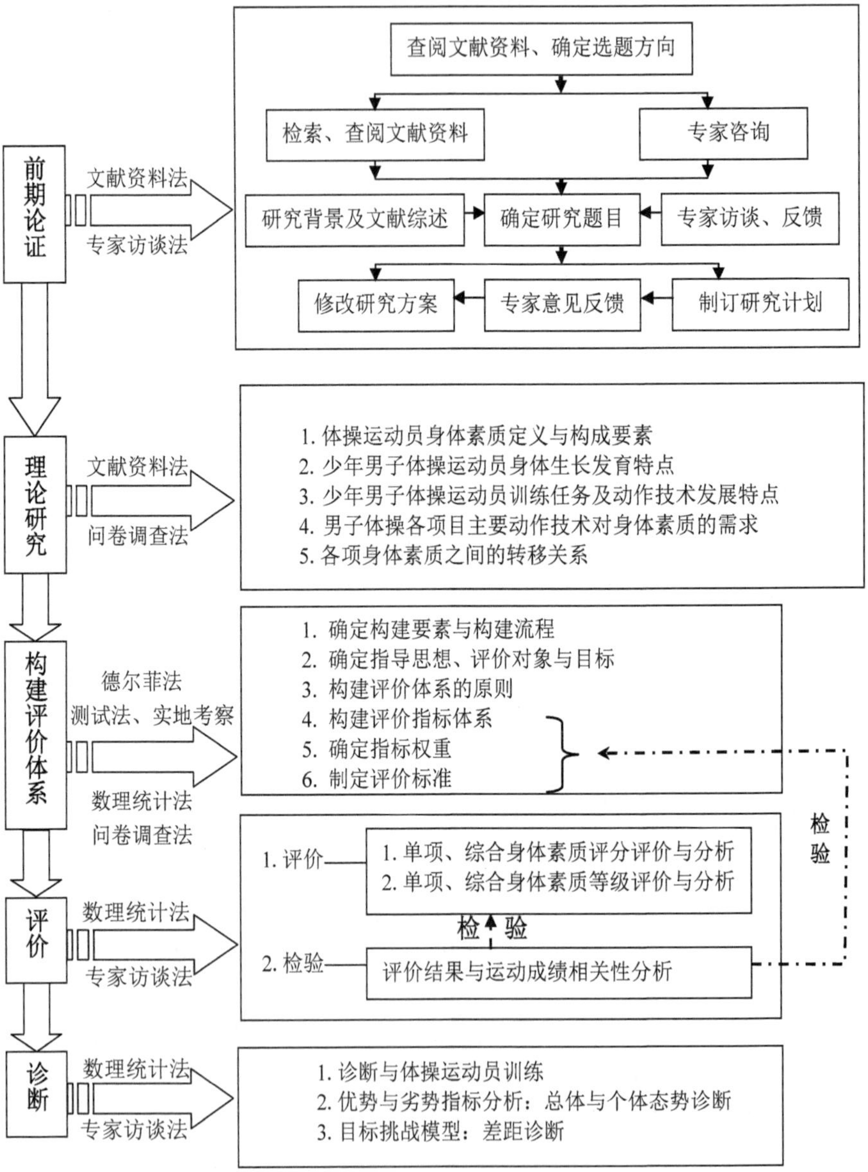

图1-1 技术路线图

1.6 研究特点及创新点

1.6.1 研究特点

（1）理论研究与实证分析相结合。

总体来看，本研究的前半部分以理论分析为主，阐述了少年男子体操运动员身体素质评价与诊断的理论基础。后半部分则以实证分析为主，首先，对目前我国少年男子体操运动员身体素质训练情况进行全方位调研和大范围的实践测试；其次，根据构建的评价体系对运动员的身体素质进行评价，从运动员的成绩等方面检验评价结果的可靠性，以进一步验证评价体系的科学性。

（2）静态分析与动态分析相结合。

少年男子体操运动员身体素质评价指标，是通过对目前我国少年男子体操运动员训练实际现状的静态分析，与体操动作发展对少年男子体操运动员身体素质就要求的不断提高的动态分析相结合，而综合确定的。另外，通过对目前我国优秀少年体操运动员身体素质的静态诊断，提出了其身体素质的动态发展期望目标，从而为实现运动员的可持续发展服务。

（3）定性分析与定量分析相结合。

定性分析是对事物的性质、特征、形式等方面进行抽象的理论分析，而定量分析是对事物进行具体的量化分析。首先，本研究通过定性分析阐述少年男子体操运动员身体素质评价与诊断的基本理论及其指标体系，定量分析用于具体指标权重及标准的确定，以及对目前我国少年男子体操运动员身体素质的评价与检验。其次，从定性与定量相结合的角度确定指标，一方面定性指标尽量定量化，另一方面使确定的指标能科学、全面、易操作地评价身体素质。

（4）综合分析与具体分析相结合。

首先，通过对少年男子体操运动员身体素质的综合分析，剖析每项具体的单项素质；其次，通过对每位运动员综合和单项身体素质的具体评价，从宏观上综合分析目前我国少年男子体操运动员身体素质的整体发展状况与发展目标；再次，通过对每个运动员进行综合的态势诊断，从整体方面分析运动员身体素质的综合情况，同时对每个运动员自身各项身体素质的个体态势进行诊断，以具体分析运动员每项身体素质的优势与劣势所在；最后，对5项一级指标的差距进行诊断，在宏观层面分析综合身体素质的发展水平和发展目标，对力量和速度的二级指标进行差距诊断，在微观层面具体分析各单项力量素质与速度素质的发展水平。

1.6.2 创新点

第一，理论上，现阶段我国关于少年体操运动员各项身体素质评价指标“照搬”“老套化”现象严重，对指标的确定缺乏系统、综合的理论指导。本论文的研究重塑了科学系统少年男子体操运动员身体素质评价与诊断的理论依据，进一步完善了国内相关理论研究。

第二，内容上，国内缺乏对少年男子体操运动员身体素质的系统、综合研究。本研究根据男子体操6个项目特点、少年生长发育特征和我国少年男子体操运动员训练实际等，从运动员的可持续发展利益出发，创新性地分为4个年龄组，从力量、速度、耐力、柔韧、灵敏素质5个方面系统构建了少年男子体操运动员身体素质的评价指标、权重与标准，并增加了科学、可行的新灵敏素质评价指标。另外，结合评价结果，对少年男子体操运动员身体素质进行诊断，完善了目前我国关于体操运动员身体素质诊断的研究。

第三，方法上，运用主观分析（德尔菲法：专家经验判断）与客观分析（主成分因子分析法）相结合，确定少年男子体操运动员综合身体素质及单项身体素质的评价指标，克服了以往以教练员经验分析为主进行评价所存在的不足。另外，还形成了少年男子体操运动员身体素质评价与诊断的方法体系。

1.7 本章小结

本章为全文的开端，首先，介绍了本研究的选题依据及研究意义，并从多方面、多角度对国内外相关研究进行了回顾、总结和归纳、论述，在研究论点、研究方法、研究思路等方面为本研究的深入进行提供了有益指导和借鉴；其次，通过确定研究目标与任务，阐述了研究对象与方法、技术路线、研究框架与主要内容、研究特点与创新点，进而明确了具体的研究方案与研究计划，对后续研究起到了提纲挈领的作用。

2 少年男子体操运动员身体素质评价体系构建的理论研究

少年男子体操运动员身体素质评价体系是对少年男子体操运动员身体素质实施评价与诊断的工具与手段，其科学性直接影响整个评价与诊断结果的科学性。少年男子体操运动员身体素质评价体系的构建是一个系统工程，本研究主要从身体素质的定义与构成要素、少年男子体操运动员生理解剖特点、少年男子体操运动员训练任务与技术动作发展特点、男子体操6个项目动作技术特点等方面重塑了少年男子体操运动员身体素质评价体系构建的理论依据。

2.1 少年男子体操运动员身体素质定义与构成要素

2.1.1 少年男子体操运动员身体素质的定义

身体素质是体育运动中一个被广泛使用的专门名词术语，但从有关身体素质定义的文献综述可以看出，目前国内外学者从运动生理学、运动医学、运动训练学等不同领域、从内涵与外延等角度提出了不同定义，每个定义因侧重点不尽相同，相互之间都存在一定差异。因此，本研究有必要结合研究实际，进一步明确男子体操运动员身体素质的定义，为本研究提供一个科学、合理的逻辑起点。

定义是揭示概念内涵的一种逻辑方法。给一个概念下定义，就是用简明的语句，揭示出概念所反映的客观事物的特有属性。属加种差的表述式是从亚里士多德到今天仍然极具权威的关于定义的经典表述式，亦是目前普通逻辑学所提倡的内涵定义的基本模式：概念=种差+邻近的属，即事物或现象的概念应是它与其他种的差别加上它所邻近的属。本研究运用模式对少年体操运动员身体素质的概念进行分析。

根据属加种差的基本定义模式，给少年体操运动员身体素质下定义必须满足2个条件：一是揭示身体素质的本质属性（或特有属性）；二是将少年男子体操运动员所反映出来的身体素质与其他项目的身体素质区分开来。

按属加种差的定义方法，首先要找出身体素质最邻近的属概念。本研究所强调的身体素质主要是针对体操运动员在运动训练中必备的一些素质，也就是说身体素质指的就是运动员的身体素质。在运动训练学中，身体素质隶属于体能，即体能是身体素质最邻近的属概念。对运动员而言，体能是指运动员机体的基本运动能力，是运动员竞技能力的重要构成部分。

种差，是指被定义概念所反映的这一类事物相对于同一属概念下其他种概念所反映的事物的特有本质属性。构成体能的3个主要因素是身体形态、身体机能、身体素质。由此可见，身体素质的种差就是体能概念之下的身体形态、身体机能。身体形态是指机体内外部的形状，身体机能是指机体各器官系统的功能。而身体素质则是体能训练的核心部分，可谓是体能的外在表现，即运动员身体形态和机能的综合表现，或者说是运动员在运动中所体现出来的各种基本能力，通常包括力量、耐力、速度、柔韧和灵敏等素质。在运动训练中多以发展各种身体素质为身体训练的基本内容。可见，身体素质是机体在运动中所需要的一种运动能力。故本研究认为在运动训练领域里面身体素质概念的种差为机体“外显的基本运动能力”。

由于每个运动项目均具有较为鲜明的运动特点与动作结构特征，完成动作时人体机能表现形式也有差异，对运动员身体素质的要求也不尽相同。竞技体操是一项以承担自身体重的力量为基础，以准确、灵活地控制身体各个环节在特定的时间和空间内完成某种动作或某种造型为艺术特征的身体练习活动，要求运动员在器械上做各种摆动、空翻、旋转、飞行、倒立、平衡等动作，对运动员身体处于空间状态时的方向和时间的判断能力有较高要求。另外，对运动员而言，每个阶段身体素质训练的任务和重点、方法与手段也是不一样的。因此，此处除考虑身体素质的种差外，还必须考虑男子竞技体操项目、少年阶段二者各自的特性。

通过上面对身体素质概念的邻近属概念和种差的分析，结合体操项目的特征，本研究认为，少年男子体操运动员身体素质是指完成男子竞技体操6个项目各类动作技术所外显出来的、符合少年阶段机体生长发育特点和运动训练特征的各种基本的运动能力，包括力量、耐力、柔韧、速度、灵敏等素质。从上述分析可以看出，该定义主要是从运动训练学角度，以少年男子运动员为机体，结合男子体操项目特征，从身体素质的内涵进行定义的。

2.1.2 少年男子体操运动员身体素质的构成要素

身体素质的构成要素是身体素质重点评价与诊断的对象。从定义可以看出，少年男子体操运动员身体素质的构成要素包括力量、耐力、柔韧、速度、灵敏等。儿童少年时期体操运动员身体素质的训练以力量、速度、柔韧为主，儿童时期侧重发展柔韧和速度，少年时期侧重向速度力量和专项耐力过渡。通过与教练员的实际访谈获知，速度力量是少年体操运动员整个身体素质发展中的重中之重。这为少年男子体操运动员身体素质评价指标的设计和选取进一步明确了方向。

力量素质是体操运动员最主要的素质，如强大的肩带、腰腹力量和强有力的蹬跳力量是体操运动员完成许多高难动作的必备条件。根据体操项目特点和各类动作技术的结构特征，相对力量、速度力量、力量耐力和静力性力量4种力量是体操运动员力量素质训练的主要内容，也是体操运动员力量素质评价的几个着重点。在少年阶段，体操运动员主要采用中等强度、以克服自身体重为主的训练内容与方法发展力量素质。

体操运动员柔韧性主要是指关节的灵活性和关节韧带的牢固程度，且要求做到“柔中有刚”。速度素质主要包括跑的速度，顶肩、推手、兜腿等动作速度以及各类转体和翻转的速度等。灵敏素质在体操练习中表现为空间的准确及定时、定向的能力，动作迅速而准确的转换能力。灵敏素质虽是力量、速度、柔韧等素质的综合体现，但是在时空感和平衡能力等方面是各种素质不可代替的，本研究主要是从时空感、平衡能力方面对少年体操运动员进行评价和诊断。耐力素质则主要指运动员连续完成各类组合动作以及在较短时间内完成各个项目成套动作的能力。

根据体操运动员身体素质的构成要素，本研究以力量、耐力、柔韧、速度、灵敏为少年男子体操运动员身体素质评价指标初级框架体系的一级指标，在此基础上，收集、罗列、筛选少年男子体操运动员身体素质主要训练内容与手段，进而设计调查内容，以广泛征求专家与教练员等的意见，为最终确定少年男子体操运动员身体素质评价指标体系奠定基础。

2.2 少年男子体操运动员生理解剖特点

身体素质是机体各器官和系统机能的综合表现，身体素质的发展随着机体的生长发育也呈现出明显的特点。以人体生长发育特点为依据，根据身体素质发展规律，科学揭示少年男子体操运动员身体素质发展特点，旨在为少年男子体操运动员身体素质评价与诊断提供导向。

2.2.1 少年生长发育特点

2.2.1.1 骨骼、肌肉系统发育特点

任何体操动作都是通过肌肉的收缩、骨骼的杠杆作用和骨连接的枢纽作用完成。可见，骨骼与肌肉特点直接影响少年体操运动员身体素质与动作技术训练内容的安排。

少年正处于骨化阶段，软骨成分较多，水分和有机物质多，无机盐少，骨密质较差；而关节软骨较厚，关节囊、韧带的伸展性大。因此，少年的骨骼具有富于弹性而坚固性较差、关节具有活动范围大而牢固性较差的特点。骺软骨的损伤是儿童少年在体育运动中特有的一种损伤，主要发生在腰椎、膝关节和肘关节。

就肌肉而言，水分多，蛋白质、脂肪和无机盐类少，收缩机能较弱，耐力差，易疲劳。其发展也具有明显的不均衡性，大肌肉、上肢肌、屈肌发展较早，小肌肉、下肢肌、伸肌发展较晚。因此，肌肉相对力量的增长要比绝对力量的增长早。

可见，从肌肉和骨骼的发育特点看，9~12岁4个年龄阶段的身体生长发育也具有明显的差异，身体素质的训练和评价也应区别对待。

2.2.1.2 心肺系统发育特点

总体而言，少年时期的内脏器官还未发育完全。在心血管系统方面，少年心肌发育不十分完善，心肌弹性纤维较少、较细，收缩力量较弱，加之交感神经调节占优势，运动时主要依靠加快心率来增加心

输出量以适应运动需要。因此，运动时容易导致心跳频率较快，心脏比较容易疲劳。另外，由于胸廓狭小、呼吸肌力较弱，且呼吸表浅，故肺活量小。在运动时主要依靠加快呼吸频率来增加肺通气量，而呼吸深度增加得很少，呼吸系统也容易疲劳。

2.2.1.3 神经系统发育特点

神经系统是发育最早最快的系统，与此相关的协调、灵敏、反应、节奏、平衡等能力在少年时期可得到充分发展。但少年的神经活动过程不稳定，兴奋过程占优势，而且容易扩散，注意力不易集中，容易受外界环境的干扰，做动作时不协调、不准确，易出现多余动作。条件反射建立快，消退也快，重新恢复也快。另外，年龄越小，皮质细胞的工作耐久力就越差，越容易疲劳，但其恢复也越快。

2.2.2 少年男子体操运动员身体素质的发展特点

身体素质是机体各器官和系统机能的综合表现，随着机体生长发育而得到发展，并遵循着一定的规律。根据少年生长发育特点，充分认识各项身体素质的发展规律和特点，是科学、合理安排少年阶段身体素质训练内容的前提。

身体素质发展具有4个发展规律：身体素质的自然增长、发展的阶段性、发展的敏感期以及各项身体素质达到最高水平的年龄。儿童少年各项身体素质随着年龄而增长的现象称为身体素质的自然增长。而身体素质的自然增长包括增长阶段和稳定阶段，身体素质由增长阶段过渡到稳定阶段有先后之别，其顺序如下：速度素质最先，耐力素质次之，力量素质最晚；同一项身体素质，不同部位的发展顺序也不相同，如体操运动员各部位肌力的自然增长顺序为：躯干肌先于四肢肌，屈肌先于伸肌，上肢肌先于下肢肌，大块肌先于小块肌。而在不同的阶段，身体素质的增长速度也不同，科学、准确把握身体素质发展的敏感期是高效提高身体素质的前提，抓住身体素质发展的敏感期，既是提高身体素质训练效率的保障，也是运动员以后发展高难动作的需求。另外，各项身体素质并非随着年龄增长而永无止境地增长，到达某一年龄阶段时会趋于停滞或下降。然而，针对9~12岁少年男子体操运动员而言，最主要的是了解各项身体素质在9~12岁期间发展的阶段性和敏感性，具体见表2-1。

表2-1 9～12男子部分身体素质自然发展的敏感期

身体素质	敏感期（年龄）/岁	身体素质	敏感期（年龄）/岁	身体素质	敏感期（年龄）/岁
绝对力量	11~13	位移速度	8~13	平衡能力	6~8
相对力量	14~17	短时耐力	10~15	一般协调能力	6~9
速度力量	7~13	长时耐力	14~16	专项协调能力	9~14
动作速度	7~9	柔韧性	6~12	灵敏性	7~11

2.2.2.1 力量素质发展特点

力量素质是体操运动员最重要的身体素质，强大的肩带力量、腹背力量和腿部力量是完成高难动作的必备条件，也是发展速度素质的物质基础。体操运动员的力量主要包括相对力量、绝对力量、速度力量及力量耐力等。从生理解剖角度分析，肌肉的力量取决于中枢神经系统的机能和肌肉横断面积大小，而少年力量素质的发展主要受不同年龄阶段的生长发育特点和不同类型力量自然增长的特点影响。

少年骨骼富于弹性而不够坚固，关节牢固性较差。因此，进行力量训练时，应严格控制负荷和强度，且应注意身体姿势的控制。发展力量的方式上，以动力性练习为主，如果负荷过大，或采用静止性力量练习过多，容易造成局部负荷过大，引起骨骼弯曲或变形，关节脱位、骨骼慢性损伤等。例如，体操训练中，如果过多地用静力性的练习去发展腰部的柔韧性，但不注意积极发展腰背肌肉的力量，会引起椎骨骺软骨损伤。

根据骨骼和肌肉生长发育特点，9~10岁少年体操运动员，以不负重练习为主，以发展速度力量和相对力量为重点；11~12岁，可采用一些阻力（如拉橡皮筋）或哑铃负重练习来发展肌肉力量，适当发展最大力量，以动力性力量练习为主，辅以适宜的静力性练习，且动力性练习也应以预防损伤为前提，而进行必要的静力性练习时，要注意控制时间，做到动静结合。例如，直臂内收力量是吊环运动员必需的重要力量素质，11~12岁少年体操运动员已开始进行针对性的练习，但为了防止对肘关节的损伤，一般应严格控制数量，以少量多次的方式进行。另外，由于速度素质自然发展敏感期较早，速度力量自然发展的快速期早于相对力量和绝对力量，而速度力量又是男子体操项目最重要的力量素质之一。因此，整个少年时期速度力量应优先发展。

可见，少年阶段，主要以通过动力性练习发展速度力量和相对力量为主，逐步辅以静力性练习，发展力量耐力和最大力量，且力量耐力应以较轻强度和适宜负荷量的方式发展。

2.2.2.2 速度素质发展特点

速度与神经、肌肉系统的发育有着密切的关系。因此，其必须在神经与肌肉系统发展的最快时期（童年和少年期）给予充分发展。

体操运动员的速度素质主要体现在动作速度与位移速度2个方面。

动作速度主要是完成单个动作或联合动作的速度，8~13岁是男子发展动作速度素质的最佳时机。虽然由于力量素质发展不足的影响，在等强度重量负荷下，动作速度尚未达到最高水平，但在较早年龄阶段有效地发展动作速度，是促使该素质达到最高水平的关键。根据体操项目特点，体操运动员动作速度不仅要快，而且要达到能够根据需要即时调整快慢的程度，主要采用“定时计数练习”或“定数计时练习”来发展，且应注重速度与力量、技术的相互促进与协调发展。

位移速度主要由动作频率、幅度及磷酸盐代谢水平所决定，跑速在7~9岁发展最为有利，到13~14岁可达到最高值的99.1%，普遍采用30米冲刺跑、60米加速跑，400米和800米以上的变速跑等手段来发展。但由于少年儿童的心脏血管等系统发育还未成熟，对缺氧的忍受能力较低，进行大强度的训练容易疲劳，因此要严格掌握速度训练的强度和时间。在选取少年男子体操运动员速度素质评价指标时，应充分注意“定时”或“定数”的科学性、合理性。

2.2.2.3 柔韧素质发展特点

男子竞技体操运动员应重点抓好肩、腰、髋、腿、腕、踝等部位的柔韧训练。从骨骼、关节和肌肉的特点可知，少年时期关节面软骨相对较厚，关节囊及韧带的伸展性大，关节周围的肌肉细长，关节活动范围大于成人，是发展柔韧性的敏感期。少年柔韧性较好，在10~12岁发展最快，是发展柔韧素质的最好时期。

但由于少年关节牢固性相对较差，应注意防止关节的脱臼、移位等事故的发生。发展柔韧性时，应注意根据个人特点，坚持系统训练，长年贯彻，不宜做突击性的练习，且应采用科学的方法，利用各种被动、主动的柔韧性练习，并预防运动损伤的发生。例如，体操中的下腰练习，如果教练员在训练中单纯用力去挤压或上提运动员的腰部，过多地用静力性练习去发展腰部的柔韧性，而不注意积极发展腰背肌肉的力量，会引起椎骨骺软骨损伤。

在少年男子体操运动员中，大多数能力强的“苗子”，柔韧性相对较差，因此还应根据不同的情况，有侧重地进行训练，重点发展肩、髋、腰、腿的柔韧性，且应做到“柔中有刚、柔而不软、韧而不僵”，以满足男子竞技体操项目需要为目的，而不是越柔越好。所以在评价少年男子体操运动员柔韧性时，最好的标准就是“够用就行”，纯粹、过度的柔软反而不利于体操运动员力量等素质的发展。

2.2.2.4 耐力素质发展特点

虽然男子体操项目多以无氧耐力为主，但有氧耐力的发展能为无氧耐力的发展奠定基础，也是体操运动员连续参加多场比赛和进行大强度训练的需要。少年时期，人体胸廓狭小，神经系统、内脏器官及肌肉活动具有容易疲劳的特点，不宜做过多和过长的“憋气”，应采用轻度负荷和增大负荷量的形式发展耐力素质。例如，吊环的静力性动作和鞍马的许多动作主要属于无氧耐力，即需要运动员“憋气”。憋气时，肺停止于扩张状态，腹肌紧张，胸腔和腹腔内压力加大，胸膜腔内压的突然变化会影响心脏的正常发育，不符合儿童少年心血管系统的特征。实践训练中，11~12岁少年体操运动员已普遍进行专项耐力的训练，主要是通过组合动作或成套动作练习来培养，同时专项耐力的获得与力量和速度素质是密不可分的。

2.2.2.5 灵敏素质发展特点

大脑皮层神经过程的灵活性及分析综合能力是灵敏素质重要的生理基础，少年时期灵敏素质发展最快。7~8岁时神经细胞的分化已基本完成，大脑额叶迅速生长，8~10岁神经系统的灵活性、兴奋性接近成人水平，使少年动作的精确性和协调性得到较大发展。根据体操项目特点，运动员需要具有高度的平衡能力、协调能力、节奏感等灵敏性，突出表现在时空感和协调能力2个方面，这些能力在少年时期都能得到较好的发展。

灵敏素质是多种运动技能和身体素质在运动中的综合表现，与爆发力、动作速度、柔韧等紧密相关。而协调能力在运动员学习动作技术的过程中，从空间定位能力和节奏感等方面表现出来，且速度素质中动作频率主要取决于协调性。因此，要充分利用少年时期神经系统迅速发展、协调灵敏性高、模仿能力强、体重轻、灵活等特点，注重灵敏素质的发展。

综上所述，结合体操项目需要，根据少年阶段身体素质发展的特点，少年男子体操运动员身体素质以力量、速度、柔韧、灵敏等为主。其中速度素质应贯穿于柔韧、力量素质练习中，而力量素质主要以发展速度力量和相对力量贯穿始终，具体到身体部位，以腰腹肌力量、下肢爆发力、上肢支撑力量为主（表2-2），这为身体素质评价和诊断重点的确定、评价指标的选取和评价标准的制定进一步明确了方向。

表2-2　少年男子体操运动员机体生长发育及身体素质发展特点

生理解剖特点	练习特点	身体素质发展特点
1. 骨骼富有弹性而坚固不足 2. 关节活动范围大而牢固性较差 3. 肌肉发展不均衡，耐力差，易疲劳 4. 呼吸肌较弱，调节机能不完善 5. 神经系统发育很快，神经活动过程不稳定	1. 动力性练习形式为主，辅以静力性练习 2. 以轻度强度结合适宜负荷量的方式为主 3. 以克服自身体重为主，逐步采用一些阻力和较轻负荷练习 4. 加强意志品质和组织纪律的思想教育	1. 注意身体素质的全面而分年龄的有重点的发展 2. 速度力量优先发展，协调、柔韧素质加速发展 3. 以有氧耐力为主，谨慎使用过多和过长的“憋气”练习 4. 9~10岁加强发展速度与相对力量、柔韧素质 5. 11~12岁加大力量和专项耐力训练

2.3　少年男子体操运动员训练任务及动作技术发展特点分析

优秀体操运动员少年时期的训练是一项系统的控制工程，遵循竞技体操训练的规律，结合少年身心发育的特点，统筹安排，以超前意识重视并实施最优化的基础训练是提高训练效果、培养优秀后备人才的关键。准确把握体操运动员少年阶段的训练任务和动作技术的发展要求，是科学安排这个阶段身体素质训练内容的前提条件，也是构建身体素质评价体系的重要依据。

2.3.1　少年时期男子体操运动员训练任务分析

9~10岁是男子体操运动员关键的选材时期，这一阶段的主要任务是发展基本运动能力和身体素质，进一步培养体操意识，注重基本技术的开发，逐步学习各项基本动作。其中基本专项能力最为重要，它是一种综合素质的体现，主要包括力量（特别是爆发力和弹跳力，以及时空感、方位感、灵敏、身体控制能力、承受运动量的能力；勇气、应变能力、集中注意力的能力，以及心理稳定性等。而全面发展身体素质作为该阶段的训练重点（表2-3），不仅是促进人体正常发育的需要，更是提高体操运动员专项能力的需求。

表2-3 少年阶段男子体操运动员具体训练任务一览表

年龄	训练的重点及顺序	身体素质训练内容安排大概比例 力量：速度：耐力：柔韧：灵敏
9~10岁	1. 培养兴趣，发展基本运动能力 2. 全面发展身体素质 3. 各项基本技术 4. 一般体操意识和意志品质	25%：20%：15%：20%：15% 30%：20%：20%：20%：10%
11岁	1. 基本专项动作技术 2. 全面发展身体素质，加强专项素质训练 3. 专项心理品质 4. 训练理论知识	30%：20%：20%：20%：10%
12岁	1. 提高专项动作技术，加强专项素质训练 2. 专项心理品质 3. 训练理论知识。	35%：20%：20%：15%：10%

男子体操运动员在11~12岁训练阶段，开始对各项基本功、基本动作和基本技术在广度和深度上精加工，要求高规格、高标准学习并掌握各项基本难度动作。特别是12岁男子体操运动员，已经开始自选动作进行训练和比赛。可见，在身体素质全面发展的基础上，加强专项身体素质训练尤为重要。实践训练中，身体素质的训练已逐步向专项过渡，身体素质训练手段与专项技术密切结合，专项素质训练的比重大大增加。但这阶段一般身体素质作为身体素质训练的重要组成部分仍至关重要。

对于9~12岁少年男子体操运动员而言，密切把握各项身体素质的敏感期，有重点、针对性地发展各项身体素质，始终是其身体素质发展的关键所在。而关于身体素质的评价，9~10岁普遍注重一般身体素质的考核，11岁可以适当增加对专项身体素质的考核。12岁专项素质的训练比例进一步增大，一般身体素质训练手段逐渐被专项素质训练手段所代替，且专门的身体素质训练安排也略有减少，普遍偏向于以一般动作技术作为手段来发展运动员身体素质，即更注重动作技术与身体素质的有机结合，这也是运动员发展专项动作技术的需要和趋势。

2.3.2 少年男子体操运动员动作技术训练重点分析

提高身体素质的主要目的是提高运动员竞技能力和发展动作技术。特别是12岁男子体操运动员，已处于自选动作发展阶段，根据发展专项动作技术的需要，加强专项素质的训练已成为运动员训练的重点。

2.3.2.1 比赛动作分析

9~12岁少年男子体操运动员已开始参加正式的国内比赛。身体素质的好坏一定程度上能通过运动员对动作技术的掌握和发展水平体现出来，且因为身体素质的发展最终服务于动作技术的发展，因此进一步分析9~12岁运动员每一阶段所掌握的动作，对运动员身体素质的训练有着一定指导作用。国家体育总局体操运动管理中心根据国际体操新规则及全国少年男子体操运动员的实际训练水平制定了《全国少年体操比赛规定动作及评分细则（男子）》（以下简称《细则（男子）》）。《细则（男子）》对9~12岁男子体操运动员所要掌握的基本难度动作有明确的说明，它既为各基层训练基地少年男子体操运动员的训练制定了目标，为少年男子体操运动员动作技术的发展明确的方向，一定程度上又是我国少年男子体操运动员动作技术较高整体水平的反映。《细则（男子）》对9~12岁每一年龄段的比赛动作做了具体的规定（表2-4）。

表2-4 9-12岁男子体操运动员各项目比赛基本动作一览表

	自由体操	鞍马	吊环	跳马	双杠	单杠
9岁组	1.单脚前手翻接前手翻 2.直臂分腿慢起手倒立 3.团身前空翻 4.踺子后手翻接团身后空翻	（山羊） 1.全旋（侧撑、俯撑等共9次） 2.捷式转体180°成俯撑 3.俯腾越下	1.悬垂举腿、弧形起浪后摆 2.悬垂摆动（6次） 3.直体后空翻下	（无马） 直体前空翻转体180°	1. 杠中悬垂摆动（3次） 2. 长振屈伸上 3. 直角支撑 4. 直臂分腿慢起手倒立 5. 支撑摆动（3次）	1. 屈伸上 2. 后摆手倒立 3. 大回环（前后各2次） 4. 向前大回环转体180°经手倒立

续表

	自由体操	鞍马	吊环	跳马	双杠	单杠
10岁组	1.前手翻接前手翻接团身前空翻 2.直臂分腿慢起手倒立 3.团身前空翻 4.踺子后手翻接直体后空翻	（山羊） 1.全旋（侧撑、正撑等共12次） 2.捷式转体连续2次成俯撑 3.俄式转体360°成俯撑 4.俯腾越下	1.悬垂举腿、弧形起浪后摆 2.悬垂摆动（6次） 3.向前和向后的高转肩 4.直体后空翻下	前手翻	1. 杠中悬垂摆动（3次） 2. 长振屈伸上 3. 直角支撑 4. 直臂屈体慢起手倒立 5. 支撑摆动（3次） 6. 倒立转体180° 7. 屈体前空翻下	1. 前摆转体180°成正握（连续两次） 2. 大回环（前后各2次） 3. 向后大回环前摆转体180°经手倒立 4. 向前大回环转体180°经手倒立 5. 直体后空翻下
11岁组	1.原地团身后空翻；踺子后手翻接团身后空翻 2.前手翻接前手翻接团身前空翻 3.直臂屈体慢起手倒立 4.踺子后手翻接直体后空翻	（无环鞍马） 1.侧撑全旋（达5次） 2.俄式转体360°成俯撑 3.侧撑前移动3/3至另一马端 4.侧撑后移动3/3至另一马端 5.俯腾越下	1.悬垂屈体拉上经倒悬垂，慢落下成后水平悬垂 2.向前和向后的高转肩 3.直角支撑 4.屈臂屈体分腿慢起手倒立（脚靠环带） 5.团身后空翻两周下	前手翻屈体转体180°	1. 长振屈伸上 2. 大回环成手倒立 3. 支撑后摆转体180°经手倒立 4. 团身后空翻	1. 屈伸上后摆经倒立 2. 正掏 3. 反掏 4. 前摆转体180°成反握经手倒立 5. 向前大回环转体180°经正握手倒立 6. 团身后空翻两周下
12岁组	1. 任意空翻接空翻动作 2. 不允许选择第四组别动作	1. 俄式挺身转体360°或以上 2. 托马斯动作 3. 不允许选择第一组别动作	1. 大回环成倒立 2. 不允许选择第三组别动作	不允许选择第一、第二组别动作	1. 悬垂大摆动或短半径回环动作 2. 不允许选择第二组别动作	1. 中穿前上类动作 2. 不允许选择第二组别动作

2.3.2.2 实际训练水平分析

“超前性”是体操运动员动作技术发展较为明显的特点。比赛规定动作是运动员普遍需要掌握的重点动作。但在实际练习中，从运动员长远发展出发，根据运动员自身对各基本技术的掌握程度和身体素质的发展水平，结合下一阶段训练重点，不失时机地、有针对性地超前发展部分难度动作，为下一年龄阶段更好地发展运动技能提前储备能力，是少年体操运动员发展动作技术普遍存在的现象。

通过与体操专家和教练的访谈以及和运动员的交流获知，少年男子体操运动员，动作技术具有明显的超前性，具体的练习内容和发展方向具有明显的阶梯性，即下一年龄组比赛规定动作是上一年龄组运动员动作技术超前发展的主要内容和目标。少年男子体操运动员动作技术实际训练水平具体见表2-5。

表2-5 少年男子体操运动员基本难度动作实际训练水平一览表

年龄组	自由体操	鞍马	吊环	跳马	双杠	单杠
9岁组	各种空翻	以规定动作为主	以规定动作为主	上板起跳接各类空翻或转体	以规定动作为主；支撑转体180°等	以规定动作为主
10岁组	空翻连接串	以规定动作为主	以规定动作为主	各类空翻	以规定动作为主；大回环等	以规定动作为主；团身后空翻两周下
11~12岁组	1. 直体后空翻转体360°、540°、720° 2. 团身后空翻两周等动作 3. 空翻挂串 4. 空翻与转体类的挂串	1. 全旋、纵向移位类动作 2. 挺身转体类动作 3. 全旋打滚180 4. 反斯托克里起倒立下	1. 大回环成倒立 2. 水平支撑类等静止动作，如分腿水平支撑 3. 屈体后空翻两周下 4. 直体后空翻转体720°下	侧手翻、前手翻类动作加简单的转体，如：直体冢原、前手翻屈体转体180°	1. 大回环、向后大回环成倒立及加转 2. 挂臂前摆上分腿后切成倒立 3. 后上成悬垂、后上成支撑、后上经倒立 4. 前摆团身两周下，后摆团身前空翻下等	1. 分腿“正掏”或“反掏”转体180°经倒立 2. 中穿上经倒立 3. 直体后空翻两周下、后直转体720°下

由表2–5可见，《细则（男子）》中11~12岁组别的比赛规定动作是9岁、10岁组优秀运动员动作技术超前发展的主要内容和方向。而在实际训练中，有些11岁~12岁的运动员已开始练习更高难度的动作，但在鞍马与吊环两个项目上，特别是在吊环项目上，由于运动员自身身体发育等因素的限制，普遍仍以熟练掌握《细则（男子）》规定动作为主。

2.3.2.3 动作技术对身体素质的需求

动作技术的发展需要是身体素质发展的落脚点。分析少年时期男子体操运动员各个年龄组的比赛动作和实际训练水平，主要是为少年男子体操运动员身体素质的发展明确方向（表2–6）。

表2-6 少年男子体操运动员各项目主要动作技术对身体素质的需求

项目	主要动作技术	主要身体素质
自由体操	各种空翻动作，空翻连接串	空翻动作速度、腰腹力量、下肢爆发力、时空感、协调与平衡能力、跑动速度等
鞍马	各种全旋、移位类、挺身转体动作	上肢支撑力量、腰腹力量、背肌力量、快速推撑速度、摆腿速度、髋部的柔韧性等
吊环	各种振浪，或加转肩为主，团身、直体空翻下	兜、摆腿速度，肩柔韧性，控环能力，腰腹力量、时空感等
跳马	团、屈、直体空翻动作，以及空翻加简单转体类动作	跑动速度、下肢爆发力、推撑力量、腰腹力量、时空感、下肢落地缓冲力量等
双杠	支撑摆动、悬垂摆动、大回环及加转类动作	上肢支撑力量，兜、摆腿速度，腰腹力量，协调与平衡能力等
单杠	大回环加简单转体，正、反掏，中穿前上类等动作，团、直两周空翻、直体空翻加转等下法	肩、髋的柔韧性，兜、摆腿速度，上肢悬垂拉引力量，腰腹力量，时空感等

在自由体操项目上，9~11岁主要是以各种空翻动作或简单的空翻连接串为主，分、并腿的直臂屈体提倒立、各类平衡动作均是规定动作；12岁的普遍发展各类转体动作及转体与空翻动作的连接串，这对运动员空翻动作速度、腰腹力量、下肢爆发力、时空感、协调与平衡能力、跑动速度有着较高的要求。

在鞍马项目上，运动员在掌握好各种全旋、移位、挺身转体类以及各类摆越等基本动作技术的基础上，初步发展托马斯动作、全旋打滚180°、反斯托克里起倒立下等难度动作，其中全旋是最为基本的、常用的练习内容，且被许多教练员当作最重要的专项身体素质训练手段。运动员良好的上肢支撑力量（力量耐力）、腰腹力量、上肢的快速推撑速度和摆腿速度、髋关节的柔韧性、全身的协调能力、身体的控制力量等是完成这些动作的保障。

在吊环项目上，从运动员自身生长发育特点出发，在实际训练中，主要以《细则（男子）》规定动作为主，静力性动作的发展则非常谨慎，即使是身体素质练习，在采用静力性的、“憋气”的手段时，也严格控制时间，以少量结合适宜次数的方法进行练习。实际训练中，11岁、12岁运动员普遍开始俯撑压十字等练习，为青年前期进一步发展吊环各类动作技术奠定基础。

在跳马项目上，主要是以团、屈、直体空翻动作，以及空翻加简单转体类动作为主。不管何种动作，都离不开助跑、上板等7个步骤，少年阶段跳马的训练也是如此。但从各种素质的发展敏感期分析，跑动速度是重点，不仅强调跑动的速度和节奏，更强调跑动速度与上板起跳技术的衔接质量。

在双杠项目上，支撑或支撑摆动类动作是目前成年男子体操运动员在世界大赛中使用频率最高的动作。少年时期，主要以支撑摆动技术为主，大回环及加转类动作是少年体操运动员技术训练的主要内容，杠中悬垂大摆动、后上成悬垂、后上成支撑、后上经倒立也是12岁运动员普遍练习内容，前摆后屈两周下已成为运动员重点发展的动作。相对而言，双杠动作技术对运动员身体素质的要求比较全面。

在单杠项目上，主要以振浪为主，如大回环或加转体180°等。近杠动作主要是分腿 “正掏” “反掏” 等。下法除了规则里面的团身后空翻两周下外，在12岁年龄组中直体后空翻两周下、后直转体720°下等动作也已成为练习的内容。

2.4 男子体操各项目主要动作技术对身体素质的需求分析

身体素质是运动员发展各种动作技术的物质基础，“身体素质先行”已成为体操的训练法则。少年时期身体素质的发展不仅是为了满足本阶段竞技能力的提高和动作技术的掌握，更重要的是从长远角度出发，为实现运动员的可持续发展服务。例如，由于运动员身体发育特征等，吊环等静力性动作基本处于初步发展阶段，但是在实际身体素质训练中，必须通过其他一般和专项身体素质的提前发展，为后期发展各种静力性动作做好铺垫。另外，身体素质的发展本身就具有系统性、可持续性、阶梯性等特征，运动员每一阶段身体素质的发展在服务于本阶段动作技术发展和竞技能力提高的基础上，要兼顾下一阶段动作技术的发展需要，以实现前后身体素质训练的有机衔接、科学转化和合理过渡，特别是少年阶段，身体素质的发展目的就是为以后发展高难动作铺垫物质基础。

可见，项目动作技术的特点是提高身体素质的导向。竞技体操属于技能主导类难美表现性项群，是以技术为核心的运动项目。男子竞技体操包括自由体操、鞍马、吊环、跳马、双杠、单杠6个单项，每个单项有着不同的动作技术特点。准确把握每个单项和不同动作技术类型对身体素质的需求，是科学构建少年男子体操运动员身体素质评价体系的重要依据。

2.4.1　男子体操项目主要动作技术特点分析

2.4.1.1　自由体操主要动作技术特点

男子自由体操成套动作是以技巧翻腾动作为主，配以力量动作、平衡动作及跳跃、转体、徒手动作等有价值、有美感的一般体操动作，而组成的协调、和谐、有节奏的整体。技巧翻腾动作作为自由体操的核心，随着技术水平的不断提高，翻转周数及转体度数不断增加，“旋空翻”则进一步推动了技巧难度动作的发展，高质量、稳定地完成高难度的翻腾动作及其构成的连接串，是自由体操取胜的关键。

技巧翻腾动作，主要是通过脚的踏跳和双臂的推撑完成各种空翻、转体动作以及连接串。例如，在完成空翻两周时，起跳力量可达700~800千克，相当于自身体重的10~12倍。可见，良好的腿部弹跳力（爆发力）有利于提高腾空高度，能为运动员在空中完成和创新高难翻腾动作提供较足够的支配时间和空间，是完成高难技巧动作的关键素质。与此同时，腿部肌肉良好的退让性工作能力也尤为重要，既能提高腿部承受踏跳过程中的打击力量的能力，又对落地的稳定性起着关键作用。此外，协调能力、时间与空间的判断能力、定向能力等是运动员完成空中翻转动作必不可少的专项能力。

在速度方面，能否在不到0.5秒的腾空时间完成空翻两周甚至三周等技巧翻腾动作以及翻转速度的调配和效果，主要取决于髋腹肌肉的收缩力量和速度。此外，自由体操中通常通过手翻类或快速空翻类完成技巧串，这类动作在技巧串中起着加速作用。可见动作速度也是自由体操必不可缺的重要素质。

在柔韧方面，较强的跟腱柔韧性有利于腿部力量的发挥和高难动作的完成，还可有效防止跟腱的拉伤；腿部、髋部的柔韧性也直接影响托马斯等非技巧类动作的完成质量；肩部柔韧性则影响倒立、甩臂等动作的完成质量。

在耐力方面，男子自由体操成套动作完成在50~70秒内完成3~4串高难动作，属于有氧和无氧相结合的运动，加之技巧串越长、越多、越难，对运动员专项耐力的要求越高。

可见，下肢的弹跳力、髋腹的收缩力量，跟腱、髋、肩等部位的柔韧性，以及动作速度、速度耐力、协调、灵敏素质等身体素质是男子体操运动员自由体操成套动作稳定发挥的重要保障之一。

2.4.1.2 鞍马主要动作技术特点

鞍马是男子竞技体操中典型的支撑项目，所有动作都在直臂支持中完成，并需在有节奏而无间歇的交替支撑中不断改变支撑位置，内容包括单、双腿摆越、全旋、移位、转体、倒立等，其中全旋是最主要的动作技术。基本技术正确、稳定性高、控制能力强、韵律感好是鞍马动作技术训练成功的关键。

鞍马的所有支撑姿势是立腕、顶肩、直臂撑，含胸、紧腰、稍扣头。根据鞍马项目的特点，上肢直臂支撑力量是重点，主要是俯撑和背撑姿势的直臂支撑的肩带力量。由于单臂支撑的时间超过双臂支撑的时间，因此单臂支撑的能力尤为重要。其次，是腰腹控制力量，即腹肌力量和侧肌群力量，这是稳定地、高质量地完成各种全旋、“打滚”、起倒立等动作，以及有效控制动作韵律和节奏的关键；再次，鞍马是在固定胸廓的情况下完成动作，呼吸受到限制，机体常处于无氧代谢过程，对专项耐力要求很高，且鞍马所有动作几乎都在直臂交替支撑中进行，连续性和不停顿性是其成套动作的一个鲜明特点，因而肩带、腕部的承受力大、时间长，要求运动员有着良好的支撑耐力。此外，在柔韧素质方面，鞍马项目对腕部、肩部和髋部柔韧性也有着较高的要求，如髋部的韧性、灵活性直接影响分腿全旋和交叉成倒立等动作的完成幅度和质量。

2.4.1.3 吊环主要动作技术特点

吊环是一个展示刚健与力量的项目，其动作按技术结构可分为摆动性动作与力量性动作两大类，完成吊环动作时，肌肉常处于静力、克制和退让性3种状态。虽然没有连接加分，但动作之间的合理过渡与科学连接仍不可忽略。因此，吊环成套动作的编排难度集中体现在静止力量动作、慢用力动作以及各种力量动作之间的连接上。

根据吊环项目的特点，力量素质是掌握吊环动作的物质基础，任何吊环动作的完成和各种静止姿势的保持都有赖于运动员较强的力量素质，且主要是静力性力量，即以上肢和上体的等长收缩为主，而各类十字支撑力量与直臂内收力量，对三头肌、胸大肌、背阔肌等的爆发力、力量耐力、速度耐力有着较高要求。此外，各种转肩、回环类的动作，以及各动作之间的连接，要求运动员具备很好的爆发力、灵敏和协调性以及肩关节柔韧性。由于吊环项目的器械是活动的双环，还要求运动员具备很好的控环能力。

2.4.1.4 跳马主要动作技术特点

跳马包括助跑、上板（包括踺子上板）、踏跳、第一腾空、推手、第二腾空、落地7个基本技术环节，其中第二腾空的翻腾动作决定跳马动作的难度价值和分值，而第二腾空动作最根本的动力是由下肢的速度力量提供，再配合两臂的快速有力推撑来完成。各个基本技术环节对身体素质的要求是不一样的，助跑强调运动员位移速度素质，即下肢的快速移动能力；上板后的起跳要求运动员下肢具有出色的爆发力，推手要求运动员上肢具有很强的推撑力量；第二腾空翻转动作对身体素质的要求与自由体操翻转动作类似。落地稳定性是跳马项目获胜的又一关键点，落地缓冲能力，即腿部肌肉的退让性工作能力对跳马的落地稳定性起着非常重要的作用。在柔韧方面，良好的膝、踝、跟腱及肩部的柔韧性也是跳马项目运动员必备的能力。

2.4.1.5 双杠主要动作技术特点

双杠是男子体操6个项目中动作类型最全面、数量最多、最复杂的项目，是一项综合体操多项技术特征的项目，主要包括各种静止用力动作和各类摆动动作，摆动动作为主，包括各种摆动、屈伸、弧形、全旋、回环、空翻、转体及腾跃动作等。从动作进行的基本位置来看，大多分布在手倒立、支撑、挂臂撑、倒悬垂和悬垂5个空间层次上。成套完善的双杠动作由摆动、用力、静止、转体、空翻、回环及下法等动作组成，要求运动员具有良好而全面的身体素质，其中支撑力量、腹肌力量、推手力量、背肌力量，以及肩、腕、胸部等的柔韧性尤为重要。

2.4.1.6 单杠主要动作技术特点

单杠动作全部由摆动动作组成。人体在单杠的前、后垂面空间内依靠双臂、肩带、腰背和髋部的协调用力，充分利用摆动和回环的速度及器械的反弹作用力连续完成各种屈伸、回环、转体、换握、飞行等复杂的动作。单杠空间大，技术难度大，尤其是高难飞行动作对运动员的空间定向能力提出了非常高的要求。在身体素质方面，单杠项目对运动员的上肢、肩带、腰背的力量（腹肌力量、侧肌群力量）和腕、髋、肩关节的柔韧性及灵活性等有着较高的要求。可以说，爆发力、力量耐力、速度耐力、柔韧、灵敏、协调及良好的前庭分析功能等是单杠运动员完成动作的必备条件。

2.4.2 各项目主要动作技术对运动员身体素质的需求分析

评价是对实践训练的检验。训练的重点一定程度上就是评价重点，引导着评价的方向。发展各项素质的目的就是服务于专项能力的提高和动作技术的发展。各项目技术特征对运动员身体素质的需求，指导着各项身体素质的训练。因此，对少年男子体操运动员身体素质进行评价，必须以训练实际需求为依据设置评价指标。

2.4.2.1 力量素质需求特点

力量素质的分类多种多样，力量素质每一个训练手段或评价指标，都有其明显属性和部位针对性。力量练习的动作应尽量与实际动作在技术上相一致，主要包括发力部位、发力顺序和方向、力量的属性和身体姿势等。

针对体操运动训练实践的需要，在此主要针对速度力量（含爆发力）、相对力量、绝对力量和力量耐力对少年男子体操运动员训练的重要程度进行调查与分析。根据少年阶段运动员身体发育特征、训练任务以及运动员长远发展需要，9~12岁不同年龄组在力量素质的发展侧重点上是存在差异的。实际训练中4个年龄组在力量素质训练的侧重点上略有不同，其中速度力量是整个少年阶段的训练重点，也是力量素质的评价重点，这为力量素质评价指标属性的选取提供了导向。

从调查结果可看出（表2-7），9~12岁4个年龄组，力量发展的重要程度依次为：速度力量、相对力量、力量耐力和绝对力量。但是随着年龄的增长，力量耐力和最大力量的发展比重逐步加大，力量素质发展更趋向于全面化。可见，专家调查结果完全符合少年生长发育特点，与以少年生长发育特点为依据在理论上分析出身体素质的发展特点是相吻合的。

速度力量在4个年龄组中均处于第一位，是少年男子体操运动员力量素质发展的重中之重，它是肌肉快速发挥力量的能力，是力量与速度的有机结合。力量是物质基础，速度力量则贯穿于男子体操运动员完成动力性动作的始终，是男子体操运动员完成横轴多周数翻转、纵轴多度转体以及复合空翻的保障。体操运动员不仅需要肌肉有较大的收缩力量，更需要肌肉具有迅速完成多度翻转等空翻动作的快速收缩力量，即注重髋腹肌肉的收缩力量与速度的有机结合。而10~12岁阶段是速度发展的敏感期，少年男子体操运动员应不失时机地注重力量与速度的结合，加强发展爆发力等快速力量，并应结合体操项目特点，注意完成动作的速度与肌肉用力的正确性。其次，各类翻腾动作中，翻转速度的调配效果也主要取决于髋腹肌肉的收缩力量与速度的有机结合。

另外，在9~10岁时期，发展相对力量的重要程度要高于发展力量耐力，而绝对力量发展更为谨慎。11~12岁阶段，逐步以基本技术动作取代一般素质的方法提高身体素质，实践训练中，经常采用组合基本动作的循环练习来发展运动员的力量耐力，但是仍谨慎控制练习的负荷与强度。发展相对力量的手段也逐步多样化，一般结合一定负荷的杠铃或负重进行练习，以加快肌肉力量的增长，一定程度上加强了绝对力量的发展，但应尽量避免导致局部承受较大负荷的力量训练。

从项目特征角度考虑，体操项目对男子运动员身体各部位的力量要求存在明显特点。根据男子体操项目的特点，分析6个项目对运动员身体各部位力量素质的不同要求，可以为少年男子体操运动员力量素

表2-7　少年体操运动员力量素质发展的重要程度排序表　　n=95

素质		9岁组						10岁						11岁						12岁					
		第一	第二	第三	第四	总分	排序	第一	第二	第三	第四	总分	排序	第一	第二	第三	第四	总分	排序	第一	第二	第三	第四	总分	排序
	权数P	4	3	2	1			4	3	2	1			4	3	2	1			4	3	2	1		
速度力量	频数N	50	22	15	8			44	25	17	9			36	28	20	11			35	26	20	14		
	$N \times P$	200	66	30	8	304	1	176	75	34	9	294	1	144	84	40	11	279	1	140	78	40	14	272	1
绝对力量	频数N	7	10	23	55			11	10	22	52			12	15	25	43			12	18	27	38		
	$N \times P$	28	30	46	55	159	4	44	30	44	52	170	4	48	45	50	43	186	4	48	54	54	38	194	4
力量耐力	频数N	13	12	45	25			12	10	46	27			17	20	29	29			20	22	28	25		
	$N \times P$	52	36	90	25	193	3	48	30	92	27	197	3	68	60	58	29	215	3	80	66	56	25	227	3
相对力量	频数N	25	51	12	7			28	50	10	7			30	32	21	12			28	29	20	18		
	$N \times P$	100	153	24	7	284	2	112	150	20	7	289	2	120	96	42	12	270	2	112	87	40	18	257	2

质评价指标的设置提供理论指导。

按照身体部位划分，男子竞技体操项目对运动员力量的需求类型主要有9类（表2-8、图2-1）。根据调查结果可知，上肢力量在男子体操6个项目中都处于非常重要的位置，特别是上肢的支撑力量与悬垂拉引力量。例如，鞍马、吊环、单杠、双杠主要依靠双臂与器械的接触获得支撑点以完成各种动作。又如上肢屈臂推撑力量是保障跳马第二腾空高度的重要因素，自由体操主要通过脚的踏跳和双臂的推撑完成各种空翻和转体动作及连接串，其中手臂肩带肌群在推手瞬间的爆发力是跳马和自由体操项目非常重要的力量素质。此外，上肢直臂用力的素质也较重要，如吊环的后摆上成倒立，向前、向后的大回环，十字支撑类型的动作，双杠的后上、后回环等类型的动作，单杠反握起浪的预摆动作和一些变换身体姿势的半径动作，以及腾跃类型开始的压臂动作，不仅需要运动员掌握正确的技术要领，还要求运动员有一定的直臂用力的素质基础。

在躯干力量方面，男子体操6个项目，除鞍马外，其他5个项目都有不同形式的空翻动作，而转体动作也属于单杠、双杠、自由体操和跳马的关键动作技术，躯干力量则是完成各种空翻动作和转体动作的关键素质。对鞍马而言，腰腹的控制力量则是运动员完成各种全旋动作的保障。

表2-8　少年体操运动员身体各部位力量素质发展的重要程度排序表　*n*=95

项目	上肢力量			躯干力量			下肢力量		
	支撑力量	悬垂拉引力量	压臂内收力量	腹肌力量	背肌力量	侧肌群力量	爆发力	落地缓冲力量	控制力量
自由体操	3			2	4	3	1	5	6
鞍马	1			2	3	4			5
吊环	1	2	3	5	4			6	7
跳马	2			6	4	5	1	3	7
双杠	1	5		2	3	4		6	7
单杠		1		2	4	3		5	6
总排序	1	4	8	2	6	4	3	5	7

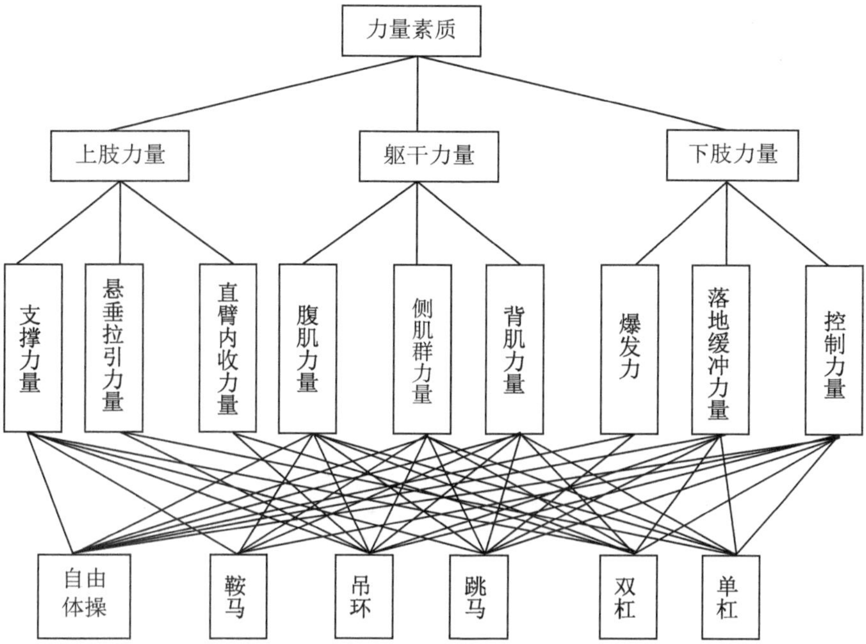

图2-1　男子体操运动员力量素质以及与各项目对应图

在下肢力量方面，除了鞍马外，其他5个项目最后一个动作均要求运动员从一定空间高度完成D组及以上难度动作后落地，对下肢的落地缓冲力量要求非常高，甚至落地的稳定性很多时候成为决定运动员比赛胜负的关键因素。

跳马和自由体操均涉及运动员的位移速度，下肢爆发力更是运动员获取完成高难空翻动作所需的时间与空间高度的关键。

无论是一般身体素质，还是专项身体素质，每一项力量训练手段在其属性和发展部位上都具有较为明显的针对性。显然，少年时期不同属性力量发展的重要程度和6个项目对身体各部位力量素质的不同需求，为少年男子体操运动员力量素质评价指标的设置提供了理论指导。

2.4.2.2　速度素质需求特点

在男子体操项目中，速度主要就是指位移速度和动作速度（图2-2），其中动作速度主要是指运动员完成单个动作或组合动作的速度，即在有限的空间、较短的时间内快速完成动作的能力。位移速度相对简单，主要体现在跳马和自由体操的跑速。

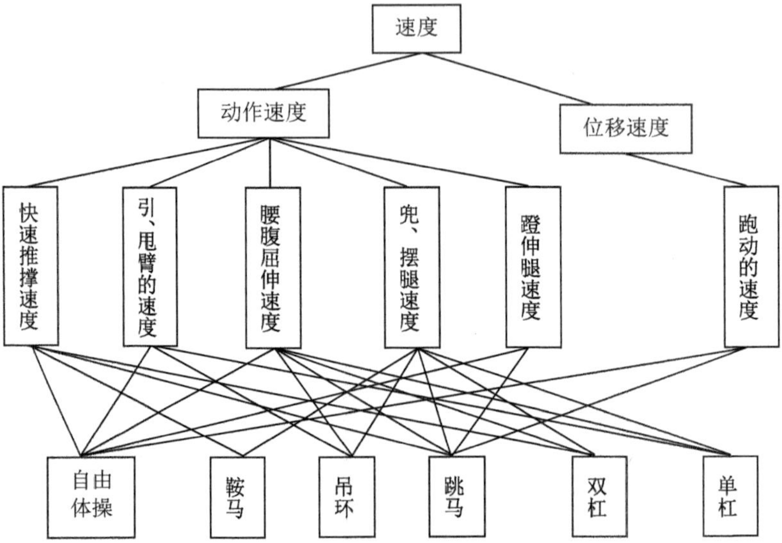

图2-2 男子体操运动员速度素质以及与各项目对应图

从体操动作技术的类型和特征分析，动作速度主要体现在动作的翻转速度方面，如单杠的飞行动作和下法动作，自由体操翻转动作以及连接串，跳马第二腾空的翻转动作，吊环和双杠的团、屈空翻动作，恰到好处的空翻和转体速度是运动员完成这些高难翻转动作的保证。而腰腹屈、伸速度，以及屈与伸快速、即时转化的速度则是保证运动员翻转速度的关键。此外，从体操各个动作技术特点看，动作速度还包括顶肩，推手，兜、摆腿，蹬伸腿等动作的速度。例如，快速的兜、摆腿速度，在单杠、吊环、双杠等项目中尤为突出；快速的兜、摆腿可获取足够的空间和较快的翻转速度，为各种高难空翻、转体动作和连接动作的顺利完成创造条件。

位移速度主要体现在自由体操和跳马两个项目中的跑动速度。通过助跑获取一定的水平速度，与上板起跳技术的有机衔接，是跳马运动员获取第二腾空高度的关键；在自由体操中，通过2~3步的位移助跑迅速获取所需加速度，对体操运动员完成各类技巧翻转动作或翻转串至关重要。

发展速度素质应注意如下问题。

（1）与力量和技术的紧密结合。

首先，体操运动员动作速度是指快速完成某一动作或组合动作的能力，它与运动员的力量和技术是紧密相连的，如顶肩推手速度、摆腿速度和跑动速度都是建立在一定的力量素质基础之上。因此，要把发展速度与完善技术结合起来，即发展速度与发展力量是相辅相成、相互促进，且应在保证动作技术正确的前提下发展动作速度。同时，速度素质还具有不易转移的特点，应尽量选择专项动作本身作为速度训练的内容，以保证所发展的动作速度素质能高效地应用于专项技术训练和比赛中。

其次，位移速度不同于纯粹的跑动位移速度，有效转化为运动员完成下一步动作技术所需要的速度才是最终目的。例如，跳马项目中，运动员25米助跑最终目的是将助跑获取的水平速度有效地转化为垂直速度，结合快速的推撑，为第二腾空的翻转动作提供空间高度。可见，发展体操位移速度时，还应加强下肢爆发力量和改进跑的技术。

因此，应尽量从快速重复完成某一基本动作技术的方法方面设置评价指标。

（2）强调即时调整和迅速转变的能力。

体操成套动作的连贯性和节奏感是影响运动员获胜的重要因素。在男子体操6个项目中，每一套动作均含有不同程度的动作连接，且每一个动作均有明显的起始姿势。可见，根据男子体操项目特点，体操运动员的动作速度不仅要快，而且要达到根据需要能够即时调整快慢和迅速实现转变的程度。例如，腰腹不仅需要快速地屈伸，而且屈与伸快速交替进行，这样才能既保证较好地完成上一个动作的同时不影响下一动作的完成，又为下一个动作创造条件，如自由体操的技巧串、单杠的飞行动作连接飞行动作或转体动作连接飞行动作等。

2.4.2.3 耐力素质需求特点

耐力是体操运动员的生命线，是体操运动员以充沛精力和体力高质量完成各种成套高难动作以及“持续比赛”的保障。男子体操各个项目所需时间分别为：跳马5~7秒、器械练习25~30秒、自由体操50~70秒。根据体操6个项目持续时间，结合磷酸原、酵解能（乳酸能）、氧化能三大功能系统特点可知，男子6个项目是以机体的无氧代谢为主，除跳马外，其他5个项目还需要机体有良好的耐乳酸的能力（表2-9）。

表2-9 男子体操各项目持续时间及主要供能特点一览表

项目	持续时间/秒	主要供能系统
自由体操	50~70	少量糖酵解供能（无氧代谢、乳酸）
鞍马	25~30	酵解能系统（无氧代谢、乳酸）
吊环	25~30	酵解能系统（无氧代谢、乳酸）
跳马	5~7	ATP-CP（无乳酸）
双杠	25~30	酵解能系统（无氧代谢、乳酸）
单杠	25~30	酵解能系统（无氧代谢、乳酸）

可见，体操项目专项耐力是指运动员克服体操专项运动过程中所产生的疲劳的能力，主要以无氧耐力为主。而有氧耐力则是运动员有机体各器官系统机能的综合表现。高质量地完成成套动作对运动员有氧耐力也有一定的要求。一是运动员原本具备完成高难度动作的能力，可能因为疲劳而导致成套动作不能圆满完成；二是比赛新规则，对运动员“连续比赛”的能力要求更高，需要运动员具备良好的专项耐久力；三是有氧耐力是无氧耐力的基础，无氧耐力的发展是建立在运动员有氧耐力提高的基础之上，因此体操运动员在进行专项耐力训练之前或同时，应进行适量的有氧耐力训练。

从本章第二节少年生长发育的特点可知，少年时期应以发展有氧耐力为主，在11岁、12岁阶段，可适当加大专项耐力的发展，且主要是以发展小肌肉力量与肌肉耐力结合的形式进行。

2.4.2.4 柔韧素质需求特点

柔韧性主要指关节的灵活性和关节韧带的牢固程度。根据关节的结构特点，关节以及相关韧带决定着人体相应部位的柔韧性。从儿童少年时期抓起，加强最佳部位柔韧性练习是提高运动员柔韧性的有效途径。因此，本研究结合男子体操6个项目的特征，以身体各部位为对象，对影响男子体操各项目动作技术发展的身体各部位柔韧性的重要程度进行调查分析（表2-10）。

从表2-10、图2-3可看出，男子体操各个项目对运动员身体各部位柔韧性的要求和侧重点是不一样的。但总体而言，主要集中在肩、腰、髋、腿、踝、腕等部位。

表2-10 身体各部位柔韧性对男子体操六个项目的重要程度调查表

项 目	身体部位							
	腕部	肘部	肩部	胸部	腰部	髋部	膝部	踝部
自由体操			3	5	4	6	1	2
鞍马	1		2		4	3		
吊环	4	2	1	3	5	6		
跳马	6		3		4	5	1	2
双杠	2	4	1	3	6	5		
单杠	3		1		4	2		
总排序	3	5	1	4	4	2	6	7

其中，肩部柔韧性是评价的重点，如吊环和单杠的各种转肩、扭臂动作，以及单杠各种穿上动作对肩部柔韧性的要求特别高，双杠的悬垂大摆动接转体动作也是以良好的肩部柔韧性为基础的。

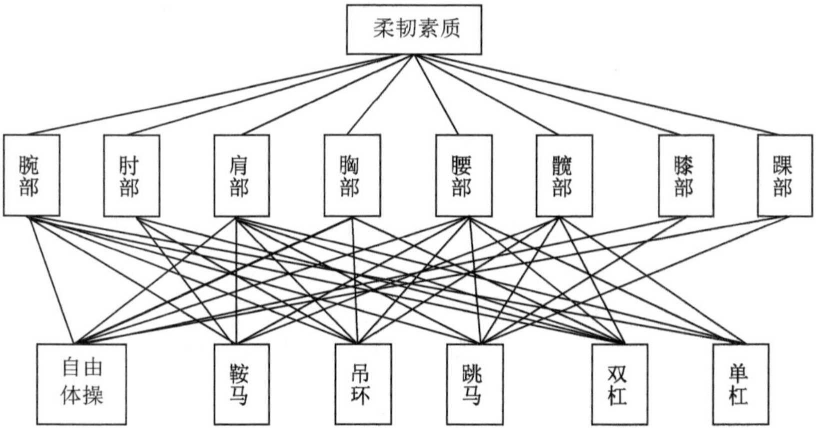

图2-3 男子体操运动员柔韧素质以及与各项目对应图

另外，腰部和髋部的柔韧性也尤为重要。例如，鞍马的单、双腿摆越等动作，对髋部和腰部的柔韧性具有较高的要求。

可见，肩、髋、腰、腿部的柔韧性是影响男子体操运动员柔韧性的最重要方面，也是男子体操运动员选材和评价的重点。

2.4.2.5 灵敏素质需求特点

灵敏素质是一种典型的复合素质。在体操项目中，灵敏素质主要是动作技术及力量、速度、柔韧等素质在运动过程中的综合表现，具体表现为空间的准确及定时、定向的能力，以及体操中急起、急停和动作迅速准确的转换能力。体操动作技术具有明显的非周期性，身体普遍在非周期性的异常状态下完成动作，且常在异常和常规两种状态快速、准确完成动作交替与连接。可见，衡量灵敏素质的标准主要是快速性、准确性、协调性和应变性（表2-11）。

表2-11　少年男子体操运动员灵敏素质结构

特征	因素
快速性	判断速度，动作速度，曲线位移能力，爆发力
准确性	时空判断准确性，动作用力准确性，肌肉体感准确性
协调性	平衡能力，神经支配能力，运动技能储备量

参考：胡亦海. 竞技运动训练理论与方法[M]. 武汉：湖北人民出版社，2005: 108.

可见，灵敏素质是体操运动员掌握、完成各种高难、复杂的翻转动作技术和连接的物质基础。灵敏素质是力量素质等的综合体现，但时空感等是其他素质不可取代和反映的。因此，本研究对灵敏素质的评价与诊断重点体现在时空感和平衡能力等方面。

2.5　各项身体素质之间的转移关系分析

人体是一个统一的有机体，速度、力量、灵敏、柔韧、耐力等各项身体素质共处在一个矛盾的统一体之中，根据矛盾原理，它们之间密切联系，且在一定条件下是相互促进和相互制约的。各项身体素质在发展过程中存在着大量的转移现象，掌握好身体素质转移的内在规律和原理，可以取得事半功倍的训练效果，这对少年男子体操运动员身体素质评价指标的设置，特别是指标标准的设定具有非常重要的意义。

2.5.1　身体素质转移的相关理论知识

（1）转移的原因。

所谓身体素质的转移是指发展一种运动素质时可对与其同类的素质或其他素质的发展产生影响。致使身体素质转移的原因主要有：

①运动员有机体的完整统一性，即运动员各项身体素质均是在中枢神经统一支配下各器官系统的机能综合作用的结果。

②某些运动动作结构的相似性。不同动作的结构及肌肉工作特征的相似程度越大，转移的可能性就越大。反之，转移的程度和效果就会受到很大影响。

③某些运动能量供应的统一性。在同类转移中，由于能量供应的来源基本相同，所以身体素质的转移较容易发生。

（2）身体素质转移的主要类型。

①直接转移和间接转移。这是根据身体素质在训练过程中转移的方式划分的。例如，腿部伸肌动力性力量水平的提高，会立刻使跑速或者跳跃的速率得到有效提高，即直接转移。而用静力方式发展腿部力量，不可能直接导致跑速的提高，但由于静力性力量的训练改变了肌肉的形态结构，且能够迅速提高肌肉的最大力量，因而可逐步转化为动力性力量，进而提高跑速，即间接转移。

②同类转移与异类转移。这是以身体素质之间的关系为划分依据的。同类转移是指同一种素质在不同运动形式中的转移。例如，长跑所获得的有氧耐力与踢足球等运动获得的灵敏性，可有效地转移到体操项目。异类转移是指各种素质之间的转移，如力量与耐力之间、力量与速度之间的转移。竞技体操训练中，以力量素质的发展促使速度素质的提高最为常见。

③良好转移与不良转移。这是以身体素质转移产生的效果为依据进行划分的。例如，柔韧素质需要肌肉、肌腱、韧带具有较好的伸展性，而力量素质则要求其有着较大的收缩性。因此，在竞技体操项目训练中，如不科学安排柔韧与力量之间的关系，就很容易导致不良转移；而在发展柔韧和力量素质时，要强调动作的速度，并要求以尽可能大的幅度来完成动作，促进对速度力量的良好转移。

④可逆转转移与不可逆转转移。这是以身体素质转移产生效果的可能性为依据进行划分的。例如，速度与力量之间的转移是可逆的；而在速度素质发展中，动作速度的提高可以提高反应速度，而反应速度的提高却无法促进动作速度的提高。

2.5.2 分析各项身体素质转移关系的价值

在少年男子体操运动员身体素质评价中，清楚地了解各身体素质评价指标之间的转移关系的价值 主要体现在以下几个方面。

（1）科学确定各评价指标。

有些体操运动员身体素质的评价指标主要通过“定时计数”或“定量计时”来评价，随着限制条件的改变，重点考察的素质也随之变化。例如，引体向上，科学限时能有效反映运动员的速度力量；而不限时则主要考核运动员的力量耐力。再如，原地后空翻动作中，时间的选取也决定了指标所检验的主要素质，9岁运动员15秒内能较快地进行原地后空翻，但如果延长时间，运动员在后面的时间内就完全失去了动作速度，不能较客观地反映运动员的动作速度。所以，在明确评价指标重点考核的素质后，要充分考虑运动员的实际，以防止指标所重点评价的素质发生转移，保证评价指标的科学性和准确性。

（2）评价指标的归属与分类。

因为机体是一个完整的统一体，运动员某一项素质的训练，是在中枢神经统一支配下各器官系统的机能发挥综合作用、一组或几组肌肉群共同参与的结果，身体素质之间有明显的转移性。因此，有些评价指标本身不只反映运动员某一单项素质，对其他素质也有良好的反映或训练效果。因此，对评价指标进行具体归类时，应该抓住指标主要、直接反映的素质，而不是其间接、转移后反映的素质。

（3）评价标准的制定。

有些身体素质由于肌肉的运动结构截然相反，相互之间有一定的抑制作用，存在明显的不良转移。在制定评价标准时，要尽量防止各素质之间的抑制作用。例如，柔韧素质的过度发展对肌肉的爆发力有一定的抑制作用。此外，体操动作主要以动力性动作为主，因此在发展和衡量力量素质时，要在注重速度的基础上，使力量与速度得以同步发展。又如静力性指标，并非时间越长越好；在单纯的速度指标上，而不能片面追求速度，应注重体操项目需要的节奏、速度与力量的结合。可见，在确定各指标的评价标准时，应充分考虑各素质之间的转移关系，准确地把握标准的“度”，以保证各素质协调发展，不能片面追求某一素质的过度发展，而影响其他素质的均衡发展。

2.5.3 少年男子体操运动员身体素质转移分析

本研究中涉及的素质转移主要指速度、力量、耐力、柔韧、灵敏之间的转移关系。

从图2-4中可以看出，力量与耐力是相互促进与相互制约的关系，其制约性主要体现在静力性力量与快速力量之间；耐力与速度之间有一定的相互制约关系，主要体现在速度与有氧耐力之间。在对各类身体素质进行评价时主要考虑如下几个方面。

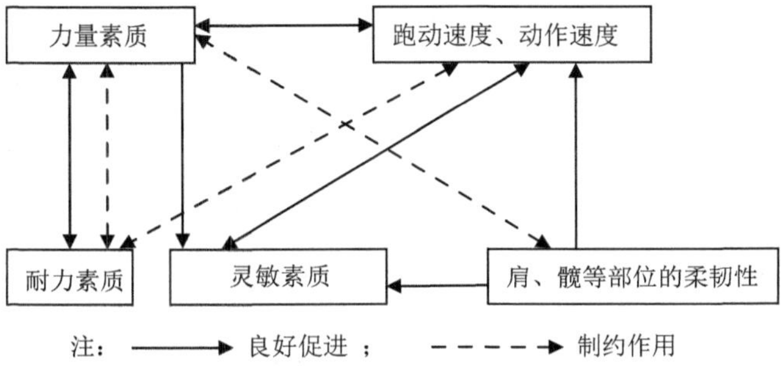

图2-4　体操运动员部分身体素质之间的良好转移图

（1）合理处理柔韧素质与力量素质的关系。

9~12岁是柔韧素质发展的敏感期，少年男子体操运动员的肩、髋、腰等部位的柔韧性是考核重点，然而强大的肩部力量和腰腹力量，以及腰部的控制力量和肩带肌肉群的收缩性是体操运动员完成许多高难动作的保障。例如，肩部是男子体操运动员柔韧性最核心的部分，强大的肩部力量是吊环等项目的典型需求。因此，在评价肩部柔韧性时，应以满足体操项目的需求为发展目标。对少年男子体操运动员而言，柔韧素质的科学发展，主要以满足男子竞技体操项目需求为目的，做到“柔中有刚、柔而不软、韧而不僵”，以防止柔韧性的过度发展对体操所需要的动作速度、爆发力的发展产生不良影响。

（2）灵敏性与各素质的关系。

在体操项目中，灵敏素质主要是动作技术及力量、速度、柔韧等素质在运动过程中的综合表现，具体表现为空间的准确及定时、定向的能力，以及体操中急起、急停和动作迅速准确的转换能力。从图2-4可看出，力量、速度、柔韧等素质与灵敏素质也具有良好的直接转移关系。但时空感、平衡、协调等灵敏素质是其他各种素质所不能代替的。鉴于此，本研究主要从时空感、平衡等方面对少年男子体操运动员的灵敏性进行评价。

（3）静力性力量、动力性力量与速度素质。

首先，静力性力量是吊环等项目最重要的素质，从素质转移角度分析，应谨慎发展静力性力量，必须严格控制练习的强度和密度，主要采取多次数、适当负荷量的方法进行发展，以防止过度地发展静力性最大力量而影响速度素质的发展。在9~10岁阶段可以根据身体素质的良好转移关系，通过设置其他可操性指标间接发展这些素质。其次，应注重动作速度与爆发力等快速力量的相互转移，采用发展快速力量的手段提高运动员的动力性力量，实现力量与速度的有机结合和同步发展。

2.6 本章小结

本章为基础理论研究部分，即结合本研究的研究任务，运用运动训练学、运动生理学、运动力学等理论知识，对少年时期身体素质发展特点、少年体操运动员的训练任务和男子竞技体操项目技术动作对身体素质的需求特点、各素质之间的相互关系等进行分析，确定构建少年男子体操运动员身体素质评价体系的理论依据。本章完成了本研究的第一个任务，即重塑我国少年男子体操运动员身体素质评价体系构建的基本理论依据，为少年男子体操运动员身体素质评价体系的构建、具体评价与诊断以及结果分析提供理论支撑。

（1）少年男子体操运动员身体素质是指完成男子竞技体操6个项目各类动作技术所外显出来的、符合少年阶段机体生长发育特点和运动训练特征的各种基本运动能力，包括力量、耐力、柔韧、速度、灵敏等。

（2）根据少年时期骨骼与肌肉、心肺及神经系统生长发育特点，少年男子体操运动员身体素质发展是以动力性练习形式为主，9~10岁加强发展相对力量、速度与柔韧等；11~12岁辅以静力性练习，逐步发展力量耐力和最大力量。其中，速度的发展应注重与力量和技术的紧密结合，动作速度应贯穿于柔韧、力量素质练习中；而力量素质主要以发展速度力量和相对力量贯穿始终。这为身体素质评价和诊断的重点的确定、评价指标的选取和评价标准的制定进一步明确了方向。

（3）根据少年阶段训练任务与动作技术发展特点，每一年龄段身体素质的需求和发展侧重点均存在差异，整体上少年男子体操运动员以全面发展身体素质为主，专项身体素质训练随着年龄增长而逐步加强。少年男子体操运动员身体素质按9~12岁4个年龄组分别设置评价指标、权重、标准，是少年阶段体操运动员动作技术实际训练和身体生长发育的客观需要。

（4）男子竞技体操6个项目动作技术特点对少年男子体操运动员身体素质评价指标的选取起着导向作用；而各项身体素质之间的转移关系是少年男子体操运动员身体素质评价指标体系的设置、指标标准的设定等需要重点考虑的因素之一。

3 少年男子体操运动员身体素质评价体系的构建

评价体系的构建是少年男子体操运动员身体素质评价与诊断的首要环节，其指标的选取、权重的设定、标准的制定是直接影响评价结果的关键环节。其中评价指标体系既反映着身体素质评价的核心，又体现了身体素质训练的重点内容与方向。同时，根据评价体系进行评价的结果也是制定各类诊断标准的依据。

3.1 评价体系的构成要素与构建流程

3.1.1 构成要素

综合评价的具体方法很多，但各种方法的总体思路基本是统一的，一般可分为明确评价对象、建立指标体系、确定各指标权重、建立评价的数学模型、分析评价结果等几个环节。具体到本研究，建立指标体系、确定各指标权重、制定各指标的评价标准是构建整个评价体系的3个关键环节，也是整个评价体系的核心组成部分。评价指标是评价体系的核心，构成评价体系的结构框架；指标权重系数反映了同级各项指标的功能程度；评价标准是衡量相应评价对象是否达到评价指标要求的准则和尺度。评价系统的3个要素之间相互关联、相互配合而构成一个统一的整体。

（1）评价指标。

评价领域里，评价指标是指根据评价目的，由评价者运用不同的方法将评价目标分解成若干层次、能够反映评价对象某些方面本质特征的具体化、可操作化指标，是对评价对象进行价值判断的依据。可以说，评价指标是评价的核心，整个评价指标体系构成评价体系的结构框架。在运动训练学评价领域里，以训练目标为中心，根据分解的依据，将具体的训练目标分解成几个相对独立的子系统，每个子系统又可根据实际情况进一步分解成若干个子系统，再逐级分解成一些具体的、可操作的指标，通过评定这些指标来反映训练目标的整体特征。具体到本研究，整个评价指标体系的初拟结构图如图3-1所示。

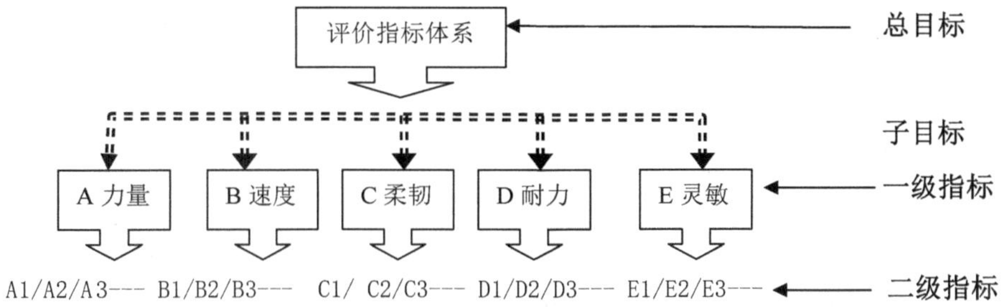

图3-1 少年男子体操运动员身体素质评价指标体系初拟结构图

从图3-1可以看出，指标与目标是密切相关的。目标是指标的根据和基础，指标是目标的细化，是具体的、可测量的和操作化的目标，且指标作为一个子目标，需要进行进一步的分解，而总目标相对稳定。同一个目标，分类依据不一样，指标也随之变化。科学的分类依据是合理分解目标和建立整个结构的关键。

建立指标体系的方法很多，其中被广泛运用的主要有：头脑风暴法、德尔菲法、层次分析法、逐步回归法等。少年男子体操运动员身体素质指标是一个复杂的系统，根据男子体操项目特征和竞技体操训练的要求，结合培养少年男子体操运动员的业余体校的实际情况，合理分解身体素质总目标，运用合理方法，科学遴选可量化、易操作的、有典型代表性的、能具体反映目标某一属性的指标，是构建层次性、结构性和科学、合理的评价指标体系的关键。

（2）指标权重。

在评价体系中，需要按每项评价指标在指标体系中的重要程度和作用大小，赋予其相应的数值，这个数值就称为对应指标的权重，或叫权数。每项指标在整个指标体系中的地位和作用，以及对实现目标所做的贡献均不一样。通过给各个评价指标赋予相应的权重，能充分体现每项指标在评价系统中的功能程度和重要性。权重包含加权权重与不加权权重，不加权权重能直观反映指标在所在分支指标体系中的重要性，加权权重能直观反映该指标在整个评价指标体系中的重要程度。确定指标权重的方法主要有三类：专家调查法、层次分析法、模糊评价法等主观赋权法；主成分分析和因子分析法、变异系数法、熵权系数法、局部变权法等客观赋权法；先进行主观和客观赋权，再采用指标级差最大化、差异最大化等方法将客观和主观赋权结果进行组合，得出最终权重。

男子竞技体操对每一项具体身体素质的要求是不一样的，各项身体素质对体操运动员的重要性也不尽相同。因此，身体素质评价体系中各评价指标的权重也存在明显差异。本研究选用合理的赋权方法，科学确定少年男子体操运动员身体素质各评价指标权重，突出各项身体素质的重要性程度，以便在实践训练中，能区分主次、突出重点，集中精力进行有针对性的身体素质训练，避免训练的盲目性，从而提高效率，实现训练的科学化。

（3）评价标准。

评价标准是衡量评价对象能否达到评价指标要求的尺度和界限，也是划分评价等级依据的界值。体育测量中所获得的原始成绩只有通过与合理的评价标准对比，才能判断和确定其价值和意义。根据标准的性质，评价标准主要分为定性标准和定量标准。定性标准具有极大的笼统性，一般采用等级标准来评价，如在等级评定中，用优秀、良好、中等、差来界定；而定量标准是将具体指标数量化，一般用达到指标要求的数量或各种规范化行为的相对次数来体现，较为细致、具体。另外，根据评价的目的，评价标准可分为比较标准和理想标准。比较标准是对所测量的原始成绩进行统计处理而制定的一种标准，其方法是将个体的原始成绩与标准比较，确定各个体成绩在群体中所处的水平和位置，主要用于评价受试者某单一属性或综合属性的现状。理想标准是根据训练的需要提出的运动员经过努力能达到的一种标准。

本研究的评价标准兼有定量标准和定性标准。少年男子体操运动员身体素质评价标准，应能较细致、客观、全面地反映少年男子体操运动员身体素质的状况，通过将运动员身体素质的测试结果与标准进行对比，能准确检验其身体素质的现状。因此，本研究采用20分制的评分方法建立评分标准，将测试数据与标准进行直接比较，能具体反映各项指标的发展程度。另外，通过相关统计学方法，在定量标准的基础上制定各项身体素质的五级等级评价标准，根据测试结果，直接对该项指标进行准确定位，即通过将运动员各项评价指标的测试结果与评价标准进直接行对比就能对运动员身体素质所处等级进行准确定位。此外，通过对运动员进行科学、具体的诊断，发现其存在的优势与劣势，进而提出少年男子体操运动员身体素质发展的理想值。

3.1.2 构建流程

男子竞技体操有6个单项，每个单项对身体素质的要求都不一样，且身体素质的内容本身就涉及力量、耐力、速度、柔韧等几个方面。由此可见，少年男子体操运动员身体素质评价体系的构建是一项复杂的、专业性较强的、涉及面较广的工程。结合男子竞技体操运动员身体素质特点，按照测量与评价的科学程序，采用一个有针对性的、科学合理的、切实可行的方案流程，是保证评价指标的确定、权重和标准的制定等科学、合理、有效的保障。

建立一个评价体系通常采用如下4个步骤：确定评价对象和目标、确定评价指标体系、确定评价指标的权重、制定评价标准，如图3-2所示。

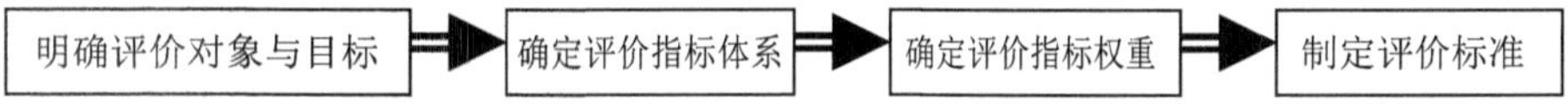

图3-2 建立评价体系的基本流程与步骤

虽然评价体系建立的基本流程与步骤是一样的，但每一个具体步骤所采用的方法是千差万别的。本研究紧密结合研究对象的具体特征，运用体育测量原理和综合评价理论，采用合理、科学的统计学方法，以建立科学的身体素质评价体系。通过查阅大量关于评价方面的文献资料，本研究主要按以下流程步骤建立少年男子体操运动员身体素质评价体系，如图3-3所示。

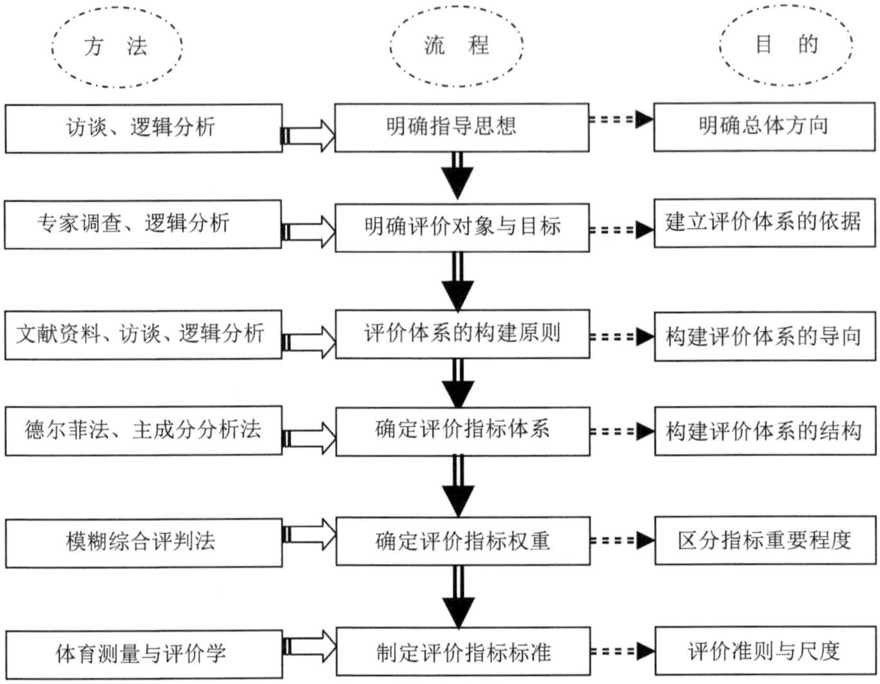

图3-3 少年男子体操运动员身体素质评价体系构建的流程

3.2 指导思想、评价对象与目标的确定

3.2.1 指导思想

本研究构建评价体系的指导思想为：评价体系的结构框架符合综合评价体系的一般原理；评价指标有典型代表性，能够反映少年男子体操运动员身体素质的发展特点和动作技术的需求特征；指标的测试符合体育测量学的基本原理和少年体操运动员训练实际；评价指标标准在年龄与等级上具备明显的区分度；评价方法科学、合理，且简便、易行。

3.2.2 评价对象与目标

评价指标的遴选、评价标准的制定以及评价方法的选取，都取决于评价对象的属性。评价对象的定位不同，整个评价系统的设计也随之变化。因此，制定一个科学、实用的评价体系必须要定位好评价的对象，即明确评价的主体，通俗地说就是确定评价“谁”。评价对象确定以后，还必须明确评价的目标，即确定评价需要解决的主要问题，也就是明确要评价对象的“什么”。评价目标是在评价目的的指导下所要达到的具体结果，明确评价目标也就是解决了“评价什么”这一根本问题。可见，评价目标是评价目的的具体化，也是整个评价活动的出发点和依据，对整个评价体系的设计起着导向作用。

根据本研究的目的，结合第二章针对研究对象所进行的具体分析和说明，本研究将评价的对象确定为：我国9~12岁少年男子体操运动员的力量、速度、柔韧、耐力、灵敏等身体素质。针对指标和标准的制定，广泛征求了专家的意见，调查结果见表3-1。从表中可见，72%的专家认为9~12岁少年男子体操运动员应按年龄分为四个评价对象，每个年龄组分别独立设置评价指标和权重，这不仅与第二章关于少年生长发育的规律与身体素质的发育特点是完全相吻合的，且与各个年龄阶段的体操动作技术和训练实际对身体素质的不同需要是吻合的，同时也反映了目前已有评价体系在这方面存在的不足。

表3-1 少年男子体操运动员身体素质评价指标与标准的设置方案调查统计结果

n=95

指标和标准制定类型	选择	百分比/%
按9~12岁四个年龄组分别建立各自的指标与标准	68	72
按9~10岁和11~12岁两个年龄组分别建立指标与标准	12	13
按9~10岁和11~12岁两个年龄组建立指标、按9~12岁4个年龄组制定不同标准	15	15
其他	0	0

因此，结合专家调查结果，根据男子竞技体操项目特点、少年生长发育特点、少年男子体操运动员实际训练需要，本研究分别以9岁、10岁、11岁和12岁4个年龄组少年男子体操运动员身体素质为评价对象，将评价的目标确定为：对我国9~12岁4个年龄段少年男子体操运动员的力量、速度、耐力、柔韧、灵敏等各单项身体素质以及综合身体素质分别设置指标、权重和标准，进行评分评价和等级评价。

3.3 评价体系的构建原则

原则是人们说话或行事所依据的法则或标准，是根据其对客观事物运动内在规律的认识而制定的，科学的原则即对客观规律正确认识的反映。在运动训练学领域，训练原则是指依据运动训练活动的客观规律而确定的、组织运动训练所必须遵循的基本准则，是运动训练活动客观规律的反映，对运动训练实践具有普遍的指导意义。

少年男子体操运动员身体素质评价指标体系的内涵广泛、类型多样，是个多属性、多层次结构的系统。少年男子体操运动员身体素质评价指标体系的设计原则是分类、遴选其身体素质具体评价指标和进行实际评价的指导思想和基本准则，它体现着少年男子体操运动员身体素质评价的规律和特点。在庞大的指标体系中遴选出符合少年男子体操运动员身体素质的评价指标，并对指标进行科学分类、设置权重和制定评价标准等，均离不开科学、合理的原则的指导。根据评价对象和目标的特点，本研究从总体上提出构建少年男子体操运动员身体素质评价体系应遵循的主要原则。

3.3.1 系统性与层次性原则

少年男子体操运动员身体素质评价指标体系是由多系列、多层次指标群组构成的一个有机整体，该评价指标体系的构建也是一项复杂的系统工程，具有层次多、涵盖面广、系统性强等特点。首先，少年男子体操运动员身体素质评价指标体系是一个较为庞大的系统，具有一般系统的集合性和整体性等特性，是由力量、速度、耐力、柔韧等几个子系统集合而成的有机整体，且各个子系统存在明显的相关性，各自之间相互关联、相互影响，共处于一个矛盾的统一体中。其次，整个身体素质评价指标体系和权重必须具有明显的层次性，结构分明、重点突出。根据体操6个项目的特点、少年男子体操运动员训练的任务与目标、素质发展的敏感期，应有重点、有层次地构建力量、速度、耐力、柔韧等次级评价指标及其权重，且必须准确把握各级评价指标的重点。

因此，在建立少年男子体操运动员身体素质评价体系时，应充分体现系统性，正确处理好各子系统的相互关系，在保证各子系统之间相互独立又协调统一的基础上，充分考虑各评价指标之间的转移性，尽量防止各素质评价指标之间的抑制作用，促进各评价指标之间的良好转移，实现评价总目标；注重各级评价指标之间的层次性，层次结构合理，评价指标应具备一定的区分度，防止各评价指标相互包含、涵盖、重叠和分类分层不清楚；科学确定分类、分层依据，保证各横向评价指标之间的相对独立性和可比性，以及纵向评价指标的层次性。

3.3.2 科学性与适用性原则

评价体系的科学性是确保评价结果准确、合理的基础。评价体系的科学性主要体现在评价指标的确定、权重的设定、标准的制定程序与方法等方面。本研究科学性主要体现在：①特征性。即评价指标选取和标准设置应反映男子竞技体操项目的本质特点，符合少年男子体操运动员训练的总体要求和身体素质发展的一般规律与客观实际；在确定具体评价目标后，对定时或定数，应结合理论分析与实地调研从综合角度进行科学确定。②程序与方法的科学性。即指标的筛选与修正、权重和标准的制定方法应遵循科学性原则，符合本研究的实际，以保证指标、权重、标准的科学性。

评价是一项实践性和操作性很强的工作，评价指标体系的适用性是确保评价实施效果的重要基础。在确保科学性的前提下，必须紧密结合各基层少年男子体操运动员训练实际，充分考虑现实的可操作性和可测量性，确保指标体系的切实可行。具体而言，少年男子体操运动员身体素质评价体系适用性主要体现在：①普及性。即指标应切合少年男子不同阶段实际发展情况、绝大部分基层身体素质训练实际和设备条件，精炼简明、易于理解，具有普遍代表性；采用相对成熟和公认的指标，以切合各基层训练实际进行普及性的评价，既保证指标体系的广泛认可，又便于评估结果的应用和比较。②数据采集的可行性。因为指标是对原始信息的提炼与转化，所以指标选取与标准设置既要考虑理论上的合理性，又要考虑我国广大基层少年男子体操训练的实际情况，指标数据获取过程不能过于复杂，保证在实践中能够较为准确地采集到数据。③具体评价的可行性。即指标的量化方法要简化，实践评价便于操作，评价过程简单易懂，不宜过于烦琐；避免细节多、时间长、成本高等原因造成评价过程的过度复杂化而使评价流于形式，进而保证具体评价过程和评估结果的可操作性、准确性和高效性。

3.3.3 全面性与重点性相结合的原则

少年男子体操运动员身体素质评价体系是个庞大而复杂的系统，少年阶段是全面发展身体素质的关键时期。全面性是指评价指标体系反映信息应全面，全方位地体现男子体操运动员的身体素质，保证评价指标体系的全面性和完整性，既包括一般身体素质与专项素质，也包括男子体操项目涉及的身体各部位、各关节所需的素质，为运动员竞技能力和技术的发展奠定全面的物质基础。但在全面性基础上，也应注意不增加与目标无关的因素。

显然，评价体系在全面反映身体素质的基础上，也应科学区分各个子体系指标的权重和先后发展顺序，重点突出地全面发展身体素质。重点性原则主要体现在：①结合少年阶段身体生长发育特征，有重点地提高身体素质。根据身体特征，4个年龄阶段的训练重点不尽相同，9~10岁阶段以发展一般身体素质为主，11~12岁阶段专项身体素质，即同一指标在不同年龄组的权重和标准是不一样的。②结合项目需要，抓住各项素质发展的敏感期，分主次地发展。不同素质的发展顺序和发展敏感期、男子体操项目对身体每个部位素质的要求都是不一样的，存在明显的发展先后和主次之分，如躯干肌肉先于四肢肌、上肢肌先于下肢肌；速度力量素质是整个素质发展的重点；上肢力量是男子体操运动员最重要的力量。③充分考虑不同项目和不同类型运动员对身体素质的要求和侧重点之间的差别。身体素质主要是为运动员发展运动技术、提高竞技能力服务的，男子竞技体操6个项目的技术特点各异，进而对身体素质的具体要求也不一样。同理，单项和全能型等不同类型的选手，对身体素质的侧重点也存在明显差异。

3.3.4 阶段性与发展性相结合的原则

运动员从选材到成才是一个长期的系统过程，整个过程具有鲜明的层次性、阶梯性，每一个阶段的选材、训练、比赛任务、目标与内容均具有鲜明的特点。少年阶段是体操运动员成长的重要阶段，同样具有明显的阶段性特征。这个阶段是“承上启下”的关键训练阶段，既是体操运动员由基础训练阶段向专项训练阶段过渡的重要时期，也是运动员从业余体校入选省队和国家队的关键阶段。评价体系的设计应符合少年阶段体操运动员的训练目标和重点，结合该阶段技术发展的特点，突出阶段性特点。

运动员成长过程中的每一个阶段都是相互影响、相辅相成的，上一个阶段的训练是下一个阶段训练的前提和基础。具体到本研究，首先，12岁少年体操运动员已经开始自由发展难度动作，随后将进入全面发展难度动作的阶段。因此，在突出阶段性的同时，要注重运动员的长远发展，并充分考虑上、下两个衔接阶段的训练特点，实现运动员的可持续性发展。其次，随着训练手段与方法、管理、医疗保障、器械设备等的发展，运动技术也不断发展，身体素质作为运动技术发展的物质基础，也呈现动态的发展性特征，有些评价指标会被淘汰，且涌现出新的更科学的指标；即使是同一指标，在不同阶段其评价标准和权重也不一样。因此，评价指标体系的设计，在突出阶段性特征的同时，还应注重其发展性特点，要对未来的发展有所预见，力求评价指标体系保持一定的延续性。

3.3.5　定量与定性相结合的原则

定量分析是用数学方法分析和研究事物的发展及其相互关系，而定性分析是确定事物中各种因素相互制约的质的规律性。关于少年男子体操运动员身体素质的评价，主要是通过对运动员各种指标进行测试，运用测试结果与标准进行对比来完成评价，所选取的指标主要源于运动员实际训练中具有代表性的、典型的训练手段与方法。可见，少年男子体操运动员身体素质指标侧重于量的评价，指标必须具备可测量性。但男子体操项目所需要的各种身体素质很难直接进行定量化的衡量，首先必须进行定性分析，再通过调查与分析转化为定量指标，或根据定性分析选取合理的定量指标来反映。因此，为了避免单纯地依据定量方法或定性方法所带来的缺陷，本研究采用定量与定性分析相结合，一方面定量指标始于对身体素质进行定性分析，另一方面通过无量纲化转化方法使定性指标定量化或根据定性分析选取合理的定量指标来体现，使定性指标尽量量化，以便于横向比较，从而提高评价结果的准确性、合理性和科学性。

3.4　评价指标体系的构建

指标是评价的基础和根本，而整个评价指标体系则是综合评价信息的载体和仓库。评价指标体系的科学化程度决定评价方案的水平，进而直接决定评价结果的科学性和有效性，最终影响整个评价体系的质量。因此，根据研究项目特征，采用合理的方法构建一个科学、系统的指标体系，是获得科学、客观、公正的评价结论的关键环节。

3.4.1 指标体系构建的方法

在综合评价中，评价指标的选取方法很多，指标的筛选与修正所采用的方法是否科学、合理，直接影响综合评价的结果。可见，科学的方法是确保评价结果精确的前提。但无论选用何种方法，首先应清楚把握相关方法的使用范围，再根据研究的实际情况和需要具体确定。

有文献可参考且被广泛使用的建立指标体系的方法主要有头脑风暴法、德尔菲法、模糊灰色物元空间法（FHW）、层次分析法、逐步回归法等。其中头脑风暴法、德尔菲法、模糊灰色物元空间法（FHW）主要是就研究的相关问题征求专家意见和建议，通过汇集相关专家的智慧与知识经验，筛选具体指标，其优点是能够充分发挥人的主观能动性，而不足之处是“客观性”相对较差。层次分析法、逐步回归法的优点是可以发现以专家主观判断为主的定性方法无法察觉的问题，如指标之间的重叠度太高或区分度太低等问题，其“客观性”较强。（表3-2）

表3-2 体育研究领域内建立评价指标体系的几种常用方法的优、缺点比较

方 法	优 点	缺 点
德尔菲法（Delphi）	1. 能充分发挥各位专家的主观能动性，集思广益，便于探索式地解决问题 2. 各位专家能避免相互之间的影响，独立思考，独立判断 3. 能把各位专家意见的分歧点表述出来，经过反复征询、归纳、修改，取各专家之长、避各专家之短	1. 以专家主观判断为主，没有经过严格的考证，可能带有一定的主观片面性 2. 缺乏专家之间的思想交锋与商讨，易受专家个人的知识的深度与广度，及实践经验程度影响

续表

方 法	优 点	缺 点
头脑风暴法（KJ）	1. 方法简便易行，集思广益，保证了群体决策创造性，能较为有效地解决问题 2. 通过共同讨论、互相启发，产生更多观点，进而排除折中方案，找到切实可行的方案	1. 以专家判断为主，且专家易受相互之间的影响，特别是受权威的专家影响 2. 易受专家的心理因素、表达能力等个人因素的影响
模糊灰色物元空间法（FHW）	融合了德尔菲法与头脑风暴法的优点而舍去其缺点	以专家判断为主，要求召集专家讨论，不便于大范围地选择专家
层次分析法（AHP）	有较强的系统性；方法简洁实用；所需定量数据信息较少	无法为决策提供新的方案；定量数据较少，定性成分多，主观性较强；指标较多时，统计量大，且修改复杂
主成分因子分析法	1. 能消除各指标之间的相关影响，避免评价指标间的信息重叠 2. 能降低指标的维数，简化指标体系结构，探讨指标系统内核，减少计算量	1. 调查的工作量比较大 2. 是以整体进行分析，对基础数据的准确度要求很高，易出现问题 3. 客观性较强，无法为决策提供新的方案
逐步回归法	通过对拟进入指标体系的各项候选指标进行逐步回归分析，所建立的指标对评价结果的作用显著	1. 客观性较强，无法为决策提供新的方案 2. 容易遗漏那些对运动员短期作用不明显，但运动员长远发展所必需的指标

少年男子体操运动员的训练单位主要分布在各省、区、市等基层，为了既保证指标体系的科学性，又符合广大基层训练实际，具有普及、推广性，必须广泛征求少年男子体操运动员教练员、体操训练领域理论研究专家、运动训练学领域专家、体育测量与评价领域专家的意见或建议，充分融合教练员与专家们的理论知识与实践经验。德尔菲法、头脑风暴法与模糊灰色物元空间法均具有较大的灵活性，易于充分发挥专家的主观能动作用，但又易于受专家主观因素的影响，即专家的知识、经验和能力直接束缚或限制指标筛选的结果。其中头脑风暴法与模糊灰色物元空间法均需要召集专家进行集体讨论，根据少年男子体操运动员训练单位分散、所需召集的专家的范围广泛等实际情况，显然召集专家进行讨论不是很符合本研究的实际。而德尔菲法则能够融合分布于不同城市和地区的专家的智慧，增加了获取各方

专家意见的可行性。因此，为了充分融合广大专家的理论知识与实践经验，结合本研究的实际以及具体实施的科学性和可行性，本研究采用德尔菲法筛选少年男子体操运动员身体素质评价指标。

但从指标体系的结构上看，专家主观筛选出的指标强调的是评价目标，而对指标之间的相关关系以及整个指标的结构体系缺乏系统的考虑，所构建的整个指标体系不一定符合综合评价的要求。因此，为了消除专家主观判断可能存在的客观性较差的缺陷，本研究采用客观性较强的主成分因子分析法，从各指标之间的关系以及整个指标体系的结构两方面进一步完善和检验德尔菲法建立的评价指标体系。

3.4.2 指标体系构建的流程

综合评价指标体系的构建是一项复杂的、技术性强、涉及面广的工作。构建一个科学的评价指标体系，首先要明确构建的思路，即构建的程序与流程。显然，科学、合理的构建程序与流程，是确保整个评价指标体系科学、合理、有效的保障。在体育研究领域，邢文华教授早期就系统地归纳了指标筛选的基本步骤和流程：①初选指标的确定需得到理论逻辑分析的支持；②初选指标要经过有关专家的经验筛选；③对初选指标的测量结果进行第二轮统计筛选。通过查阅1999—2012年中国博士学位论文全文数据库中41篇涉及评价的博士学位论文，其中关于评价指标筛选的流程，许多博士基本上是根据由邢文华教授提出的3个步骤，结合自身研究需要构建评价指标体系，如孙葆刚博士、韩夫苓博士、姚旭霞博士、郑湘平博士等均是依据此方法和流程分别构建了优秀儿童乒乓球运动员专项体能评价指标体系、优秀女子自由式摔跤运动员专项体能评价指标体系、优秀女子长距离游泳运动员专项体能评价指标体系以及少年女子体操运动员力量评价指标体系。

纵观这些研究，指标体系的构建基本分为初选、复选（专家筛选）和统计筛选三个基本过程。但关于这三个基本过程，专家、学者们各自的理解或在具体的运用上是存在一定差异的。初选主要是通过文献查询、逻辑分析结合专家咨询筛选指标。复选主要是通过调查、集合专家智慧和意见筛选指标。统计筛选主要是通过各类统计学方法进一步完善指标体系。已有相关研究也存在有待完善之处，如在专家筛选环节，仅仅是简单地向国内在相关研究的宏观领域里有一定知名度的专家普遍撒网式地发放问卷，进行回收统计予以修改、增加或剔除某些指标，而在专家的选取上没有深入分析专家本身对该微观研究的知晓程度，也缺乏对自身研究真实需要的分析，存在一定的茫然性和不精确性；在统计筛选过程中，对筛选方法的选取也缺乏一定的针对性，其方法选取的依据与科学性有待斟酌。

在综合评价学里面，指标体系的构建主要包括理论准备、筛选与完善三个基本程序。目前筛选最常用的就是初选与专家筛选，实际上主要是集合理论上的逻辑分析与专家们的智慧和经验筛选指标，一定程度上可以说是主观上确定指标。完善主要是从指标之间的关系及整个指标结构2个方面去完善指标体系，最常见的就是运用客观性较强的统计学方法优化指标体系。通过筛选与完善两个过程，运用主观选择与客观筛选相结合的流程可以构建较为完整的评价指标体系。另外，综合评价指标体系的构建还应符合综合评价学的基本原理：

（1）综合评价指标体系构建原则。

（2）综合评价指标体系构建方法（初选）。

（3）综合评价指标体系测验方法（优选方法）。

（4）综合评价指标体系结构优化方法。

（5）综合评价指标体系中单项指标设计方法理论与指标（变量）变换理论。

（6）综合评价指标体系中定性变量的数量化技术。

因此，根据综合评价学及统计学一般原理，结合男子竞技体操项目特征、少年阶段身体素质特点，本研究制定了构建评价指标的流程，如图3-4所示：第一，通过设计指标体系的原则与方法，为指标体系的构建明确方向；第二，通过查阅国内外相关文献资料，结合专家和教练员的访谈。以及实地调研，确定一级指标和二级指标的初步框架；第三，通过三轮德尔菲法，结合理论逻辑分析，对一、二级指标进行补充、筛选与完善，形成整个评价指标体系框架；第四，通过专家调查，运用主成分因子分析法验证所构建的指标体系框架，最终确定少年男子体操运动员身体素质评价指标体系。在整个指标的层层遴选过程中，各个环节紧密相连，通过反复检验和修正，逐步完善，最终形成较为合理的评价指标体系。

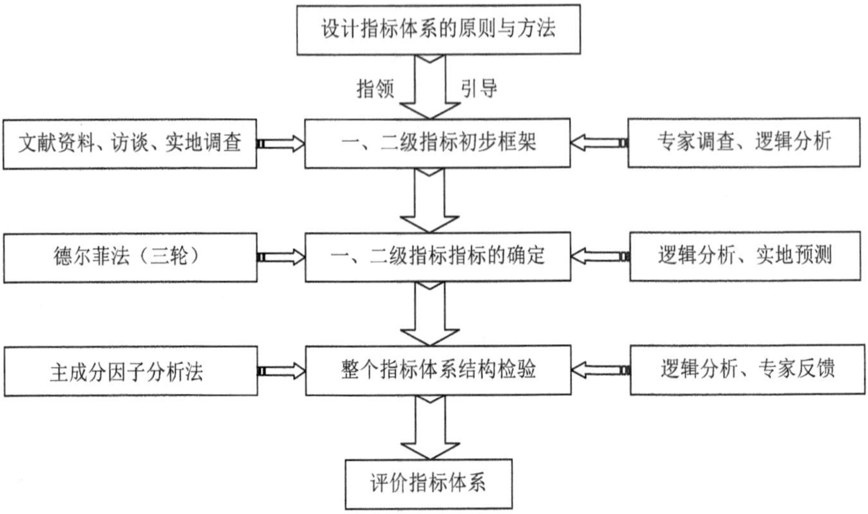

图3-4 少年男子体操运动员身体素质评价指标体系的构建流程

评价指标体系是由许多具体指标组成的指标群。具体到本研究，指标具有定量计时、定时计数、定距测时等类型，即使明确指标为定时计数类型，但定多长时间，必须符合体操项目的特征，进行科学确定。因此，必须根据评价内容和任务，明确每个指标概念和计量单位，科学设计指标名称。结合本研究实际，单个指标的构建流程主要

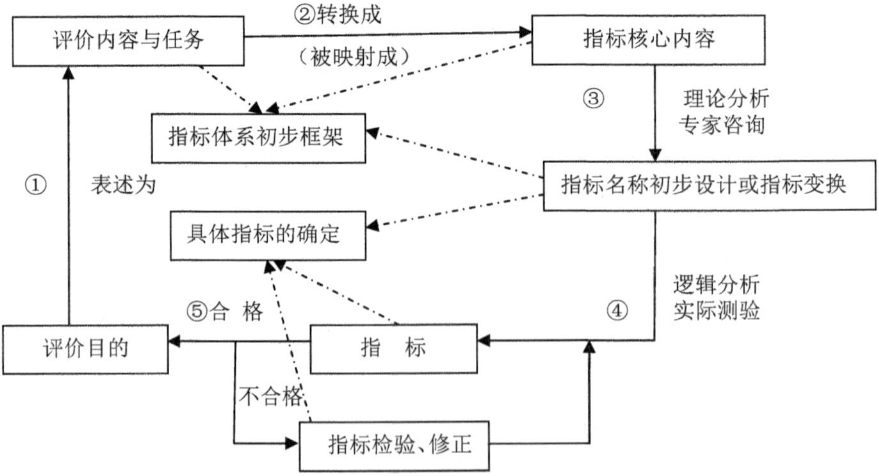

图3-5 单个评价指标设计流程

包括根据评价目的明确评价内容和任务、确定指标核心内容、指标名称初步设计或指标转换、测验与修正指标等基本步骤，具体如图3-5所示。其中第①、第②、第③步主要是应用于“一级、二级指标初步框架”的构建，第④、第⑤步主要应用于德尔菲法中部分指标的修改、校对等。

3.4.3 指标体系的具体构建

3.4.3.1 评价指标体系初级框架的建立

本研究首先全面收集了少年男子体操运动员身体素质的主要训练内容；然后，综合国内外专家、学者通过相关研究所建立的男子体操运动员身体素质评价指标，建立少年男子体操运动员身体素质评价指标体系的初步框架；再根据评价目标和评价指标的构建原则，进行初步的筛选，进而确定少年男子体操运动员身体素质评价指标体系初级框架。

（1）少年男子体操运动员主要身体素质训练内容与手段。

通过查阅相关文献资料、运动训练学以及与体操相关的其他专门书籍，并对湖南、湖北、陕西、广西、福建、上海、浙江等体操省队，武汉体育学院男子体操训练队，湖北省仙桃、黄石、荆州等基层少年男子体操运动员训练队进行实地考察，收集了各队少年男子体操运动员身体素质的主要训练内容与手段，以及各个训练队少年男子体操运动员身体素质的测试指标和标准；并对武汉体育学院少年男子体操队、湖北省少年男子体操队、武汉市少年男子体操队进行了实地跟踪调查，对这3支队伍将近30名少年男子体操运动员身体素质训练所采取的主要训练方法与手段进行了统计。根据运动训练学中身体素质的内涵，结合男子竞技体操特征，把男子体操运动员的身体素质具体分为：力量、速度、耐力、柔韧、灵敏。但在实际训练中，有些身体素质训练方法与手段具有综合性，共同参与运动的肌肉或身体部位一般都不是单一的，但参与运动的各肌肉群和身体部位是存在主次之分的，如在体操训练中，耐力通过有氧训练建立，速度从无氧训练中获得，力量在负重训练中增强，灵敏性和柔韧性通过专门的训练得以提高。因此，在此先把这些具有综合性质的训练方法与手段，按其能发展的主要身体素质进行归类，并综合以上资料，对少年男子体操运动员身体素质训练方法与手段进行归纳总结。

然而，身体素质的评价指标与身体素质的训练方法与手段既紧密联系，又有着明显的差别。两者紧密联系主要体现在：首先，许多指标主要源于身体素质的训练方法与手段；其次，指标所要反映和检验的某一身体素质性能及其发展水平，也是运动员通过相关的其他训练方法与手段所要达到的目标。两者的差别主要体现在：作为少年男子体操运动员身体素质的评价指标，必须具有可实测性、典型代表性等，通过测量能客观、公正地反映运动员身体素质的发展水平。因此，即便是运动员最常用的身体素质训练方法与手段，如不符合作为评价指标的基本条件、基本原则，也不能作为评价指标。据此，本研究对几类明显不符合作为指标的条件的训练内容与手段进行了筛选与完善。

第一，对不能通过较客观的测量，公正地反映运动员身体素质的训练内容与手段进行删除或修改。如负重之类的手段（负重提踵、负重半蹲起、负重后摆腿等）；需要借助他人或器械等外力进行训练的内容，如套、靠环带进行的吊环的各种素质练习，以及在教练员助力下进行的各种素质练习。因为负重重量、环带在练习中所发挥作用的大小、外界助力控制力度等均因人而异，所以不宜客观统一，虽都是实际中最重要的训练内容与手段，但不具备作为评价指标的条件。

第二，对无法客观统一、规范的训练内容进行删除。如教练员发展运动员耐力所采取的“几种素质循环练习”，发展运动员时空、平衡感所采取的“小弹网、蹦床上跳、跳转、蹦床空翻”“踺子小翻蹦”练习等。

第三，删除不是广大基层少年运动员普遍采用的身体素质训练内容与手段。因为评价指标必须具有普及性，应尽量少采用那些在实际训练中不常见的训练内容与手段，以确保能较容易地采集到准确的数据，保证评价的实用性与公平性。例如，站立推杠铃，其重量因人而异，不宜统一，且很容易对运动员造成损伤；又如，吊环中各种类型压十字的素质练习手段，一般是在他人或器械保护（套环）下、谨慎控制数量进行练习，且为防止对运动员的肘关节、腕关节造成慢性损伤，许多练习普及性都不高。

因此，通过罗列少年男子体操运动员身体素质训练方法与手段仅仅形成一个初始的指标体系前期框架。在此基础上，本研究进一步对国内外男子体操运动员身体素质评价指标进行了搜集，再结合理论分析与专家意见，通过前期的逻辑分析与专家初步佐证，形成少年男子体操运动员身体素质的评价指标体系初级框架。

（2）国内外少年体操运动员身体素质评价指标体系。

少年男子体操运动员身体素质的训练早已引起各个国家的高度重视，一些国家根据本国的实际情况分别制定了相应的评价指标体系，具体见表3-3。

表3-3 我国及国外部分国家少年男子体操运动员身体素质评价指标统计表

评价指标	罗马尼亚(1970年)	苏联(1991年)	美国(2007年)	中国(1989年)	中国(2009年)
引体向上		√		30秒√	30秒摆动√
双杠双臂屈伸		√			
90°控腿爬绳			√		
脚助力3米爬绳		√			
爬绳或爬杆（5米）					√
悬垂举腿20次（从90°控腿开始到90°控腿结束）			√		
肋木悬垂举腿		√		30秒√	30秒√
分腿支撑慢提倒立			√		
连续提慢起倒立				√	√
立定跳远	√	√		√	
立定五级跳					√
20米冲刺跑		√	√		
30米跑	9~10岁√			√	√
40米跑	11~12岁√				
原地纵跳摸高	√				
垂直跳摸高			√		
转肩				√	
体前屈	√				
并腿坐体前屈		√			
“桥”肩			√		
分腿站立成桥		√			
左右腿纵叉			√		
三面劈叉		√			

续表

评价指标	罗马尼亚(1970年)	苏联(1991年)	美国(2007年)	中国(1989年)	中国(2009年)
踢腿、控腿			√		
600米跑	√				
400米跑					√
控倒立			√	√	√
原地150克重的垒球投远	√				
单杠引体悬垂的持久时间	√				
反映灵敏性的绕杆蛇形跑	√				

在国内，少年男子体操运动员的训练单位主要分布于各省、市的训练基层，各个省、市对少年男子体操运动员身体素质的评价有着不同的指标体系。另外，从20世纪80年代开始，大量学者从不同角度和层面对少年男子体操运动员身体素质的评价指标开展了大量的相关研究，具体见表3-4。

表3-4 国内部分省、市少年男子体操运动员身体素质测试指标及部分学者的相关研究成果一览表

评价指标	陕西	湖南	广西	湖北	上海	北京	温小铁(1986)	于烈烽(1987)	曾凡辉(1992)	谭修德(1993)	许铭(1994)	吕万刚(1998)	李芯(2009)
引体向上	√	√	√	√			√	√	√	√	√		√
俯卧撑							√						
推倒立		√	√	√				√					
5米爬绳						√							
连续慢起手倒立	√	√	√	√	√	分腿√		分腿√	√	√	√		
30秒收腹举腿	√	√	√	√	√	√		√	√	√	√		√
立定跳远	√	√	√	√	√	√	√	√	√	√	√		√
后空翻（速度力量）												√	
30米跑		√	√	√	√		√	√	√	√			√

续表

评价指标	陕西	湖南	广西	湖北	上海	北京	温小铁(1986)	于烈烽(1987)	曾凡辉(1992)	谭修德(1993)	许铭(1994)	吕万刚(1998)	李芯(2009)
10秒高抬腿							√						
20秒两头起							√						√(10秒)
连续5个后手翻												√	
劈叉								√					√
转肩	√						√	√	√			√	√
控腿												√	
体前屈									√	√			√
屈臂悬垂							√						
直角悬垂							√						
400米跑		√	√			√	√						√
控倒立				√				√					
蘑菇全旋		√	√										
马头全旋												√	
吊环直臂屈体慢起手倒立												√	
30秒跳绳	√												
5次侧手翻								√					
模仿动作											√		
自编的变化动作或组合动作练习												√	

第一章的研究现状部分已对国内外已有相关评价指标进行了详细的分析。另外，纵观国内外专家、学者关于男子体操运动员身体素质的评价指标可知，指标的命名存在不统一、不具体、不明确或容易导致产生歧义等问题（表3–5）。因此，本研究有必要对指标的名称进行统一设置。

表3-5 国内、外部分表述不明确、不规范或不统一的评价指标统计表

评价指标	频数	评价指标	频数	评价指标	频数
引体向上	11	30秒摆动引体向上	1	30秒引体向上	1
90°控腿爬绳	1（美国）	脚助力3米爬绳	1	5米爬绳（手脚并用或徒手）	2
30秒肋木悬垂举腿	9	悬垂举腿	5	悬垂举腿20次（从90°控腿开始到90°控腿结束）	1（美国）
连续慢起手倒立	2	慢起手倒立	5	提倒立	3
分腿提倒立	2	分腿支撑慢提倒立	1		
后空翻（动作速度）					

所谓定义，就是用简短明确的语句，揭示出概念所反映的客观事物的特点或本质的一种逻辑方法，定义应能反映被定义事物的内涵及特有属性。身体素质的评价指标分定量计时、定时计数、定距测时等几种类型，评价指标名称应符合以下几个条件。

第一，在动作完成方式上应具体明确，防止产生歧义。因为同一具体的单个动作或运动要求不一样，练习的效果和反映的素质也不一样。如果没有明确的练习要求，同一动作也存在多种完成方式。例如，引体向上分为身体不摆动和身体摆动等不同完成方式。又如提倒立在身体姿势上分为分腿与并腿两种，而慢起提倒立与连续慢起提倒立同样存在很大差别。爬绳时，手脚并用、徒手、90°控腿的难度也是递增的，且90°控腿爬绳在少年体操运动员实际训练中很少被采用。控倒立分地面、双杠、吊环控倒立3种，显然以“控倒立”作为评价指标是不具体、不明确的。从表3-5中可看出，有些省体操队或学者关于身体素质评价指标的命名也存在这样的歧义。

第二，指标的确定要与评价目标相吻合，如引体向上、悬垂举腿可限时或不限时，限时主要分别反映上肢、腰腹的速度力量，而不限时主要检验上肢、腰腹的力量耐力。例如，各省体操队评价指标中，本意是想通过悬垂举腿指标来衡量运动员腰腹的速度力量，而在具体时间上却没有进行科学、明确的设置。

第三，要符合运动员的身体发育和年龄特征以及训练实际和体操

项目特点。例如，9岁运动员与12岁运动员同样速度的连续原地后空翻所持续的时间是不一样的。另外，在限时计数的指标制定上，应根据体操项目的特征和需要来设定时间。此外，随着科研、营养、训练条件的改进，以及运动员自身机能的发展，不同时代同一年龄阶段运动员的训练水平和技术水平也存在很大差异，对运动员身体素质的要求也是存在差异的，如以前20秒两头起，现在运动员在保障速度与质量的同时，时间可延续到30秒以上。

因此，本研究根据评价目标，从动作完成方式、运动员实际水平、体操项目需要等几个方面对评价指标进行了重新设置，即评价指标尽量具体明确，指标的名称尽量体现出完成动作的方式、对身体姿态的要求，关于时间或距离的设定、计量单位的选取均有简要说明，以防止歧义的产生，以及指标与评价目标的偏离。

（3）少年男子体操运动员身体素质评价指标体系初级框架。

为了保障评价指标的实用性、可操作性等，在综合国内26个省、市关于少年男子体操运动员身体素质主要训练内容与手段的基础上，参考国外部分国家少年男子体操运动员身体素质评价指标体系，结合专家调查结果和对湖北、湖南、陕西部分运动员的初步预测，确定了少年男子体操运动员身体素质评价指标体系的初步框架，以此构成第一轮德尔菲法专家调查问卷内容（表3-6）。其中部分指标的初步归类主要参考各省、市体操队的参考资料。

表3-6　少年男子体操运动员身体素质评价指标体系初级框架

一级	二级
A. 力量	1. 30 秒摆动引体向上
	2. 5米徒手爬绳
	3. 10秒俯卧撑
	4. 双杠30秒双臂屈伸
	5. 俯撑压十字
	6. 双杠控倒立
	7. 地面控倒立
	8. 吊环控倒立
	9. 推倒立
	10. 30秒肋木悬垂举腿
	11. 吊环连续屈伸上
	12. 吊环前、后水平直体压上成倒悬垂

续表

一级	二级
	13. 低双杠直臂屈体并腿提倒立
	14. 立定跳远
A. 力量	15. 五级蛙跳
	16. 原地纵跳摸高
	17. 30米助跑上板起跳（用仪器测踏板的瞬间力量）
	1. 30米跑
	2. 助跑最后5米跑速
	3. 10秒高抬跑
B. 速度	4. 30秒两头起
	5. 15秒原地团身后空翻
	6. 连续5个后手翻
	7. 连续5个侧手翻
	1. 400米跑
	2. 1000米以上跑
	3. 引体向上
	4. 直角悬垂
	5. 爬倒立
C. 耐力	6. 双杠直角支撑
	7. 吊环直角支撑
	8. 蘑菇全旋
	9. 靠倒立
	10. 组合动作
	11. 地面直臂屈体分腿提倒立
	1. 转肩
D. 柔韧	2. 站立体前屈
	3. 分腿坐体前屈
	4. 三面劈叉
	1. 1分钟双摇跳绳
E. 灵敏	2. 闭目单足站立平衡
	3. 模仿动作
	4. 绕杆蛇形跑

3.4.3.2 第一轮专家咨询结果及分析

采用德尔菲法对指标进行筛选和构建，即通过问卷方式对选定的专家进行三轮意见征询，使专家意见基本集中一致，结合理论分析构建较为全面、可靠的指标体系。

根据少年男子体操运动员身体素质评价的实际，在德尔菲法调查过程中，每个指标的调查主要涉及以下三个方面。①重要性：指在评价指标体系中，该指标的重要程度；指标的重要程度，能够较好地体现该指标对少年体操运动员身体素质的影响程度。②可操作性：指在实际评价工作中，进行该指标具体测试工作的难易程度及该指标数据的可信程度。指标越便于测量，且测量数据可信程度越高，指标的可操作性就越高。③敏感性：指所选指标是否能够准确、有效地反映少年男子体操运动员身体素质某一特性。指标对身体素质的反映越准确，该指标敏感性就越好。

在本研究的问卷设计中，每个指标在“重要性”“可操作性”“敏感性”3个方面分为“很好”“较好”“一般”“较差”“很差”5个等级评价，每一个等级所对应的分值依次为9、7、5、3、1分，并可以开放式地填写修改意见和建议。最后通过计算每个指标在“重要性”“可操作性”“敏感性”3个方面各自的评分均值（专家意见集中度），综合考虑指标变异系数（专家意见协调度，即专家意见分歧程度），结合实践与理论分析筛选和修正指标体系。

均值：指标的评分均值（M_i）表示i指标专家意见的集中程度，均值越大，说明对应的指标的重要性越高，本研究要求均值一般不小于7.0。

变异系数：$V_i = S_i / M_i$，在第一章研究方法部分已具体阐述。本研究要求V_i值小于0.2。

通过第一轮专家咨询，收集了专家对每个指标在重要性、可操作和敏感性3个方面分别进行的5个等级评价，并了解了专家对一级指标的熟悉程度和判断依据。第一轮问卷有效回收率为100%，其中有58.3%（14位）的专家对评价指标提出了较详细的意见或建议。

（1）一级指标调查结果及分析。

从表3-7可看出，在第一轮专家咨询中，专家对5个一级指标的重要性具有共识（M_i>7.00，V_i <0.2），普遍认为力量、速度、柔韧、耐力、灵敏是少年体操运动员非常重要的身体素质。另外，专家对力量、速度、柔韧和耐力4个一级指标的可操作性与敏感性也具有共识。

但关于一级指标“灵敏”的“可操作性”，专家的意见集中度较低（M_i=6.36），且专家之间的意见分歧也比较大（V_i=3.1）；在“敏感性”上，专家组也同样存在较大的分歧。

专家们普遍认为灵敏素质是体操运动员非常重要的身体素质，但有11位专家认为灵敏素质虽是少年男子体操运动员非常重要的训练内容，但它是综合素质的反映，是体操运动员力量、速度、柔韧的综合体现，不宜、也没必要单独设置评价指标。

需要说明的是，灵敏素质虽然是身体素质的综合体现，但根据男子体操技术特征，时空、平衡感等能力不完全是力量、柔韧等所能综合反映或代替的，故本研究主要从时空、平衡感等方面设置指标对体操运动员的灵敏素质进行评价。

表3-7　一级指标均值和变异系数统计表（第一轮）

一级指标	重要性			可操作性			敏感性		
	均值	标准差	变异系数	均值	标准差	变异系数	均值	标准差	变异系数
力量	8.50	0.85	0.10	8.12	0.98	0.12	8.62	0.60	0.07
速度	8.10	1.02	0.13	8.20	0.69	0.08	7.62	1.22	0.16
柔韧	7.52	1.30	0.17	7.20	1.37	0.19	8.20	0.98	0.12
耐力	7.12	1.00	0.14	7.32	1.24	0.17	7.05	1.12	0.17
灵敏	8.26	1.38	0.17	6.36	1.98	0.31	7.01	2.03	0.29

（2）二级指标专家咨询结果分析。

首先专家们对二级指标的整体设计上提出了一些意见与建议，综合如下：

单纯根据指标名称会使专家对部分指标产生误解，建议对可能产生歧义的指标加注简要说明，以提高专家咨询意见的信度。

①直接删除指标。

通过统计与分析专家咨询结果，将专家意见集中度低于7.0、意见协调度较高（变异系数较低）的指标直接删除。

通过表3-8可以看出，“10秒钟俯卧撑”等11项指标意见集中度普遍较低，虽然均具备可操作性，但在重要性和敏感性方面，专家一致认为不宜作为评价指标，且各自的变异系数也基本低于2.0，说明专家意见协调度较高，意见较为统一，因此将这11项指标直接删除。

表3-8 "均值"低于7.0的次级指标统计表（第一轮）

二级指标		重要性			可操作性			敏感性		
		平均值	标准差	变异系数	平均值	标准差	变异系数	平均值	标准差	变异系数
力量	10秒钟俯卧撑	5.65	0.90	0.16	7.10	1.85	0.26	4.89	0.73	0.15
	双杠控倒立	6.43	1.22	0.19	7.56	1.13	0.15	6.56	0.52	0.08
	吊环连续屈伸上	6.10	1.04	0.17	7.25	1.02	0.14	5.88	0.53	0.09
	吊环前、后水平直体压上成倒悬垂	5.75	0.69	0.12	6.55	1.57	0.24	6.55	1.18	0.18
	原地纵跳摸高	6.55	0.59	0.09	7.35	1.32	0.18	6.05	1.03	0.17
	30米助跑上板起跳（用仪器测踏板的瞬间力量）	6.78	1.08	0.16	5.45	1.36	0.25	7.05	2.19	0.31
速度	5个连续侧手翻	4.66	0.37	0.08	7.86	0.86	0.11	5.58	0.95	0.17
	30秒两头起（次）	5.68	0.80	0.14	7.23	0.87	0.12	6.77	1.29	0.19
耐力	直角悬垂	6.25	1.13	0.18	7.42	1.26	0.17	5.43	0.65	0.12
	1000米以上跑	5.55	0.94	0.17	7.65	2.22	0.29	5.22	0.78	0.15
灵敏	1分钟跳绳	5.25	1.31	0.25	6.70	1.27	0.19	5.09	0.61	0.12
	绕杆蛇行跑	5.49	0.82	0.15	5.57	0.78	0.14	5.19	0.57	0.11
	模仿动作	6.65	1.40	0.21	7.25	1.81	0.25	5.05	1.52	0.30

专家对部分剔除指标进行了说明：

A. "30米助跑上板起跳（用仪器测踏板的瞬间力量）"可操作性不强，不符合少年男子体操运动员训练基层的实际。

B. 有些指标在平时训练中很少被使用，且不符合体操项目对身体素质的需求特征，如"10秒钟俯卧撑" "1分钟跳绳"。随着运动员身体素质的普遍提高，有些指标对目前少年男子竞技体操运动员而言，不具备区分度，如"直角悬垂" "5个连续侧手翻"。

C. "地面控倒立"比"双杠控倒立"更能体现运动员的能力，在实际训练中，普遍采用"地面控倒立"来发展运动员上肢支撑力量和对身体的控制能力。

②存在分歧的指标。

根据专家对指标重要性、可操作性和敏感性的评分结果，部分指标虽得到了专家的认可，但在设置上存在一些不足（表3-9），专家针对这些指标提出了相关的修改意见。

A. “地面直臂屈体分腿提倒立”归于力量，属于力量耐力，在9~10岁阶段的训练中，要求连续完成该动作，不能存在超过1秒的明显停顿，主要用于发展运动员的腰腹力量耐力和肩带力量。而“地面控倒立”长达几分钟，明显不同于“吊环控倒立”，主要用于发展运动员对身体的控制能力和支撑耐力，应归于耐力；而“吊环控倒立”要求运动员具备良好的控环能力，且要求运动员翻环控倒立，一般时间均在1分钟以内，是11岁、12岁男子体操运动员提高支撑力量、控环能力和身体控制能力的重要训练手段。

表3-9　专家意见分歧（变异系数）较大的指标一览表（第一轮）

评价指标		重要性			可操作性			敏感性		
		平均值	标准差	变异系数	平均值	标准差	变异系数	平均值	标准差	变异系数
力量	5米爬绳	7.25	1.52	0.21	7.10	1.49	0.21	5.65	0.90	0.16
速度	15秒原地团身后空翻	7.52	1.20	0.16	7.23	1.37	0.19	5.77	2.25	0.39
柔韧	站立并腿体前屈	7.10	1.56	0.22	7.35	1.62	0.22	5.21	0.83	0.16
	分腿坐体前屈	7.14	1.43	0.20	5.32	0.80	0.15	7.01	1.47	0.21
	三面劈叉	7.01	1.19	0.17	7.65	2.22	0.29	5.98	0.90	0.15
耐力	爬倒立	7.21	1.15	0.16	7.45	1.71	0.23	7.12	2.06	0.29
	组合动作	7.71	0.77	0.10	6.71	1.48	0.22	7.33	1.91	0.26

B. 爬绳与提倒立是被普遍采用的重要训练内容和考核指标，但9岁、10岁组与11岁、12岁组对运动员身体姿态的要求或练习的器械是有所区别的，9岁、10岁组普遍是手脚并用爬绳和在地面上分腿提倒立，而11岁、12岁组普遍是徒手爬绳和在低双杠上并腿提倒立。

C. “15秒原地团身后空翻”，四个年龄组之间能力存在明显差别，15秒不一定能客观、真实地反映每个年龄组（特别是12岁组）运动员的动作速度。因此，在时间设置上应结合实践预测，广泛征求教练员意见而重新确定。

D. “站立并腿体前屈”与运动员躯干和手臂的长度有着明显的关

系，单纯以前屈的长度作为衡量标准不够科学、严谨，应综合考虑运动员躯干和手臂的长度；“分腿坐体前屈”，分腿的角度不一样，所反映的身体部位柔韧性也不一样，且如何设定评价标准也是应重点考虑的问题。

E. “爬倒立”作为发展男子竞技体操运动员上肢的支撑耐力指标，主要注重身体姿态，且对速度也有一定要求。作为一个评价指标，应对爬行距离进行科学确定，以确保运动员完成动作的质量，并防止运动员局部过度负荷，形成慢性损伤积累。

F. “组合动作”是教练员在实践训练中最常用的训练手段，但是每位教练员所采用的组合内容千差万别，且组合练习的间歇时间和练习顺序均根据运动员实际情况因人而异，不宜统一规范、控制。

③指标体系修改情况。

根据第一轮专家调查结果，综合各位专家的意见和建议，对指标体系进行了修正与完善，形成了第二轮专家咨询问卷。

A. 调查表增加了“说明”一栏，主要就指标的测量方式、年龄的归属、完成方式进行了简要说明，以尽量消除对指标的理解误差导致的专家理解与原始指标设置目的之间可能产生的偏离、误差或歧异，进一步提高专家咨询的效率和信度。

B. 根根专家调查结果，删除了“10秒钟俯卧撑”等11项指标，具体见表3-8。

C. 对部分指标进行了进一步完善（表3-10）。

通过再次征求专家意见，做了如下修改：

爬倒立改为20米爬倒立：通过对2012年参加“李宁杯”全国少年体操比赛决赛的11岁组鞍马前三名运动员，以及武汉体育学院和武汉市体操学校6名少年男子体操运动员分别进行预测，20米是运动员保证身体姿态和爬行速度的一个临界值；且运动员之间在完成20米爬倒立的时间上也存在明显的区分度，能力较强的运动员耗时18秒至19秒，一般运动员耗时22秒左右，这与少年男子体操运动员鞍马成套动作的完成时间基本吻合。另外，通过访谈部分教练员，并综合基层训练场地跑道因素，最终设定倒立爬行距离为20米。

表3-10　第一轮专家调查后部分指标修改、添加一览表

修改前	修改后
爬倒立	20米爬倒立
15秒团身后空翻	15秒团身后空翻（9岁、10岁）
	20秒团身后空翻（11岁、12岁）
5米徒手爬绳	5米手脚并用爬绳（9岁、10岁）
	5米徒手爬绳（11岁、12岁）
地面控倒立（力量）	地面控倒立（耐力）
吊环控倒立	吊环控倒立（11岁、12岁）
地面直臂屈体分腿提倒立（耐力）	地面直臂屈体分腿连续提倒立（力量，9岁、10岁组）
新增加指标	原地跳转360°（9岁、10岁）
	原地跳转540°（11岁、12岁）

原地团身后空翻：本研究对2011年“李宁杯”全国少年体操比赛湖北赛区自由体操总决赛第一名和总决赛全能第二名，以及武汉体育学院和武汉市体操学校6名少年男子体操运动员分别进行了预测，发现9~10岁两个年龄组运动员在保证动作质量的前提下，普遍能坚持15秒左右的原地团身后空翻，且完成动作数量具有一定的区分度。而11~12岁运动员在保证动作质量和速度的情况下，时间能达到20秒左右，且具有一定的区分度。因此，9~10岁组定为15秒原地团身后空翻，11~12岁组定为20秒原地团身后空翻。

体前屈：其重要性得到专家一致认可，虽站立并腿体前屈与分腿坐体前屈相互包含，但均入选下一轮。因此根据专家意见对两个指标进行进一步说明和完善，以便第二轮专家进行选择。对于站立并腿体前屈，综合考虑运动员躯干和手臂的长度对体前屈的影响，通过征求体育测量专家的意见，最终计算公式为“（躯干+上肢-下肢）-体前屈长度”。对于分腿坐体前屈，根据教练员的普遍意见，规定分腿的角度为45°，双脚跟置于20厘米高处，以躯干越过下肢与下肢形成的夹角作为衡量的标准。

组合动作：鉴于其是最常用、最为有效的发展体操运动员专项耐力的手段，因此暂时予以保留。在第二轮专家咨询中，单独对教练员平时采用的组合练习的具体内容以及控制方法进行调查。

立定跳远和五级蛙跳：虽然理论上五级蛙跳优于立定跳远，但立定跳远是评价体操运动员下肢力量的重要传统指标，且目前许多基层单位以此作为评价测验指标。为了充分征求专家意见，将两指标暂时予以保留。

新增加原地跳转360°/540°；专家普遍认为反映运动员时空感的指标必须与体操项目特征紧密结合。体操项目中时空感主要体现在空翻和转体两个方面，德尔菲法有9位专家建议设置反映运动员转体时空感的指标。通过再次咨询部分教练员和专家，并对部分运动员进行预测，增加了原地跳转360°（9岁、10岁）、原地跳转540°（11岁、12岁）两个指标，以实际跳转度数与所要求跳转度数的差异大小作为判断其能力高低的标准。原地跳转可以睁眼或闭眼进行，两者差别在于睁眼一定程度上能反映视觉输入感受器的功能。通过与教练员和运动员的交流获知，运动员在进行转体类动作时，视觉输入感受器发挥着重要作用，因此要求运动员睁眼完成转体动作。

3.4.3.3 第二轮专家咨询结果及分析

将第一轮专家咨询意见和结果进行总结，对整个评价指标体系进行修改与完善后，反馈给参加过第一轮专家咨询的专家，对修改后的各个评价指标从重要性、可操作性以及敏感性方面再次进行评价，有两位专家问卷缺失，有效回收率为91.7%。

（1）一级指标专家咨询结果分析。

从表3-11可看出，在第二轮专家咨询中，专家对5个一级指标的重要性具有共识。其中灵敏素质在敏感性上存在一定分歧（V_i=2.8）。

表3-11　一级指标均值和变异系数统计表（第二轮）

一级指标	重要性			可操作性			敏感性		
	均值	标准差	变异系数	均值	标准差	变异系数	均值	标准差	变异系数
力量	8.50	0.85	0.10	8.12	0.98	0.12	8.62	0.60	0.07
速度	8.10	1.02	0.13	8.20	0.69	0.08	7.62	1.22	0.16
柔韧	7.52	1.30	0.17	7.20	1.37	0.19	8.20	0.98	0.12
耐力	7.12	1.00	0.14	7.32	1.24	0.17	7.05	1.12	0.17
灵敏	8.26	1.38	0.17	7.01	2.03	0.18	7.11	1.49	0.21

第一，部分专家认为体操运动员身体素质应具有整体性、全面性和综合性，时空、平衡感等能力具有明显的项目特征性，是非常重要的素质。

第二，通过深入分析可知，第一轮对此有异议的12位专家，有9位认可了该指标，但仍有3位专家对此持反对态度，主要体现在灵敏素质下级指标“闭目单足站立”上，这是导致变异系数过大的主要原因。

根据专家咨询结果，5个一级指标全部进入第三轮专家咨询。

（2）二级指标专家咨询结果分析。

专家针对整体咨询问卷提出如下综合性意见和建议：

第一，部分二级指标归属欠科学，存在一定的交叉，如反映速度力量的指标与动作速度之间。

需要说明的是，本研究主要采取训练场测试法选取指标，所选取的指标一定程度上是由身体多个部位和多个肌肉群共同参与完成。在此，主要以每个指标所反映的核心素质为依据进行归属。

第二，对每个指标的测试标准要有严格的控制，要求不一样，所反映的素质也不一样。如果要求不明确、不科学，不能准确反映运动员的素质。

第三，准确把握每一个指标的特性，以男子体操项目对身体素质的需求特征为依据，科学制定每一个指标的衡量标准。

第四，指标名称在表述清楚且不产生歧义的前提下，要尽可能简练，如双杠30秒双臂屈伸，可以精炼为30秒双臂屈伸。

①直接删除的指标。

对专家意见集中度较低，且专家意见基本一致的指标，予以直接删除（表3-12）。专家对部分删除的指标也做了如下说明：

表3-12　直接删除的二级指标一览表（第二轮）

二级指标		重要性			可操作性			敏感性		
		均值	标准差	变异系数	均值	标准差	变异系数	均值	标准差	变异系数
力量	立定跳远	6.78	1.49	0.22	7.11	0.71	0.10	6.33	1.65	0.26
速度	10秒高抬腿跑	6.78	0.75	0.11	7.12	1.07	0.15	6.23	0.69	0.11
柔韧	分腿坐体前屈	6.48	1.36	0.21	6.11	0.67	0.11	6.22	1.37	0.22
	三面劈叉	5.41	0.87	0.16	7.65	2.22	0.29	6.08	0.91	0.15
耐力	靠倒立	6.43	1.09	0.17	7.25	1.31	0.18	5.78	1.04	0.18
	引体向上	6.91	0.83	0.12	7.21	1.30	0.18	6.21	1.18	0.19
	组合动作	7.01	1.05	0.15	5.65	0.51	0.09	6.48	0.97	0.15
	20米爬倒立	6.16	1.11	0.18	7.29	1.53	0.21	5.78	0.87	0.15

A. 靠倒立和三面劈叉虽然都是很重要的练习内容，但运动员都能较好地达到体操项目的需求标准，作为指标没有区分度，故不能作为衡量运动员身体素质水平好坏的指标。

B. 从体操项目对下肢爆发力的需求特点分析，五级蛙跳明显优于立定跳远，且2009年国家少年男子体操运动员测试指标就由五级蛙跳代替了立定跳远，在这轮调查中，专家们也普遍达成了共识。

②存在分歧的指标。

对专家意见集中度较高，但专家组之间存在分歧较大的指标，进行汇总，见表3-13。

表3-13　专家分歧较大的指标一览表（第二轮）

二级指标		重要性			可操作性			敏感性		
		均值	标准差	变异系数	均值	标准差	变异系数	均值	标准差	变异系数
力量	推倒立	7.21	1.08	0.15	5.35	0.48	0.09	6.45	1.03	0.16
	俯撑压十字	7.20	2.23	0.31	5.77	0.92	0.16	7.15	1.50	0.21
速度	助跑最后5米跑速	7.55	1.36	0.18	6.52	0.65	0.10	7.12	0.93	0.13
耐力	蘑菇全旋	7.11	1.49	0.21	7.22	0.79	0.11	6.72	1.55	0.23
灵敏	闭目单足站立	7.16	1.79	0.25	7.29	1.53	0.21	7.32	1.68	0.23

推倒立，在年龄组上应定位12岁组。因为推倒立在身体姿态上有直体和屈体屈伸推倒立，且9岁、10岁男子体操运动员基本屈体完成该动作，而11岁组一般是在教练员帮助下直体推倒立与自己独立屈伸发力推倒立相交替进行练习，直体独立完成该动作的数目非常有限，而通过屈伸完成该动作明显不符合作为评价指标的要求。12岁运动员才能直体独立推倒立，且要求连续完成动作。

助跑最后5米跑速，体操运动员跑的速度主要体现于跳马项目，助跑速度和上板起跳后的转化速度是跳马成绩的重要保障。运动员通过25米跑道的加速跑，最终目的就是把助跑获得的水平速度转化为上板起跳的速度，要实现这一有机转化，就要求整个加速助跑的跑速峰值出现时机离上板起跳越近越好，这也是整个加速助跑的最佳效果。因此，保留该指标，删除单纯的“30米跑”。

蘑菇全旋，该指标源于基本动作，9岁、10岁组主要是以掌握全旋的基本技术为主，重质量而不求数量，主要培养运动员全旋过程中快慢节奏的控制能力和动作的舒张程度，且在实践训练中一般谨慎控制数量，以防止对运动员的肘关节、腕关节等造成慢性损伤。通过之前对全旋技术的较好掌握，11岁、12岁运动员一般采用蘑菇全旋来发展上肢支撑耐力、腰腹控制能力等。

闭目单足站立，是反映机体静止状态平衡能力的一般性指标，能较好地反映机体前庭机能功能的好坏。虽与男子体操竞技体操项目所需运动员灵敏素质不具备直接和明显的相关性，但从生理角度分析，前庭机能功能能有效地反映人体平衡能力和灵活性。根据专家建议和意见，结合核心力量的相关理论知识，该指标采用运动员单足站于软气球进行测试，反映男子体操运动员的动态平衡能力。

俯撑压十字，通过与教练员交流，结合实地考察，9~10岁的运动员甚少进行俯撑压十字之类的练习，但也有部分能力较强的运动员套深环带进行类似的练习；而11~12岁已普遍采用限数量、多次数的方法进行俯撑压十字练习。因此，该指标在年限上设为11~12岁。

双杠直角支撑与吊环直角支撑，专家认为，吊环直角支撑要求运动员具备较好的控环能力，才能达到测量运动员综合耐力的效果。因此，9岁组运动员适宜采用双杠直角支撑，10岁组采用吊环直角支撑。

根据专家意见，对部分指标进行了修改，具体见表3-14。

表3-14　部分修改指标一览表（第二轮）

修改前	修改后
俯撑压十字	吊环俯撑压十字（11岁、12岁）
低双杠推倒立	低双杠连续推倒立（12岁）
蘑菇全旋	蘑菇全旋（11岁、12岁）
双杠直角支撑	双杠直角支撑（9岁组）
吊环直角支撑	吊环直角支撑（10岁组）

3.4.3.4　第三轮专家咨询结果及分析

将第二轮专家咨询意见和结果进行总结，对整个评价指标体系进行修改与完善后，反馈给参加过第二轮专家咨询的专家，对修改后的各个指标从重要性、可操作性及敏感性方面再次进行评价，请专家按总分 100分，对指标评价三种属性即重要性、可操作性及敏感性进行了评分。有两位专家问卷缺失，有效回收率为90.9%。计算各个指标得分的均数、变异系数。从统计结果可看出，各级指标中的每个指标均得到专家的一致认可。通过三轮专家咨询，确定了9~12岁4个年龄组少年男子体操运动员身体素质的评价指标体系（表3-15），四个年龄组的一级指标均为5个，分别为力量、耐力、速度、柔韧、灵敏；9岁、10岁组二级指标各为16个，11岁、12岁组二级指标各为18个。

表3-15　少年男子体操运动员身体素质评价指标体系一览表

	9岁、10岁	11岁	12岁
A 力量	A1 30 秒摆动引体向上 A2 5米手脚并用爬绳 A3 30秒双臂屈伸 A4 30秒肋木悬垂举腿 A5 地面直臂屈体分腿连续提倒立 A6 五级蛙跳	A1 30 秒摆动引体向上 A2 5米徒手爬绳 A3 30秒双臂屈伸 A4 吊环控倒立 A5 吊环俯撑压十字 A6 30秒肋木悬垂举腿 A7 低双杠直臂屈体并腿连续提倒立 A8 五级蛙跳	A1 30 秒摆动引体向上 A2 5米徒手爬绳 A3 低双杠连续推倒立 A4 吊环控倒立 A5 吊环俯撑压十字 A6 30秒肋木悬垂举腿 A7 低双杠直臂屈体并腿连续提倒立 A8 五级蛙跳
B 速度	B1 助跑最后5米跑速 B2 15秒原地团身后空翻 B3 连续5个后手翻	B1 助跑最后5米跑速 B2 20秒原地团身后空翻 B3 连续5个后手翻	B1 助跑最后5米跑速 B2 20秒原地团身后空翻 B3 连续5个后手翻
C 耐力	C1 400米跑 C2 双杠（9岁组）/吊环（10岁组）直角支撑 C3 地面控倒立	C1 400米跑 C2 蘑菇全旋 C3 地面控倒立	C1 400米跑 C2 蘑菇全旋 C3 地面控倒立
D 柔韧	D1 转肩 D2 站立并腿体前屈	D1 转肩 D2 站立并腿体前屈	D1 转肩 D2 站立并腿体前屈
E 灵敏	E1 原地跳转360° E2 闭目单足站立平衡	E1 原地跳转540° E2 闭目单足站立平衡	E1 原地跳转540° E2 闭目单足站立平衡

3.4.4　评价指标体系的结构检验

本研究通过德尔菲法，集合专家的经验和智慧，构建了我国少年男子体操运动员身体素质的评价指标体系。整个评价指标体系指标众多，所有评价指标是以评价指标所反映的评价最基础的、最主要的素质进行归类，为了进一步检验所有遴选出来的评价指标是否能反映预先设定的内在结构、评价指标的归类是否合理，有必要对整个评价指标体系量表的结构效度进行检验。

结构效度是指量表所能衡量到的理论上期望的特征的程度，常用主成分因子分析法检验其结构效度。主成分因子分析法的核心就是以最少的信息丢失把众多的变量浓缩为少数几个公共因子，即对若干综合指标进行因子分析并提取公共因子，这几个公共因子也就代表了量表的基本结构；且在对相关比较密切的变量分别归类的同时，还能剔除那些贡献率不大的部分因子。可见，通过因子分析法，能从指标筛选与指标归类两个方面验证整个评价指标体系的构建是否科学、合理。

本研究根据主成分因子分析法的要求就评价指标体系编制了5级专家调查问卷，即重要程度分别为非常重要、较重要、一般、较不重要、不重要5级，相应赋值为9、7、5、3、1分，在全国范围内向教练员、理论专家、裁判员等共发放问卷调查表105份（具体情况见第一章研究方法部分）。采用主成分分析法和方差最大正交旋转法对少年男子体操运动员4个年龄组的二级指标分别进行因子分析，以检验提取出来的公共因子与通过德尔菲法所构建的指标结构体系是否一致。因子分析法重点从以下3个方面来验证少年男子体操运动员身体素质评价指标体系的结构效度：①公共因子应与指标体系预先的结构一致，且公共因子的累计方差贡献率至少达到70%；②入选每一个公共因子的下级子指标与德尔菲法的结果基本一致；③入选的每一个指标都应在其中一个公共因子上有较高的负荷值（>0.5），而在其他公共因子上的负荷值较低，且应与预先假设的归类基本保持一致。

本研究以对12岁组男子体操运动员身体素质的二级评价指标的检验为例进行具体说明。整个指标体系经过两轮德尔菲法的专家调查与修改后，第三轮调查结果显示，所构建的评价指标体系得到了专家们的一致认可。因此，以经过3轮调查的结果为主要内容，对12岁组男子体操运动员身体素质的18个二级指标进行主成分因子分析法。进行因子分析之前，首先应对因子进行合适度检验，即KMO检验和Bartlett检验。其中KMO统计量用来检验变量间偏相关程度，KMO检验系数>0.5，Bartlett检验给出的相伴概率，即显著性概率$P<0.05$时，问卷才有结构效度，才能进行因子分析，其中KMO检验系数值越大，说明因子分析效果越好。表3-16的数据显示，KMO值为0.796，Bartlett检验给出的相伴概率为0.000，小于显著水平0.05，因此拒绝其零假设，说明所选的变量适合进行因子分析。

表3-16　因素分析的适合度检验（KMO检验和Bartlett检验）

Kaiser-Meyer-Olkin Measure of Sampling Adequacy.		0.796
Bartlett's Test of Sphericity	Approx. Chi-Square	1.556E4
	df	302
	Sig.	0.000

采用主成分分析法提取因子，采用方差极大法进行因子旋转，选取特征值大于 1 的因子得到5个公因子，其累计贡献率为80.141%，可见这5个因子可以解释大部分的变量，反映原有的大部分信息，总方差可由5个公因子解释（表3-17）。

表3-17　解释的总方差一览表

成分	初始特征值			提取平方和负荷量			旋转后的平方和负荷量		
	合计	方差%	累积%	合计	方差%	累积%	合计	方差%	累积%
1	3.562	30.252	30.252	3.562	30.252	30.252	3.562	30.252	30.252
2	2.598	20.535	50.787	2.598	20.535	50.787	2.598	20.535	50.787
3	1.973	13.322	64.109	1.973	13.322	64.109	1.973	13.322	64.109
4	1.565	9.311	73.42	1.565	9.311	73.42	1.565	9.311	73.42
5	1.053	6.721	80.141	1.053	6.721	80.141	1.053	6.721	80.141
6	0.4924	4.898	85.039						
7	0.198	4.539	89.578						
8	0.132	3.803	93.381						
9	0.111	3.809	97.19						
10	0.099	2.81	100.00						

表3-18显示的是方差极大值正交旋转后的因子载荷矩阵，可见大部分问题条目都在其中一个公共因子上有较高的负荷值，其中因子1对1、2、3、4、5、6、8七个条目有较大的影响，因子2对9、11两个条目有较大影响，因子3对12、13、14三个条目有较大影响，因子4对15、16两个条目有较大影响，因子5对17、18两个条目有较大影响。根据因素包含的变量内容，因子1可命名为“力量素质”，因子2可命名为

“速度素质”，因子3可命名为“耐力素质”，因子4可命名为“柔韧素质”，因子5命名为“灵敏素质” 。其中“20秒原地团身后空翻”在公因子1“力量素质”上的负荷值为0.602，而同时在因子2“速度素质”上的负荷值也不低，为0.626，在9岁、10岁、11岁组也存在同样的问题。首先，从定义上分析，速度力量是较短时间内发出最大力量的能力，如爆发力；而动作速度则是人体快速完成动作的能力，在体操中主要指转体和空翻的动作速度。原地团身后空翻涉及下肢爆发力、空翻速度和落地等过程，主要是测20秒/15秒内运动员完成后空翻动作的次数，即检验的是运动员快速完成后空翻（动作技术）的能力。因此，将其归于“速度素质” 。

表3-18 旋转成分矩阵[a]表

	成分				
	1	2	3	4	5
1.30 秒摆动引体向上	0.820				
6.30秒肋木悬垂举腿	0.815				
8.五级蛙跳	0.795				
2.5米手脚徒手爬绳	0.788				
4.连续推倒立	0.761				
3.吊环控倒立	0.748				
5.俯撑压十字	0.723				
7.低双杠直臂屈体并腿连续提倒立	0.641		0.611		
10.20秒原地团身后空翻	0.602	0.626			
9.助跑最后5米速度		0.890			
11.连续5次后手翻		0.778			
12.400米跑			0.860		
13.地面控倒立			0.799		
14.蘑菇全旋			0.778		
15.转肩				0.845	
16.站立并腿体前屈				0.799	
18.原地跳转540°					0.811
17.闭目单足站立平衡					0.715

另外，“低双杠直臂屈体并腿连续提倒立”在公因子1“力量素质”上的负荷值为0.641，而同时在因子3“耐力素质”上的负荷值也不低，为0.611。该指标只是单纯测试运动员完成的数量，即“不定时计数”，很容易误认为是测试耐力，在第一轮德尔菲法中，也有部分专家建议对其进行限时。但是通过对部分运动员的实际预测，以及与教练员的访谈获知，12岁组优秀运动员一般能连续完成20个左右，一般运动员能完成15个左右，且测验时要求运动员连续提倒立，一般持续时间大概在30秒以内。由于运动员本身完成数量有限，且有连续完成的要求，故没必要额外设定限制时间，且该素质应属于“力量素质”。

根据统计结果显示，9岁、10岁少年男子体操运动员16个二级指标的公共因子为5个，11岁、12岁两组各18个二级指标的公因子也为5个，4个年龄组各自5个公共因子的累计方差贡献率分别为84.447%、85.05%、79.702%和80.141%，与通过德尔菲法所构建的指标结构体系设计基本一致。另外，每个问题条目都在其中一个公共因子上有较高的负荷值（>0.5）虽然“原地团身后空翻”均出现了在力量素质与速度素质两个公共因子上的负荷值>0.5的情况，但根据解释可知，该指标本身就是集速度与力量的指标，根据本研究的归属依据和分析，该指标归属于“速度素质”；而“地面直臂屈体分腿连续提倒立” 出现了在力量素质与耐力素质两个公共因子上的负荷值>0.5的情况，但根据该指标性质和实际训练中的主要训练目的，主要是测试运动员腰腹力量耐力和肩带力量，故归于“力量素质”。9~11岁组的其他二级指标均只在一个公共因子上有较高的负荷值（>0.7），而在其他公共因子上负荷值都较低。可见，本研究所构建的少年男子体操运动员身体素质评价指标体系具有较好的结构效度。因此，通过3轮专家咨询的筛选与修改，结合因子分析法的检验，最终确定了少年男子体操运动员身体素质评价指标体系（表3-15）。

3.4.5 评价指标体系的分析

本研究经过三轮专家咨询和主成分因子分析法的检验，最终形成了一套较为全面的少年男子体操运动员身体素质评价指标体系。该指标体系分为一级指标和二级指标两个层次。本部分将围绕少年男子体操运动员身体素质评价体系整体结构体系特征以及一级指标所涉及的五个方面，对具体指标做进一步探讨。

在结构特征上，整个评价指标体系较好地体现了系统性与层次性、科学性与实用性、全面性与重点性、阶段性与发展性等特征。首先，整个评价指标体系以男子体操项目对身体素质的需求和少年时期身体发育特征为切入点，首次从力量、速度、耐力、柔韧、灵敏5个方面全面、系统地设置少年男子体操运动员身体素质评价指标，特别是从时空感和平衡能力两个方面设置了符合男子体操项目动作技术的需求，且易实践操作的灵敏素质指标；其次，紧密结合男子体操项目特征需求和运动员生长发育规律，首次分4个年龄组分别设置评价指标体系；最后，结合运动员生长发育规律，依据每一年龄组主要的训练任务以及下一阶段技术动作的发展需求，在保障服务于本阶段技术动作发展的基础上，注重从运动员长远可持续发展的角度遴选单项指标，突出了整个指标体系的阶段性、衔接性和延续发展性。

另外，对整个指标体系的二级指标与国外、国内各省市所采用的指标体系，以及以往专家、学者研究出的相关指标体系进行对比分析，以进一步深入分析少年男子体操运动员身体素质评价指标体系的结构和特征等。以往的指标体系有：罗马尼亚、美国、苏联、中国（1989年与2009年）4个国家共5套评价指标体系，国内陕西、湖南、广西、湖北、上海、北京6个省、市的6套评价指标体系，以及近30年来一些主要学者：温小铁（1986）、于烈烽（1987）、曾凡辉（1992）、谭修德（1993）、许铭（8~9岁，1994）、吕万刚（专项，1998）、李芯（2009，硕士论文），各自通过研究确定的7套评价指标体系，共18套关于少年体操运动员身体素质评价指标体系。

（1）力量素质。

力量素质是竞技体操运动员达到高度运动水平的保证。显然，对力量素质进行有效的分层能避免指标的纷繁乱杂。在运动训练学领域，许多专家根据不同依据对力量素质进行了各种分类。然而，不同运动项目，对力量的要求也不一样，随之也产生了具有项目特点的力量素质分类。本研究按上肢、下肢、躯干3个身体部位对力量进行了第一层分类。而在实际训练中，3个部位的训练方法与手段依然众多，根据专家调查结果，结合少年身体发育特征，整个力量体系主要涉及悬垂拉引力量和支撑力量等上肢力量，腹肌、侧腰肌力量等腰腹力量，蹬跳力量（弹跳力）等下肢力量，这样就构成了少年男子体操运动员力量素质评价指标体系（图3-6）。指标体系整体上以动力性力量指标为主，又含有非常重要的静力性力量指标，充分体现了力量素质评价的全面性和系统性。

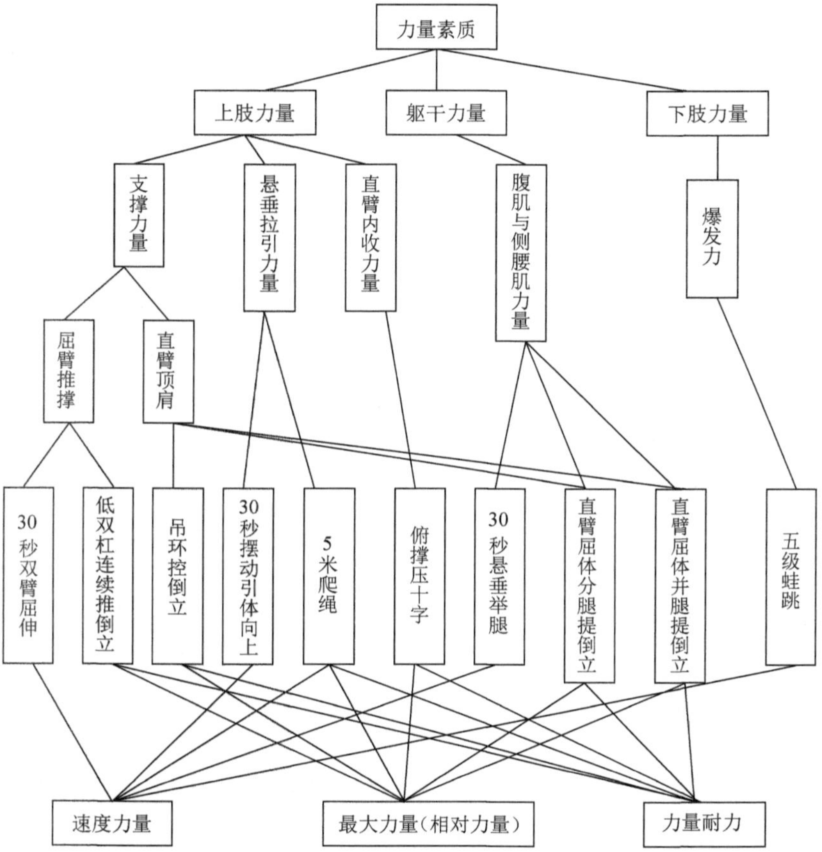

图3-6 我国少年男子体操运动员力量素质评价指标结构图

另外，要充分考虑训练实际和身体发育特点以及运动员以后发展需要，确保指标的阶段性、衔接性和发展性。例如，同样是屈臂推撑力量，9~11岁为30秒双臂屈伸，12岁则为连续推倒立；又如，吊环俯卧压十字，虽与11~12岁组技术动作相关程度不高，但却是13~14岁阶段发展吊环动作需要的重要素质；再如，提倒立逐步由地面直臂屈体分腿提倒立发展到低双杠直臂屈体并腿连续提倒立。具体的各项指标见表3–19，9岁和10岁组力量素质的评价指标为6个，11岁、12岁各为8个，所有指标基本源于国内外相应的评价指标，但在指标名称上进行了相应的规范、统一，其中有3个基本动作。

表3–19　我国少年男子体操运动员力量素质评价指标体系

类型	评价指标	说明	已被采用频数	相关使用情况	是否为基本动作
上肢力量	1. 30 秒摆动引体向上		13	11频次为未限时，曾为：引体向上、30秒引体向上	否
	2. 5米手脚并用爬绳	9岁~10岁	3	苏联：脚助力3米爬绳	否
	3. 5米徒手爬绳	11岁~12岁	2	美国：90°控腿爬绳	否
	4. 30秒双臂屈伸		1	曾为：双杠10秒双臂屈伸	
	5. 吊环控倒立	计时，11、12岁			是
	6. 低双杠连续推倒立	直体，11、12岁	4	曾为：推倒立	否
躯干力量	1. 30秒肋木悬垂举腿		15	6频次为未限时	否
	2. 低双杠直臂屈体并腿连续提倒立	20厘米高的低双杠，11岁、12岁	10	曾为：连续提慢起倒立、提倒立、连续慢起手倒立	是
	3. 地面直臂屈体分腿连续提倒立	9岁、10岁	3	曾为：分腿支撑慢提倒立	是
下肢力量	五级蛙跳		1	13频次为立定跳远	否

首先是上肢力量。上肢力量是男子体操运动员最重要的力量，许多动作主要靠上肢的悬垂与支撑的变换方式来完成。根据项目特点，上肢力量主要可分为：悬垂拉引、支撑与直臂起肩等力量。上肢肌群的向心、等长与离心等收缩形式与收缩能力决定悬垂摆动、拉引、支撑和推撑力量能力的大小，主要涉及屈腕屈指肌群、肩带肌群、伸肘伸腕肌群，如肱二头肌、肱三头肌、肩胛下肌、冈下肌、胸大肌、背阔肌等。而根据男子体操项目运动技术特点，上肢力量主要涉及速度力量、相对力量与力量耐力等。发展上肢力量的主要指标有：

30秒摆动引体向上，需要运动员在克服自身体重的情况下连续爆发性用力，主要是评价运动员上肢力量的快速悬垂拉引能力，也能反映运动员上肢的力量耐力和整个身体的协调能力。该指标在国内外已有研究中，出现频数高达13次，所评价的悬垂引拉力量是吊环、单杠项目不可或缺的重要素质之一，对运动员由悬垂过渡到支撑的动作和腾越动作重心迅速提高具有极大作用。在整个动作过程涉及运动员背阔肌、冈上肌、胸大肌、肱二头肌、三角肌等肌肉群的力量，这些肌肉群的力量是完成吊环、单杠、双杠等项目许多高难动作的重要保障。

5米爬绳（9~10岁为手脚并用爬绳，11~12岁为徒手爬绳），是国内男子体操运动员最常用的力量训练手段，苏联主要为脚助力3米爬绳；美国主要采用90°控腿爬绳。该动作主要涉及肱三头肌、屈腕屈指肌群和小臂肌群等肌群，且躯干肌群也积极参与收缩工作，对发展运动员上肢、肩带、腰腹力量，增强运动员的握力，提高其内脏器官功能也有很好的效果，是衡量运动员悬垂爆发能力和身体整体控制能力的重要指标。该指标与引体向上的区别在于其练习过程中始终保持“内力的提气”和身体持续向上运动。根据少年体操运动员力量发展情况，9岁、10岁普遍只能采用手脚并用爬绳，随着上肢力量的进一步发展，11~12岁为徒手爬绳。

吊环控倒立是评价体操运动员上肢支撑力量的有效指标。吊环是竞技体操六个项目中唯一器械可以活动的项目，力量与控环能力是决定吊环成绩的两个关键因素。吊环控倒立是11~12岁男体操运动员比赛的规定动作，该指标既能有效评价运动员上肢支撑力量，又能反映运动员肩带和手、腕关节调节重心的控环能力和身体姿态控制能力，还能有效培养运动员头朝下的方位感，为吊环的专项训练打下良好的基础。尽管吊环中单一倒立动作在各类大赛中已被许多难度动作所代替，但它仍是吊环技术训练中一个重要的基础动作，也是各种用力和摆动动作在经倒立部位时的过渡动作。倒立技术不正确，大部分难度动作则无法完成。因此，该指标的入选既符合体操吊环技术的专项特点，也能够准确评价运动员上肢支撑力量和控环能力。另外，由于此指标要求运动员外翻腕控倒立，身体不能有超过5°的明显晃动，通过实际测试获知，优秀少年男子体操运动员吊环控倒立的水平一般在1分钟以内，因此没有进行“限时”要求。

评价运动员屈臂推撑力量的指标主要有30秒双臂屈伸和低双杠连续推倒立。双臂的屈伸主要涉及肩胛骨前伸、肩关节屈、肘关节伸，即前锯肌、胸大肌（近固定）、肱三头肌（远固定）等肌肉的力量，整个动作过程主要是以克服自身体重为主，通过屈臂、快速发力推至两臂伸直、肩全部顶开而完整单个动作，这种快速有力的推手能力是跳马、自由体操、鞍马等项目需要的重要素质。在12岁阶段，运动员在实际训练中已普遍采用双杠连续推倒立发展上肢的推撑能力，该动作在臂屈伸过程中各肌肉群的负荷量增大，不仅需要上肢支撑力量，还需要控制身体姿态的能力，各肌肉群需保持一定的紧张性。9~11岁普遍不具备连续完成数个该动作的能力，这也体现了指标体系的阶段性、发展性与衔接性等特征。

直臂内收力量主要体现在吊环项目中，通过直臂下压起肩使身体由较低位置上升至较高位置或保持在较高位置的能力，如翻上倒立类直臂内收力量与后摆上倒立类直臂内收力量。上肢的直臂内收力量主要以肩、肘关节部位发力为主，涉及肩胛肌、胸大肌、肱二头肌等肌肉群。从人体生长发育角度考虑，9~10岁男子运动员一般不直接发展此类力量，主要是通过发展爬绳、引体向上、卧推等一般性力量，为以后发展此类力量奠定基础。少年时期，俯撑压十字是发展直臂内收力量最有效的手段，10岁运动员在套深环带的条件下，开始练习此动作，在11岁开始限制数量地独立练习此动作，到12岁已成最为常用的发展此类专项力量的重要手段，练习此动作还能为发展十字支撑力量奠定良好的基础。专家调查结果也显示俯撑压十字是评价11~12岁少年男子体操运动员直臂内收力量的有效指标。

其次是躯干力量。主要包括腹肌力量、侧腰肌力量和背肌力量。躯干力量在体操专项运动中具有稳固身体重心、环节发力、传递力量等功能，对运动员保持基本姿态、完成基本动作和专项动作技术起着稳定和支持作用，同时也是整体发力的主要环节。男子竞技体操项目强调的运动员动作的“整劲”，主要是依靠腰腹力量体现。另外，它对上、下肢的协同用力也起着承上启下的枢纽作用，上下肢力量的发挥赖于躯干力量的大小。而躯干肌群收缩能力则直接影响体操专项运动中的转体、屈伸、振浪鞭打等技术的精确到位和衔接流畅程度，并有助于提高运动员的运动肌肉感觉，有利于在完成各种动作的过程中控制身体加速、减速和稳定等。在专项技术运动过程中躯干参与肌肉收缩的肌群主要有腰部肌群、腹部肌群、背部肌群和髋部肌群，如在悬垂摆动振浪鞭打技术上，向前的鞭打主要是腹肌参与收缩，而向后用力主要是腰背肌、骶棘肌和椎间肌等参与收缩，且在运动员做一些举腿动作时，位于大腿前侧的股直肌也要参与收缩。通过调查可知，评价少年男子体操运动员躯干力量的指标有30秒肋木悬垂举腿、地面直臂屈体分腿提倒立等。

30秒肋木悬垂举腿是衡量腰腹力量和髋关节屈伸力量的主要力量素质指标，其力量的大小主要取决于腹部肌群和髋部肌群的快速收缩能力。良好的腰腹和髋关节屈伸力量是控制空翻稳定性、完成力量的传递和下肢“制动”技术的主要因素之一。另外，翻转动作是男子体操各项目至关重要的动作技术，腹部肌群和髋部肌群的快速收缩能力以及髋关节屈伸力量，都是男子体操运动员完成各类高难翻转动作的关键力量素质。另外，30秒肋木悬垂举腿还能有效发展大腿前肌群的力量，这对提高“兜腿”动作技术的速度和力量有直接帮助。

提倒立既是10~12岁少年体操运动员的比赛规定动作，又是日常训练中用来衡量和发展运动员腰腹力量的重要指标。根据不同年龄运动员的能力，9~10岁普遍采用地面直臂屈体分腿提倒立，而11~12岁已过渡到低双杠的直臂屈体并腿提倒立，且低双杠的高度限制为离地面20厘米，以避免运动员在提倒立时，利用腿的摆动来借力完成。可见，该指标的完成主要取决于躯干肌群与上肢肌群的内协调能力，对小臂肌群和肩带肌群也有较高的要求。

因此，30秒肋木悬垂举腿和提倒立两个指标除了能衡量运动员腰腹力量外，还能反映运动员的肩带力量和上肢直臂顶肩的支撑耐力，也是运动员肩带力量和平衡能力的良好表现，是典型的专项身体素质指标。

最后，是下肢力量。由于项目的要求和动作的特点，男子跳马和自由体操的起跳动作与落地动作对下肢的支撑力量有很高的要求下肢支撑力量和弹跳力主要是通过下肢股四头肌、小腿三头肌屈足肌群、屈趾肌群的退让收缩来实现。另外，单杠、双杠、吊环的D组及以上各种空翻下法动作，对下肢缓冲落地的支撑力量有较高的要求，很多时候落地的稳定性是决定体操运动员胜负的关键。通过专家调查可知，五级蛙跳是有效评价下肢力量素质的重要指标。

五级蛙跳是超等长训练方法的具体表现形式之一，通过退让性练习提高弹跳力，是发展体操运动员下肢力量的有效训练手段之一。男子体操项目的下肢爆发力主要以腿部蹬伸为动力，以髋、腰部为纽带将下肢力量向上传递。因此，下肢力量水平和肌肉间的协同用力直接决定起跳技术的好坏。但从表3-3、表3-4中可看出，以往评价下肢爆发力时，采用频率最高的指标是立定跳远，频数为13次。五级蛙跳与立定跳远相比，更能体现体操运动的专项特征，它不是一次爆发用力，而是在身体摆脱静止状态持续产生位移的过程中连续爆发性地用力，符合体操专项运动连续起跳的特点。该指标准确反映了髋、膝和踝部在起跳过程中协调配合的能力、蹬伸的实效性和连续蹬伸的能力。男子体操运动员下肢连续爆发性的蹬伸配合以及躯干和上肢的协调用力是决定运动员各种起跳效果的关键因素。可见，五级蛙跳能够准确评价运动员的下肢爆发力，反映运动员下肢的连续爆发用力和全身协调配合的发力能力。

此外，需要单独说明的是，控制力量也是体操运动员至关重要的力量素质。体操项目要求身体各部位肌群特别是躯干肌群具有良好的控制力量，以保证运动过程中能根据运动技术的要求维持一定的肌肉紧张，准确控制身体姿势，即要求控制力量的肌群做等长收缩。从整个力量素质评价指标分析，评价男子体操运动员力量素质的各种指标，基本均对身体姿势的控制力量有一定的要求，许多指标本身在一定程度上就能有效衡量运动员的控制能力，如吊环控倒立就能测验运动员对器械和身体的控制能力。

（2）速度素质。

速度素质是体操运动员快速完成多度空翻和翻转等动作的保障。根据体操发展特点和动作技术需要，速度素质包括跑的速度、完成动作的速度、转体和翻转动作的速度，即动作速度和位移速度。可见，跑动速度与翻转的动作速度是男子体操运动员最主要的速度素质。但值得注意的是，在竞技体操中，速度虽然是完成许多动作，尤其是完成下法和技巧动作必不可少的，但它追求的并不是绝对速度，即单纯的速度没有独立存在的意义，它注重的是与力量和技术等的有机结合。另外，速度素质不易转移，因此速度训练的内容应尽量选用专项动作本身，以保证发展的速度素质能高效地应用于专项技术训练和比赛中。综上，本研究构建了少年男子体操运动员速度素质的评价指标框架（表3-20、图3-7）。

表3-20 我国少年男子体操运动员速度素质评价指标

评价指标	说明	已被采用频数	相关使用情况	是否为基本动作
1. 助跑最后5米跑速	25米加速跑上板起跳，测最后5米的跑速	1	国外青少年男子体操评价指标	否
2. 15秒原地团身后空翻	9~10岁	1	曾为：后空翻（动作速度）	是
3. 20秒原地团身后空翻	11~12岁			是
4.连续5个后手翻		1		是

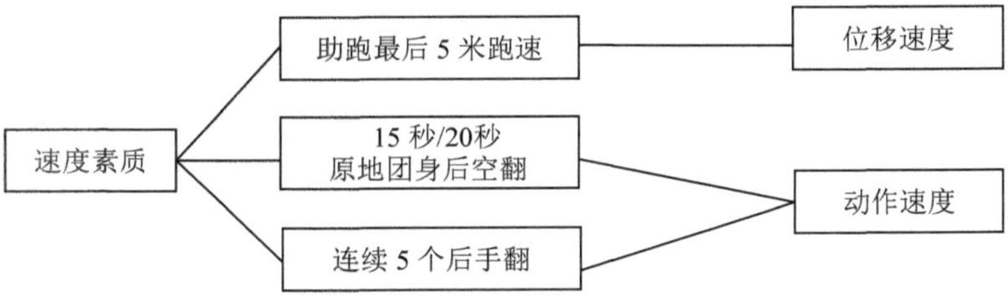

图3-7 我国少年男子体操运动员速度素质评价指标结构图

首先位移速度。男子跳马和自由体操项目对运动员的位移速度有很高的要求，而自由体操主要要求运动员通过两至三步即获得较高的速度。跳马要求运动员通过25米以内的助跑，获取相应的水平速度，通过上板起跳，转换为垂直速度。可以说，跳马成绩的重要保障是助跑的速度和上板起跳后的转化速度。故选用助跑25米上板起跳，测量运动员最后5米的跑速，作为运动员位移速度的评价指标。运动员25米跑道加速跑的最终目的是把助跑获得的水平速度转化为上板起跳的速度，要实现这一有机转化，就要求整个加速助跑的跑速峰值出现在离上板起跳越近越好，这也就是整个加速助跑的最佳效果，显然对运动员跑的节奏和技术均有着较高的要求。可见，助跑最后5米跑速能实现位移速度与动作技术的很好衔接，比传统的单纯测全程跑速具有较为明显的优势。

其次是动作速度。根据第二章2.3分析可知，动作速度包括空翻和转体的速度，肩带、腰腹的肌肉收缩速度，兜、摆腿的速度，顶肩推手的快速推撑速度，引、甩肩的速度等，其中翻转的动作速度是男子体操运动员最主要的速度素质。体操的动作速度与力量、技术有着非常密切的关系。实践中通常采用定量计时或定时计数的办法，让运动员快速多次重复同一基本动作来发展相应的动作速度。但前提是运动员已熟练掌握所采用的基本动作。原地后手翻2~3次和原地男子体操运动员团身后空翻是9~10岁的重要教学内容，从第二章第四节关于少年体操运动员比赛动作的分析可知，踺子后手翻接团身后空翻是9岁男子运动员的比赛动作，而踺子后手翻接直体后空翻是10岁男子运动员的比赛动作，可见少年男子体操运动员对团身后空翻和连续快速后手翻技术已掌握娴熟。通过与教练员的访谈，连续后手翻和团身后空翻也是少年男子体操运动员在实践训练中最重要的、最常用的训练内容。

原地快速团身后空翻，主要取决于甩臂、下肢的蹬伸、空翻、落地缓冲后并快速蹬伸等环节的速度。通过对2011年“李宁杯”全国少年体操比赛湖北赛区自由体操总决赛第一名和总决赛全能第二名，以及武汉体育学院和武汉市体操学校6名少年男子体操运动员分别进行了预测，发现9~11岁三个年龄组运动员在保证动作质量的前提下持续时间能达15秒钟，且完成的动作数量具有一定的区分度。而12岁运动员，能基本保证动作质量和速度的情况下，时间能达到20秒左右，且具有一定的区分度。因此，9~11岁组定为15秒原地团身后空翻，12岁组定为20秒原地团身后空翻。另外，快速团身后空翻对体操运动员下肢爆发力也有很高的要求。可见，采用15秒/20秒原地团身后空翻作为评价运动员空翻动作速度的指标，既符合少年体操运动员动作技术特点，又符合运动员的实际训练水平，能科学、合理、准确地衡量少年男子体操运动员空翻的动作速度，同时也能反映运动员下肢爆发力的好坏。

连续5个后手翻，在动作速度方面主要涉及运动员协调的蹬伸、甩臂速度，挑髋、挑腰后身体充分后屈及翻转后接两手掌利用反弓手倒立的反弹力顶肩快速推手速度和快速收腹速度，即包括运动员下肢的蹬伸速度、上肢的甩臂和顶肩快速推手速度、腰背的屈伸速度，是评价运动员动作速度的有效指标，还能衡量运动员向后翻转时的时间、空间感觉，以及下肢的爆发力和上肢的顶肩推手力量。

（3）耐力素质。

从表3-21、图3-8可见，本研究主要从专项耐力和一般耐力两个方面对体操运动员耐力素质进行评价。

评价一般耐力经常采用的方法是定距计时的位移运动。在体操项目中，国内外普遍采用测量400米跑的时间来衡量运动员的一般耐力，采用频率为5次。400米跑是以无氧耐力为主的中长跑，是反映运动员在糖酵解供能状况下的速度耐力，且能有效地发展运动员心血管和呼吸系统的机能，从而增强运动员体质以适应体操训练和比赛的要求，同时为专项耐力训练奠定基础。另外，还能有效地培养运动员良好的意志品质，是国内外用来有效评价运动员一般耐力的重要指标。

表3-21　我国少年男子体操运动员耐力素质评价指标

评价指标	说明	已被采用频数	相关使用情况	是否为基本动作
1.400米跑		7	北京市队为200米跑，罗马尼亚队为600米跑	否
2.蘑菇全旋	蘑菇面置于地面，11~12岁	2		是
3.双杠直角支撑	计时，9岁			否
4.吊环直角支撑	计时，10岁			是
5.地面控倒立	计时	5	曾为：控倒立	是

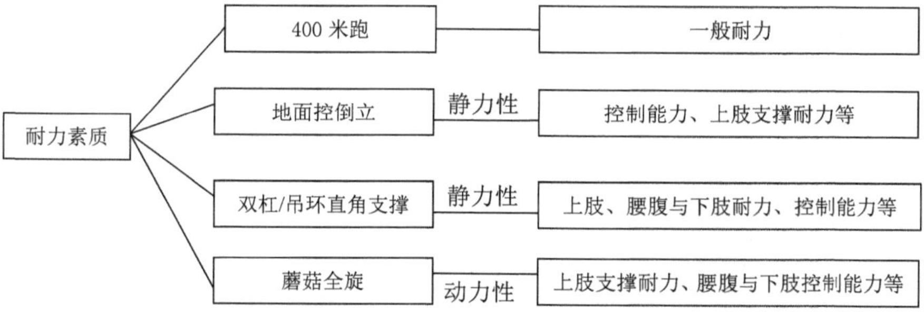

图3-8 我国少年男子体操运动员耐力素质评价指标结构图

另外，男子体操运动员多用手臂支撑或悬垂来完成各种动作，即使在自由体操和跳马中，手臂的推撑动作也非常重要。因为，男子体操项目对运动员肩带耐力有着较高的要求。鞍马是男子体操六个项目中花费时间最多和较难掌握的项目，要求运动员从儿童、少年时期就注意该项目专项耐力的训练。全旋是鞍马最重要的基本动作之一，亦是9~12岁男子体操运动员应该熟练掌握的动作技术。通过多个蘑菇全旋能有效地培养运动员支撑耐力，还能有效地发展腰腹的控制力量。

但较好地掌握全旋的节奏和技术，即快能快起来，慢能慢下来，是运动员发展鞍马各类全旋技术的关键。另外，全旋的技术特点是以肩为轴，身体伸直，脚尖远伸，动作舒展，幅度大，全旋时手腕负荷量偏重，易出现手腕伤痛。因此，9~10岁运动员不应强调动作数量，重点是掌握和巩固全旋的技术，11~12岁运动员已开始练习鞍马全旋，对蘑菇全旋的技术达到了熟练掌握的程度。根据调查结果，此动作是评价11~12岁男子体操运动员专项耐力的有效指标。

地面控倒立是体操运动员的一项基本功。这一训练能培养运动员头朝下的方位感和支撑耐久力，更重要的是能培养运动员的控制能力，即培养运动员用手指和肩带调节重心的能力和身体姿态控制能力。倒立功好，腰腹力量就强，上下身动作就协调，能够为掌握各种复杂的体操动作。打下良好的基础，是运动员实际训练中最常用的训练手段。此外，部分教练员认为控倒立还能提高运动员调节呼吸的能力，因为长时间控倒立过程中，运动员必须掌握好呼吸节奏和方式，才能自始至终保持收腹、紧腰、收臀、绷直腿的身体姿态。调查结果表明，地面控倒立是评价少年男子体操运动员上肢支撑能力和身体控制能力的有效指标。

双杠/吊环直角支撑，是最基本的低难度静止用力动作，也是各种慢起用力动作前的过渡动作或开始姿势。完成此动作，首先需要有一定的支撑力量，该动作可以发展斜方肌、腹直肌、股四头肌、肱三头肌、肱二头肌、小腿三头肌、腰方肌等肌肉力量，是有效衡量上肢支撑力量耐力、腰腹收缩耐力、股四头肌的收缩耐力等综合能力的一个指标。吊环直角支撑要求运动员具备较好的控环能力，适用于10岁组运动员；而根据实地调查及与教练员的访谈，9岁运动员练习吊环控倒立，主要用于发展上肢的控环能力，并非发展其综合耐力素质，在实际训练中普遍采用双杠直角支撑来发展其耐力。

（4）柔韧素质。

柔韧素质是体操运动员动作优美和提高动作难度的保障，直接关系到体操运动员动作质量，对防止运动损伤与延长运动寿命也起着积极作用。从第二章2.3的分析可知，肩、髋、腿、腰部的柔韧性是影响少年男子体操运动员柔韧性的最重要因素，也是少年男子体操运动员选材和评价的重要方面。根据调查结果（表3-22、图3-9），转肩与站立并腿体前屈是评价少年男子体操运动员柔韧素质的重要指标。

表3-22　我国少年男子体操运动员柔韧素质评价指标

评价指标	说明	已被采用频数	相关使用情况	是否为基本动作
1. 转 肩		7		否
2. 站立并腿体前屈	计算公式：（躯干+上肢-下肢）-体前屈长度	4	测量单纯的体前屈的长度	否

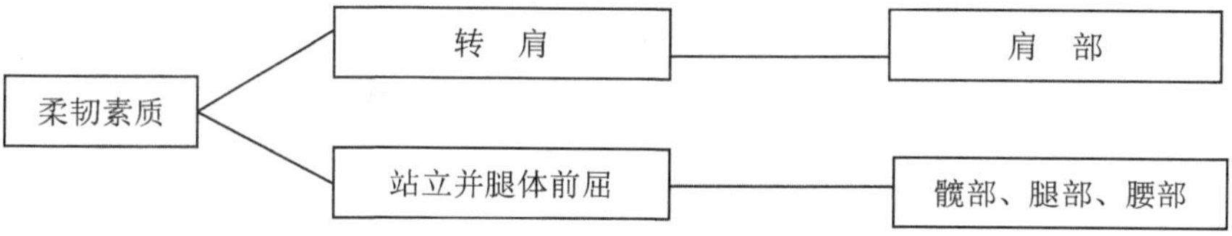

图3-9 我国少年男子体操运动员柔韧素质评价指标结构图

转肩是评价少年男子体操运动员肩关节柔韧性的指标。从解剖学角度分析，转肩动作主要训练肱骨头在肩关节球面内的转动，拉长固定肩带各肌群和韧带，训练肩关节最大灵活性。从体操项目特点分析，转肩的训练主要能增强肩带的灵活性，对单杠和吊环的转肩、扭臂动作和双杠的支撑前摆转体360°等动作有重要意义，对甩臂幅度和倒立时肩关节顶肩的开度也有直接影响，即直接影响手倒立、大回环等类型动作的完成质量。可见，转肩是评价少年体操运动员肩部柔韧性的有效指标。

站立并腿体前屈是评价少年男子体操运动员髋关节灵活性以及腿后肌群弹性和韧带伸展性的指标。站立并腿体前屈主要拉长臀部、大腿、小腿后侧诸肌群、韧带和跟腱等，且涉及脊柱伸肌的伸展性，能发展竖脊肌等肌肉的伸展性。可见，男子竞技体操运动员良好的柔韧性可以帮助高质量地完成各种屈伸动作和变换身体半径的动作。典型的就是单杠中穿上类动作、单杠倒立中穿落下等动作，对运动员体前屈的柔韧性有着较高的要求，如单杠倒立中穿落下成高举腿支撑接直臂屈体慢起倒立。

（5）灵敏素质。

灵敏素质在体操运动中表现为空间的准确及定时、定向的能力，以及动作迅速而准确的转换能力。但通过与专家的访谈，部分专家对灵敏能否作为身体素质评价指标持有异议，认为灵敏性，主要取决于前庭器官的功能，也是其他各项身体素质在运动过程中的综合表现，一定程度上通过其他身体素质得以综合体现。从生理学角度分析，大脑皮层神经过程的灵活性及分析综合能力是灵敏素质重要的生理基础。根据第二章2.3的分析，少年男子体操运动员灵敏性主要体现在快速性、准确性与协调性三个方面。本研究主要从时空感和平衡能力等方面对少年男子体操运动员的灵敏性进行评价（表3-23、图3-10），从国内外已有相关研究可知，本研究所选取的指标完全属于创新。

表3-23　我国少年男子体操运动员灵敏素质评价指标

评价指标	说明	已被采用频数	相关使用情况	是否为基本动作
1. 原地跳转360°	9~10岁，以跳转误差大小作为判断标准			否
2. 原地跳转540°	11~12岁，以跳转误差大小作为判断标准			否
3. 闭目单足站立平衡	单足站立于软球上，保持“三个90°”		其他运动项目	否

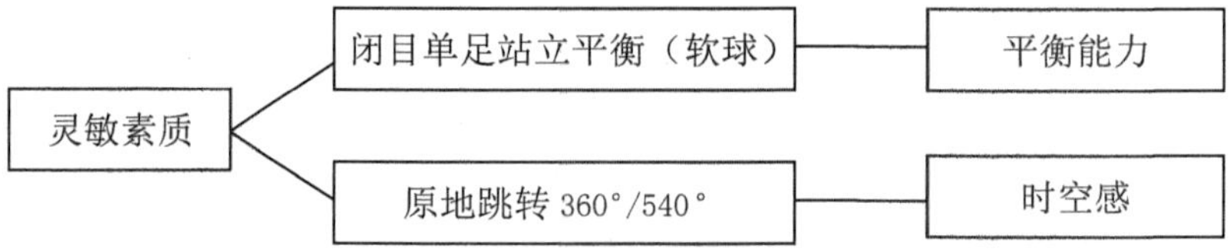

图3-10 我国少年男子体操运动员灵敏素质评价指标结构图

平衡能力是指身体保持某一姿势的能力，一般可分为静态性平衡能力和动态性平衡能力。男子竞技体操项目更看重运动员的动态性平衡能力，即在一定速度的一连串动作中保持平衡的能力。单足站立有睁眼与闭眼两种测定方法，睁眼时有视觉器官的参与，可反映视觉输入感受器的重要性和机能的差别。本研究主要是测定体操运动员前庭分析器功能，故采用踩软球“闭目单足站立平衡”，这是发展运动员核心稳定性的重要手段，能有效地发展运动员前庭分析器功能，进而起到提高运动员灵敏素质的效果。与以往的单足站积木或地上的闭目站立的不同之处在于，让运动员站立于软球上，测量其动态的平衡能力，更符合体操项目动作技术特点。专家一致认为，该指标是评价运动员平衡能力和神经支配能力等灵敏素质的有效指标。

男子体操运动员要求在异位状态下，完成各种高难空翻与转体动作和连接串，这要求运动员在空间与时间上具备准确的定时定向能力，对运动员大脑皮层各分析器机能的综合分析能力有着较高的要求。可见良好的时空感等灵敏素质是运动员完成这些动作的保障。体操运动员时空判断准确性、动作用力准确性、肌肉体感准确性，主要体现在异位状态下各种空翻和转体动作的准确性上。基于此，结合少年男子体操运动员的具体实际，本研究设定了原地跳转360°（9岁、10岁组）和原地跳转540°（11岁、12岁组）两个指标，对运动员原地跳转规定度数，通过测量运动员实际跳转度数与要求的度数的差异来衡量运动员的时空感等能力。调查显示，专家们一致为这两个指标能有效地评价少年男子体操运动员时空感。

3.5 评价指标权重系数的确定

权重系数主要起权衡作用，指标的权重系数主要反映该指标在整个评价指标体系中的重要程度，进而揭示整个评价指标体系的内在结构，也可反映少年男子体操运动员在实际训练中需要重点发展的身体素质。

3.5.1 确定权重系数的方法

目前在综合评价学中，评价指标权重的确定方法主要分为主观赋权法和客观赋权法两大类。

主观赋权法，主要就是集合相关专家的智慧和经验，让专家依据自身经验进行分析与判断，进而确定各评价指标在整个评价指标体系中对评价目的和对象的相对重要程度，然后经过相对应的处理方式得出各指标的权重系数。可见，通过主观赋权法得到的权重系数的本质是各评价指标相对于评价目标的相对重要程度的量化值。由于这种相对重要程度是一种客观存在的模糊概念，因此对其度量的依据是客观的，只是必须通过主观判断来获得。该方法研究得较早，发展也较为成熟，在体育研究领域里，比较典型的、常用的主观赋权方法有：德尔菲法、层次分析法、模糊综合评价法等。

客观赋权法，即认为权重的大小取决于各评价指标属性值数列的离散程度的相对大小，因此直接依据评价对象指标属性值数列的离散程度确定各指标权重，常见的方法有主成分分析法、因子分析法、标准离差法、变异系数法、熵权系数法等。根据客观赋权法的原理，指标属性值离散程度越大，即指标属性值差异越大，该指标的权重就越大，表明该指标在整个综合评价中的作用就越大。但如果某指标的各属性值无差异，则该指标的权重值应为0。可见，客观赋权法虽然消除了主观赋权法的主观随意性，但也存在明显的局限性，即它普遍适用于突出各评价对象差异的情况。

总体而言，目前指标权重的确定还是以主观赋权法为主，尤其是层次分析法（AHP法）和模糊综合评价法（Fuzzy Comprehensive Evaluation Methed）。层次分析法是一种多目标、多准则的决策方法，该方法的基本原理是根据问题的性质和所要达到的总目标，将分析的问题层次化，分成不同的组成因素，即按照因素之间的相互影响和隶属关系，将因素按不同层次聚类组合，形成一个多层的分析结构模型。其信息主要是基于专家对每一层次中各因素的相对重要性做出判断，即由专家根据个人对客观现实的判断，对模型中每一层次因素的相对重要性给予定量标度，从而确定每一层次全部因素相对重要性次序的权值，通过综合计算各因素相对重要性的权值，得到相对重要性次序的组合权值。该方法的主要不足之处就是在构造各层次因素的权重判断矩阵时，一般采用分级定量法赋值，容易造成同一系统中一因素是另一因素的多倍数，从而影响权重的合理性。另外，层次分析法判断矩阵的一致性问题是制约其应用的关键，而且在实践中，由于客观事物的复杂性，用准确的数据来描述相对重要性不甚现实。

模糊综合评价法是一种基于模糊数学的综合评标方法，主要是利用模糊隶属度理论把定性指标合理地定量化，其明显的优点就是能将定性与定量评价很好地结合。由于层次分析法评价指标体系中，存在许多难以精确描述的指标，故可以用模糊集来取代判断矩阵中的数，然后根据判断矩阵求出指标的模糊权重。可见，模糊综合评价法可以看作对层次分析法的改进，比层次分析法更具科学性，很好地解决了其他方法中定性与定量评价不能很好结合的问题。

本研究主要采用德尔菲法，通过专家按“很好、较好、一般、较差、很差”5个等级分别对指标的重要性、可操作性和敏感性三个属性进行判断，进而构建少年男子体操运动员身体素质评价指标体系。由于专家主要是依据自身经验、训练实践等对各评价指标的重要性、可操作性和敏感性进行等级评判，本身具有模糊性的特征。模糊综合评价法，首先，能综合考虑每一个指标的三个属性在五个重要性方面的隶属度，即每一个属性的重要性程度情况；然后，将每一个指标的3个属性（重要性、可操作性和敏感性）综合起来进行分析，即综合每一个指标的每一个属性的隶属度（权重），进而得出最终每一层每一个指标的权重。可见，用该方法得出的权重，既综合考虑了每一个指标的多个属性，又综合考虑了各指标每一个属性自身的隶属度。因此，本研究采用模糊综合评价法确定少年男子体操运动员身体素质评价指标的权重系数，专家对各指标的评分数据源于第三轮德尔菲法专家咨询结果统计数据。

3.5.2 权重系数的具体确定

在评价指标体系确定过程中，通过第三轮专家咨询，各级指标在重要性、可操作性和敏感性方面基本得到专家的一致认可。在第三轮专家咨询过程中，专家按100分对指标重要性、可操作性和敏感性3个属性进行评分，重要性平均得分为50.15分、可操作性为31.75分、敏感性为18.10分，确定了在模糊综合评判法中指标三个属性的隶属度分别为0.5015、0.3175、0.1810。最后，根据对评价结果的统计，将各级各个指标得分分为五个分数段，即9~10 分、7~8 分、5~6分、3~4 分、1~2 分各为一个分数段，然后统计各个指标各等级的频率，形成评价等级矩阵，进而根据模糊综合评价法的要求与步骤确定各指标权重，具体过程如下。

（1）确定模糊综合评判因素。

因素集是指刻画少年男子体操运动员身体素质指标的各种因素。用公式表示为：$U=(u_1, u_2, u_3, \cdots\cdots, u_n)$，其中$u_i$（$i=1, 2, 3, \cdots\cdots, n$）指评价一个指标应考虑的因素。

本研究主要从重要性、可操作性、敏感性三个方面分析每一个指标的属性，因此，U=（重要性，可操作性，敏感性）。

（2）建立综合评判的评价集。

评价集是指评判者（专家、教练）对少年男子体操运动员身体素质指标做出的各种评价结果组成的集合。评价集为：

$V=(v_1, v_2, v_3, \cdots\cdots v_n)$

其中v_j（$j=1, 2, 3, \cdots\cdots, n$）表示对少年男子体操运动员身体素质指标的各因素（三个属性）由好到差的评价。本研究中，$n=5$，评价集V=（很好，较好，一般，较差，很差）。

（3）构造隶属矩阵。

首先，对少年男子体操运动员身体素质指标的单个因素进行单因素评判。以u_i为例，少年男子体操运动员身体素质指标对评价集v_j（j=1，2，3，……，m）的隶属度为r_{ij}，这样就得出第i个因素的单因素评判集：

r_i =（r_{i1}，r_{i2}，r_{i3}，……r_{im}）

这样一个指标的m个因素的评价集就构造出一个总的评价矩阵，即每一个被评估的指标确定了U到V的模糊关系R，它是一个矩阵：

$$R=(r_{ij})\ m\times n=\begin{bmatrix} r_{11} & r_{12} & \cdots & r_{1n} \\ r_{21} & r_{22} & \cdots & r_{2n} \\ \vdots & \vdots & & \vdots \\ r_{m1} & r_{m2} & \cdots & r_{mn} \end{bmatrix}$$

其中r_{ij}表示从因素u_i的角度看，该评判对象的隶属度。具体地说，r_{ij}表示第i个因素在第j评语v_j上的频率分布。本研究请体操领域专家分别对每一指标进行单因素评判。

例如，少年男子体操运动员9岁组评价指标“30秒摆动引体向上”，在其重要性属性的评价方面，有48%的专家做出“很好”的评价，36%选择“较好”，16%选择“一般”，0人选择“较差”，0人选择“很差”，因此，得出该指标的重要性的单因素评价结果为：

R=

r_1（重要性）	=	0.48	0.36	0.16	0	0
r_2（可操作性）		0.36	0.52	0.12	0	0
r_3（敏感性）		0.16	0.72	0.12	0	0

r_1=（0.48，0.36，0.16，0，0）；同理，得到该指标可操作性和敏感性的评价结果，r_2=（0.36，0.52，0.12，0，0）和r_3=（0.16，0.72，0.12，0，0），进而得出指标“30秒摆动引体向上” 总的评价矩阵。

（4）确定因素的权重。

就一个评价指标而言，它的各个因素（重要性、可操作性、敏感性）有不同的地位和作用，即各因素在一个评价指标中占不同的比重。引入U上的一个模糊集A，称权重或权数分配集，A=（a_1，a_2，a_3，……，a_m），其中$a_i \geqslant 0$，且$\sum ai=1$。本研究采用的是专家赋值法获得权重，即在德尔菲法第三轮调查，专家按总分100分，对指标的三种属性即重要性、可操作性及敏感性进行了评分。这3种属性平均得分分别为50.15、31.75、18.10，进而得到因素重要性的权重a_1=0.5015，可操作性的权重a_2=0.3175，敏感性的权重a_3=0.1810，因此，

$$A=(0.5015,\ 0.3175,\ 0.181)$$

（5）建立评判模型。

R中不同的行反映了某个少年男子体操运动员身体素质指标从单个因素角度对各等级模糊子集的隶属程度。用模糊权向量A将不同的行进行综合，就可得到某个少年男子体操运动员身体素质指标从总体上来看对各等级模糊子集的隶属程度，即模糊综合评价结果向量。

引入U上的一个模糊子集B，称为模糊评价，又称决策集，b_j=（b_1，b_2，b_3，……，b_n），它是对某个少年男子体操运动员身体素质指标总体状况分等级的程度描述。$B=A\times R$，称之为模糊变换。

$$B=A\times R=(a_1,a_2,a_3,\cdots\cdots,a_m)\times=\begin{bmatrix} r_{11} & r_{12} & \cdots & r_{1n} \\ r_{21} & r_{22} & \cdots & r_{2n} \\ \vdots & \vdots & & \vdots \\ r_{m1} & r_{m2} & \cdots & r_{mn} \end{bmatrix}(b_1,b_2,b_3,\cdots\cdots,b_n)$$

b_j表示某个少年男子体操运动员身体素质指标具有评语v_j的程度。各个评判指标，具体反映了该指标在所评判的因素方面的分布状态，使评判者对该指标有更深入的了解，并能做各种灵活的处理。如果要选择一个决策，则可选择最大的b_j所对应的等级v_j作为综合评判的结果。

（6）进行模糊综合评判。

模糊综合评判$B=A\times R$，是通过模糊评判矩阵R（也称模糊关系矩阵）将运算模糊向量转变为等级模糊向量B。$A\times R$采取不同的计算模式，可得到不同的综合评判数学模型。一般采用的数学模型（模糊算子）有取大取小模型、相乘取大模型、加权平均模型。其中加权平均模型适用于要求整体性指标的情形，因此本研究在实证分析中选择了加权平均模型作为广义模糊算子。

以9岁组评价指标“30秒摆动引体向上”为例，

$$B=(0.5015,\ 0.3175,\ 0.181)\times\begin{bmatrix}0.48 & 0.36 & 0.16 & 0 & 0\\0.36 & 0.52 & 0.12 & 0 & 0\\0.16 & 0.72 & 0.12 & 0 & 0\end{bmatrix}=(0.384,\ 0.476,\ 0.1401,\ 0,\ 0)$$

由此可知“30秒摆动引体向上”作为一个指标在“很好”评语上的隶属度为38.4%，“较好”为47.6%，“一般”为14.01%，“较差”为0，“很差”为0。

（7）计算指标的权重值。

模糊评价法模型：$Y_i=K\times A_i\times R_{ij}\times T_i$

在本研究中

$$Y_i=K\times(0.5015,\ 0.3175,\ 0.181)\times\begin{bmatrix}r_{11} & r_{12} & \cdots & r_{1n}\\r_{21} & r_{22} & \cdots & r_{2n}\\\vdots & \vdots & & \vdots\\r_{n1} & r_{n2} & \cdots & r_{nn}\end{bmatrix}\times\begin{vmatrix}9\\7\\5\\3\\1\end{vmatrix}$$

式中：K——为逻辑数，依赖于单项评判属性的可行度，所有指标的K值均取1。

A_i——模糊评判的隶属度；

R_{ij}——各位专家对每一项指标的评价矩阵；

T_i——评分等级向量的转置；

Y_i——各项指标的综合评分。

同样以9岁组评价指标“30秒摆动引体向上”为例，

$$Y_i=K\times(0.5015,\ 0.3175,\ 0.181)\times\begin{vmatrix}0.48 & 0.36 & 0.16 & 0 & 0\\0.36 & 0.52 & 0.12 & 0 & 0\\0.16 & 0.72 & 0.12 & 0 & 0\end{vmatrix}\times\begin{vmatrix}9\\7\\5\\3\\1\end{vmatrix}$$

所有指标的K值均取1。所以Y_i=7.4885。

各项指标的权重值$P_i=\dfrac{Y_i}{\sum_i}$

由此，可以得到少年男子体操运动员身体素质各评价指数的权重系数。

显然，以上计算出的权重是各个指标在整个指标体系当中的权重。为了清楚了解各二级指标在所在一级指标内的重要程度，进一步计算了每个二级指标的不加权权重，如9岁组中“30 秒摆动引体向上”的不加权权重$P_i=\frac{Y_i}{\sum_i}$=0.1753。同理，得出了其他二级指标在各自一级指标内的权重系数，具体见表3-24、表3-25。

表3-24　9岁组和10岁组少年男子体操运动员身体素质评价指标权重系数表

评价指标	9岁组			10岁组		
	综合评分（Y_i）	权重（P_i）	不加权权重	综合评分（Y_i）	权重（P_i）	不加权权重
A 力量	7.989 8	0.243 9		8.399 8	0.251 0	
A1 30 秒摆动引体向上	7.488 5	0.042 7	0.175 3	7.265 5	0.042 7	0.170 0
A2 5米手脚并用爬绳	6.341 7	0.036 2	0.148 4	6.841 2	0.040 2	0.160 1
A3 30秒双臂屈伸	6.811 0	0.038 9	0.159 4	6.655 0	0.039 1	0.155 7
A4 30秒肋木悬垂举腿	7.473 0	0.042 7	0.174 9	6.752 6	0.039 7	0.158 0
A5 地面直臂屈体分腿连续提倒立	6.752 6	0.038 5	0.158 0	7.473 0	0.043 9	0.174 8
A6 五级蛙跳	7.862 4	0.044 9	0.184 0	7.752 6	0.045 5	0.181 4
B 速度	6.752 8	0.206 1		7.332 3	0.200 6	
B1 助跑最后5米跑速	7.738 9	0.078 9	0.382 7	7.854 4	0.076 2	0.379 9
B2 15秒原地团身后空翻	6.428 8	0.065 5	0.317 9	6.519 8	0.063 2	0.315 3
B3 连续5个后手翻	6.055 9	0.061 7	0.299 4	6.301 3	0.061 1	0.304 8
C 耐力	5.401 0	0.164 9		6.707 0	0.164 5	
C1 400米跑	7.348 8	0.053 5	0.324 2	7.286 4	0.053 3	0.323 9
C2 双杠/吊环直角支撑	7.098 4	0.051 6	0.313 2	7.289 4	0.053 3	0.324 0
C3 地面控倒立	8.219 0	0.059 8	0.362 6	7.921 0	0.057 9	0.352 1
D柔韧	6.293 0	0.192 1		7.383 1	0.190 0	
D1 转肩	7.579 1	0.097 1	0.505 4	7.668 1	0.096 1	0.505 9
D2 站立并腿体前屈	7.416 0	0.095 0	0.494 6	7.489 0	0.093 9	0.494 1
E 灵敏	6.322 2	0.193 0		7.144 6	0.193 9	
E1 原地跳转360°	7.048 0	0.097 5	0.505 3	6.712 2	0.100 0	0.515 9
E2 闭目单足站立平衡	6.901 5	0.095 5	0.494 7	6.298 6	0.093 9	0.484 1

注：9岁组C2为双杠直角支撑，10岁组C2为吊环直角支撑。

表3-25　11岁组与12岁组少年男子体操运动员身体素质评价指标权重系数表

评价指标	11岁组			12岁组		
	综合评分（Y_i）	加权权重（P_i）	不加权权重	综合评分（Y_i）	加权权重（P_i）	不加权权重
A 力量	8.548 4	0.264 3		8.658 9	0.270 3	
A1 30 秒摆动引体向上	7.088 5	0.033 3	0.126 1	7.205 5	0.032 9	0.121 6
A2 5米徒手爬绳	6.764 1	0.031 8	0.120 3	7.164 1	0.032 7	0.120 9
A3 30秒双臂屈伸/低双杠连续推倒立	6.411 0	0.030 1	0.114 0	7.767 0	0.035 4	0.131 1
A4 吊环控倒立	6.906 7	0.032 5	0.122 9	7.702 4	0.035 1	0.130 0
A5 吊环俯撑压十字	6.199 9	0.029 1	0.110 3	6.698 9	0.030 6	0.113 1
A6 30秒肋木悬垂举腿	7.462 4	0.035 1	0.132 7	7.312 0	0.033 4	0.123 4
A7 低双杠直臂屈体并腿连续提倒立	7.433 2	0.034 9	0.132 2	7.544 6	0.034 4	0.127 3
A8 五级蛙跳	7.952 6	0.037 4	0.141 5	7.852 6	0.035 8	0.132 5
B 速度	6.660 0	0.205 9		6.465 1	0.201 8	
B1 助跑最后5米跑速	6.850 9	0.068 6	0.333 1	6.638 9	0.064 8	0.321 3
B2 20秒原地团身后空翻	6.600 7	0.066 1	0.321 0	6.411 7	0.062 6	0.310 3
B3 连续5个后手翻	7.113 0	0.071 2	0.345 9	7.613 2	0.074 4	0.368 4
C 耐力	6.301 0	0.194 8		6.410 1	0.200 1	
C1 400米跑	7.246 7	0.064 3	0.330 1	7.148 6	0.066 5	0.332 6
C2 蘑菇全旋	7.698 4	0.068 3	0.350 6	7.634 2	0.071 1	0.355 2
C3 地面控倒立	7.010 2	0.062 2	0.319 3	6.711 4	0.062 5	0.312 2
D 柔韧	5.481 2	0.169 5		5.300 8	0.165 5	
D1 转肩	7.570 2	0.087 3	0.515 3	7.568 1	0.085 9	0.519 1
D2 站立并腿体前屈	7.121 0	0.082 1	0.484 7	7.011 0	0.079 6	0.480 9
E 灵敏	5.351 8	0.165 5		5.200 2	0.162 3	
E1 原地跳转540°	7.194 3	0.087 6	0.529 4	7.540 4	0.087 7	0.540 5
E2 闭目单足站立平衡	6.394 5	0.077 9	0.470 6	6.410 1	0.074 6	0.459 5

注：11岁组A3为30秒双臂屈伸，12岁组A3为低双杠连续推倒立。

3.5.3　权重系数的分析

从表3-26、图3-11可看出，5项素质的权重变化与少年男子体操运动员具体实际训练中身体素质训练的安排比例基本吻合，力量素质权重逐步增加，速度素质稳定发展，耐力素质在11~12岁加强发展，柔韧素质与灵敏素质权重逐步减少。

表3-26　少年男子体操运动员身体素质一级评价指标权重及训练安排大概比例

评价指标	9岁组	10岁组	11岁组	12岁组
力量	0.243 9	0.251 0	0.264 3	0.270 3
速度	0.206 1	0.200 6	0.205 9	0.201 8
耐力	0.164 9	0.164 5	0.194 8	0.200 1
柔韧	0.192 1	0.190 0	0.169 5	0.165 5
灵敏	0.193 0	0.193 9	0.165 5	0.162 3
身体素质训练安排比例（力量：速度：耐力：柔韧：灵敏）	25%：20%：15%：20%：15%	30%：20%：20%：20%：10%	30%：20%：20%：20%：10%	35%：20%：20%：15%：10%

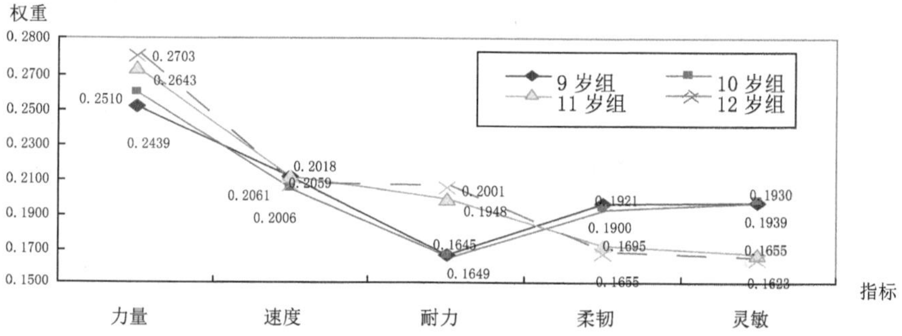

图3-11　少年男子体操运动员身体素质一级指标权重变化曲线图

力量是男子体操技术动作的物质基础，力量素质是整个身体素质的核心部分。力量素质的权重随着年龄的增加呈上升趋势（图3-11）。根据第二章对少年体操运动员生长发育特征、身体素质发展规律、技术动作发展需求，以及四个年龄组不同训练任务和目标的分析可知，随着年龄的增长，技术动作对力量的需求更全面，训练内容与手段更为丰富，力量素质发展也更为全面。9~10岁阶段，以速度力量和相对力量为主，到11~12岁阶段，评价指标由6个变为8个，力量耐力和绝对力量得以进一步发展，吊环等所需要的静力性力量及其他专项力量素质在11岁阶段也初步得以发展，到12岁阶段得以广泛发展，为青年前期技术动作的发展提前做好铺垫（图3-12）。总体而言，一般身体素质的权重略有所下降，而专项力量素质不仅指标增多，权重也增大。

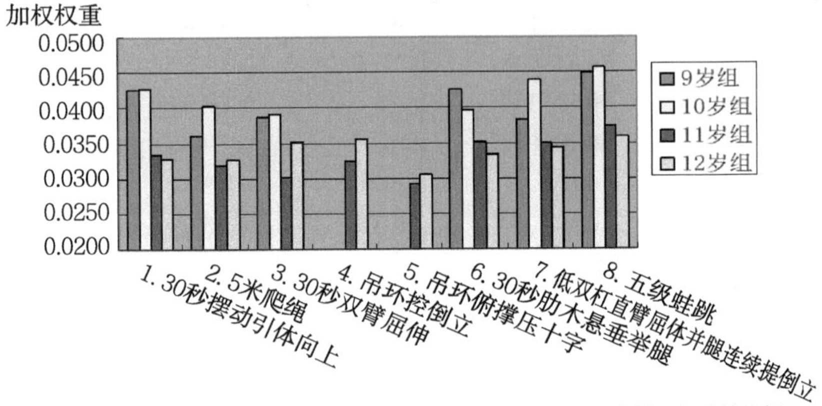

注：9岁、10岁“7”为地面直臂屈体分腿连续提倒立，12岁组“3”为低双杠连续推倒立。

图3-12 少年男子体操运动员单项力量素质评价指标权重条形图

可见，整个少年时期力量素质权重始终排在第一位，且随着年龄增加而增加是科学、合理的。

速度素质是体操运动员快速完成多度空翻和翻转等动作的保障，其权重相对稳定，仅次于力量素质，始终处于第二的位置（图3-13），其中连续5个后手翻的权重呈增长趋势，该指标特别注重速度与力量、技术的有机结合，对少年后期和青年前期发展连接串、吊环和单杠空翻类下法等难度动作有着直接促进作用。从速度素质的三个指标属性可看出，反映的素质属性是建立在一定力量基础上的跑动速度和动作速度。根据身体素质发展敏感期和体操项目对速度的特殊要求，注重速度与力量结合的速度力量是少年男子体操运动员身体素质的核心发展部分和评价主体。

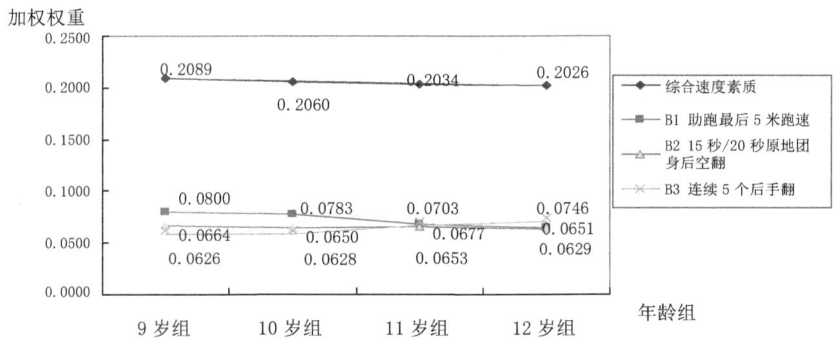

图3-13　少年男子体操运动员速度素质权重变化趋势图

耐力素质具体的三个评价指标包含两个专项耐力指标，11~12岁阶段，根据技术动作发展需要和身体发育的特点，专项耐力发展比重加大。耐力是体操运动员以充沛精力和体力高质量完成各种成套高难动作以及“持续比赛”的保障。通过实地考察及与教练员交流可知，11~12岁组组合动作或单个基本动作的反复练习现象大幅度增加，这对运动员的一般耐力与专项耐力提出了更高的要求（图3-14）。

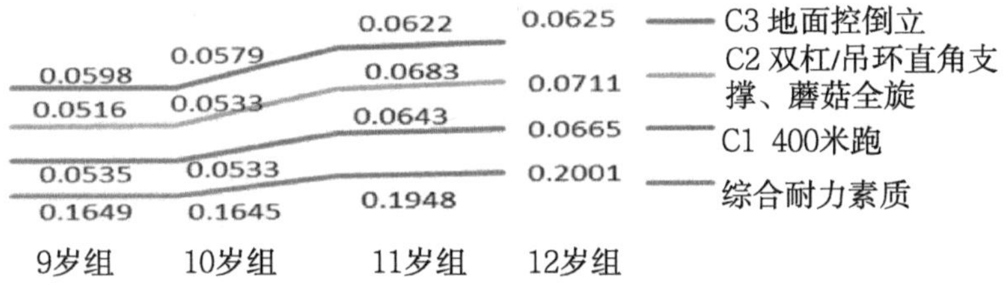

图3-14 少年男子体操运动员耐力素质指标加权权重变化趋势图

柔韧素质很大程度上取决于运动员儿童少年时期的发展水平，随着年龄的增大，柔韧素质主要以保持满足项目需要为主。且根据体操项目特征，静力性力量、绝对力量的逐步发展一定程度上影响了运动员柔韧素质的发展。少年前期是柔韧素质发展的敏感期，而到后期，特别是12岁阶段，随着力量素质的进一步发展，肩部的柔韧性基本以保持为主，主要以“够用就行”为发展标准，故其权重有所降低。

灵敏素质同柔韧素质一样，在11~12岁阶段其权重变小（图3-15）。大脑皮层神经过程的灵活性及分析综合能力是灵敏素质重要的生理基础，少年时期灵敏素质发展最快。7~8岁时神经细胞的分化已基本完成，大脑额叶迅速生长，8~10岁神经系统的灵活性、兴奋性接近成人水平，少年时期动作的精确性和协调性得到快速发展。具体到单项评价指标，指标“原地跳转360°/540°”权重并未下降，反而呈递增趋势。可见，随着技术动作的发展，对运动员时空判断、动作用力、肌肉体感等准确性的能力提出了更高的要求。

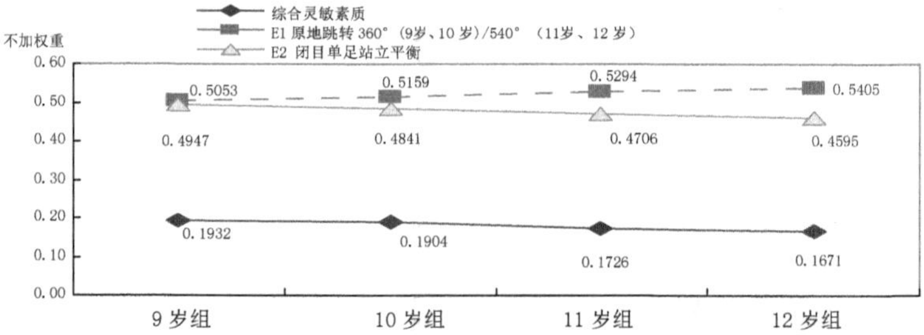

图3-15　少年男子体操运动员灵敏素质权重变化趋势图

3.6　评价标准的确定

按照测量与评价理论，评价的首要目的是建立一种通用标准。科学准确的评价标准才能保证评价的有效性。在体育测量学中，划分评价等级依据的界值或区间值，称为标准。可见，标准是衡量事物的准则和尺度，评价标准的建立则是对少年男子体操运动员身体素质进行评价的首要前提，能使每位运动员身体素质各项指标的发展水平和差距客观、定量化得以呈现。

评价标准包括评分标准与等级标准两类。

评分标准是指每个分数段所对应的各项单项成绩的区间值，可分为单项评分标准和综合评分标准，如运动员某项指标测量值与对应的分数。

等级标准也称等级评价标准，是指各等级对应的界值或区间值。例如，划分优秀、良好、及格等级总分的界值，运动员等级中健将级、一级、二级、三级各自对应的各项运动成绩的界值，以及比较常用的优、良、中、差、劣或上、中上、中、中下、下的五级评价标准。

本研究中的评价标准是指每项身体素质指标不同的测量值所对应的不同指标值或区间值，包括身体素质一级指标、二级指标和综合身体素质的评分评价标准和等级评价标准。通过建立具有广泛适用性的评价标准，能客观地揭示我国少年男子体操运动员身体素质发展水平的差异，既有利于清楚、准确地掌握运动员身体素质的发展水平，又是检验和监控运动员身体素质训练计划的依据，对运动员身体素质训练计划的制订与修正起着直接引导作用。

3.6.1 评分评价标准的建立

3.6.1.1 建立评分评价标准的方法

在体育测量与评价中，建立评分标准比较常用的方法有百分位数法、累进计分法和标准分法。百分位数法就是将所有变量值按从大到小的次序排列，把所有值的个数分为100等份，每一个分点的值就是一个百分位数。累进计分法是定量给分，主要特点就是其难度随着运动成绩的提高而增加，所得分数也增加。标准分量表的主要特征是以标准差为单位划分评价等级，实际上它属于一种等比例量表，即成绩增加值相等，所增加的分数也相同。

显然，从少年男子体操运动员身体素质评价指标的属性可知，成绩提高时，难度一般就增大，即成绩在不同的区间提高的幅度和难度是相对应的，如助跑最后5米跑速，每增加0.1秒的得分和难度是不一样的，得分越高，难度越大，这基本符合累进计分法的主要特征。可见，累进计分法既可以评价成绩进步的幅度，又可评价成绩进步的难度。鉴于此，本研究拟采用累进计分法建立少年男子体操运动员身体素质单项和综合的评分评价标准。

3.6.1.2 评价指标测试数据的检验

（1）测试数据的科学性检验。

本研究严格按照第二章研究方法中测试法的具体步骤，获取了少年男子体操运动员四个年龄组身体素质各二级评价指标的测试数据。然而，原始实测数据的真实性直接影响评价标准的科学程度以及评价与诊断结果的有效性、真实性和可靠性，因此有必要对各评价指标测量结果的科学性进行检验。

体育测量中测试结果的科学性主要体现在测试的有效性、可靠性和客观性3个方面。

测试的有效性是指所选择的测试手段达到测量目的的准确程度。有效性主要分为内容有效性、结构有效性和效标有效性。

测试的客观性是指不同测试者或者同一测试者对同一被测者测量结果的一致性程度，即对测试者进行的可靠性检验。在体育测量中，客观性常见于一些评分项目，也可称之为评分的可靠性，体操比赛的评分即可用客观性检验。

测试的可靠性是指在相同的测试条件下，对同一批测试对象使用相同的测试手段，重复评结果的一致程度。体育测量中用于评估有效性的方法有：积差相关法、裂半法、方差分析法。

①积差相关法适用于两组变量可靠性的计算，且也是检验测试有效性的常用方法。

②裂半法主要适用于由多次评组成的一组评的可靠性。

③方差分析法是处理数据和分析试验结果的一种常用方法。

本研究的测试指标是经过三轮专家的科学筛选而确定的，不管是指标体系内容还是整个指标体系结构均有较高的效度，即测试的内容能准确反映少年男子体操运动员身体素质总体属性。而在具体测试过程中，主要是根据明确的测试规格和要求对运动员进行测试，未针对运动员所测动作的完成情况进行评分。因此，本研究主要对测试数据进行可靠性检验。根据各种方法的特点和使用范围，结合本研究实际，采用积差相关法对本研究测试结果的可靠性进行检查。

积差相关法计算公式为：

$$r=\frac{n\sum xy-\left(\sum x\right)\left(\sum y\right)}{\sqrt{\left[n\sum x^2-\left(\sum x\right)^2\right]\left[n\sum y^2-\left(\sum y\right)^2\right]}}$$

其中，r：为相关系数，一般在体育测量数据的相关性中，$|r|>0.8$为高度相关，$|r|$在0.5～0.79为中度相关，$|r|<0.5$为低度相关；

n：为样本含量，一般样本含量要相对较大；

x：为第一次测量数据；

y：为第二次测量数据。

以12岁组23名少年男子体操运动员“助跑最后5米跑速”测试为例。（表3-27）

表3-27　12岁组23名少年男子体操运动员“助跑最后5米跑速”测试统计成绩表

秒

测试者	第一次测试	第二次测试			
	x	y	x^2	y^2	yx
章某	0.72	0.72	0.518 4	0.518 4	0.518 4
高某	0.69	0.65	0.476 1	0.422 5	0.448 5
邱某	0.72	0.72	0.518 4	0.518 4	0.518 4
罗某	0.72	0.63	0.518 4	0.396 9	0.453 6
胡某	0.81	0.70	0.656 1	0.490 0	0.567 0
傅某	0.69	0.69	0.476 1	0.476 1	0.476 1
莫某	0.69	0.68	0.476 1	0.462 4	0.469 2
彭某	0.72	0.75	0.518 4	0.562 5	0.540 0
陈某	0.75	0.69	0.562 5	0.476 1	0.517 5
但某	0.75	0.63	0.562 5	0.396 9	0.472 5
金某	0.75	0.78	0.562 5	0.608 4	0.585 0
熊某	0.81	0.75	0.656 1	0.562 5	0.607 5
季某	0.77	0.73	0.592 9	0.532 9	0.562 1
钟某	0.81	0.76	0.656 1	0.577 6	0.615 6
杨某	0.69	0.78	0.476 1	0.608 4	0.538 2
陈某	0.63	0.57	0.396 9	0.324 9	0.359 1
柏某	0.65	0.67	0.422 5	0.448 9	0.435 5
苏某	0.68	0.66	0.462 4	0.435 6	0.448 8
朱某	0.70	0.59	0.490 0	0.348 1	0.413 0
陈某	0.62	0.72	0.384 4	0.518 4	0.446 4
叶某	0.68	0.72	0.462 4	0.518 4	0.489 6
别某	0.78	0.70	0.608 4	0.490 0	0.546 0
郭某	0.70	0.69	0.490 0	0.476 1	0.483 0
$\sum$	$\sum x$=16.53	$\sum y$=15.98	$\sum x^2$=11.9437	$\sum y^2$=11.1704	$\sum xy$=11.511

计算步骤：

列表计算、统计，见表3-27。

代入积差相关公式：

$$r=\frac{23\times11.511-16.53\times15.98}{\sqrt{\left(23\times11.9437-16.53^2\right)\left(23\times11.1704-15.98^2\right)}}=0.81$$

由计算可知，12岁组23名男子最后5米跑速时间测量的相关系数为r=0.81，证明数据测量具有较高的可靠性。

以上面同样的公式和操作步骤，计算其他每个指标的可靠性系数。根据统计结果可知，4个年龄组每一个指标的测试数据均具有较好的可靠性。

（2）测试数据的正态分布检验。

采用累进计分法建立评分标准的首要条件是原始测试数据要基本符合或趋于正态分布。因此，本研究运用SPSS16软件对原始测试数据进行正态性检验，检验其是否符合正态分布。本研究选取9岁组37名男子体操运动员“30秒悬垂举腿”的测试数据的正态性检验过程进行具体阐述。

第一，偏度和峰度检验。正态分布有一定的峰度（Kurtosis），根据标准正态分布理论，峰度应该是对称的，当Ku>0时，表示曲线比较陡峭，当Ku<0时，表示曲线比较平坦。但通常情况下，基本符合正态分布或趋于正态分布的计量数据，存在一定的偏度（Skewness），当Skewness>0时，表示成正偏态，当Skewness<0时，表示呈负偏态。从表3-28可看出，本数据U检验的Skewness值为0.551，可判断该数据分布呈正偏态（向左偏），Kurtosis=0.236，说明有一定坡度。

表3-28　9岁组37名男子体操运动员“30秒悬垂举腿”的测试数据U（偏度与峰度）检验结果

			Statistic	Std. Error
VAR00004	Mean		22.594 6	0.462 50
	95% Confidence Interval for Mean	Lower Bound	21.656 6	
		Upper Bound	23.532 6	
	5% Trimmed Mean		22.519 5	
	Median		22.000 0	
	Variance		7.914	
	Std. Deviation		2.8132 6	
	Minimum		17.00	
	Maximum		30.00	
	Range		13.00	
	Interquartile Range		3.500 0	
	Skewness		0.551	0.388
	Kurtosis		0.236	0.759

第二，正态分布检验（Tests of Normality），包括W（Shapiro-Wilk）检验和D（Kolmogorov-Smirnov）检验两个统计量。SPSS规定：当样本含量3≤n≤5000时，结果应以W检验为准；反之，当样本量在5000以上时，则应以D检验结果为准。此处样本量为37，应以W检验结果为准。从表3-29可看出，W检验确定的概率P=0.198＞0.05，不能拒绝检验假设，即该数据服从正态分布。

表3-29　9岁组37名男子体操运动员“30秒悬垂举腿”的测试数据正态分布检验结果表

	Kolmogorov-Smirnov（a）			Shapiro-Wilk		
	Statistic	df	Sig.	Statistic	df	Sig.
VAR00004	0.151	37	0.032	0.960	37	0.198

a：Lilliefors Significance Correction

第三，检验数据的直方图。通过直方图可以更直接、更清楚地看到整体数据的分布情况。从图3-16可看出，9岁组37名男子运动员“30秒悬垂举腿”的测试数据基本符合正态分布，总体上呈向左的正偏态。可见，直方图也完全验证了上述偏度和峰度检验与正态分布检验的结果。

通过以上操作与分析步骤，本研究分别对9~12岁每一个年龄组的每一项评价指标的原始测试数据进行了正态性检验，结果显示所有评价指标的测试数据基本符合或趋向于正态分布。因此，数据符合采用累进计分法建立评分标准的条件。

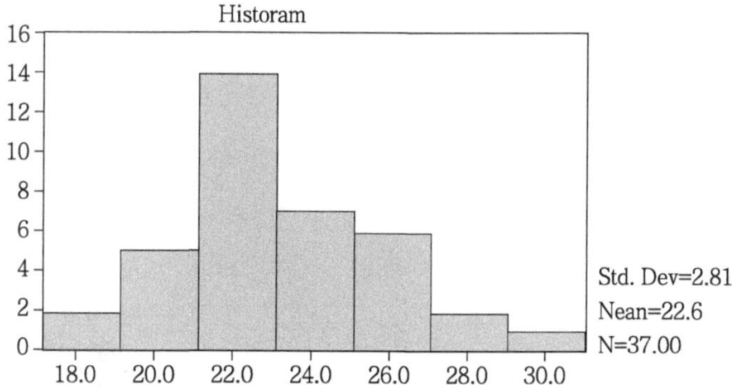

图3-16　9岁组37名男子体操运动员“30秒悬垂举腿”的测试数据直方图

3.6.1.3 评分评价标准的建立

根据上述对少年男子体操运动员身体素质评价指标的属性分析，结合累进计分法的特点，综合对测试数据的正态分布检验结果，本研究采用累进计分法建立20分制的少年男子体操运动员身体素质各个年龄组单项指标的评分评价标准。

（1）计算方法。

累进计分法计算公式为：

$$Y = K \times D^2 - Z = K \times \left(\frac{X - \bar{x}}{S} + 5 \right)^2 - Z$$

式中：Y——累进分值；

式中：K——系数；

式中：D——某成绩在正态分布曲线图横轴上的位置，计算公式为$D = 5 + \frac{X - \bar{x}}{S}$，其中$\bar{x}$为平均值，$S$为标准差；

式中：Z——基分点以左的分数。

计算步骤如下（以9岁组37名男子体操运动员“30秒悬垂举腿”为例）：

①求出原始数据的平均值$\bar{x}$，标准差S，并对其进行正态分布检验。从上述正态性检验可知，原始数据基本符合正态分布，$\bar{x}$=22.6，S=2.8。

②确定评分基分点和满分点的累进分和其对应的原始数据，通常用$\bar{x} \pm 3S$或$\bar{x} \pm 5S$来确定基分点和满分点。鉴于本研究样本含量，将高优指标的满分点成绩定为$\bar{x} \pm 3S$，基分点成绩定为$\bar{x} - 3S$，对于低优指标则相反。可见9岁组男子体操运动员“30秒悬垂举腿”满分对应的成绩为$\bar{x} + 3S$=22.6+3×2.8=31个，0分对应的成绩为22.6−3×2.8≈14个。

③确定评分间距。本研究制定20分制的评分标准，即最优值定为20分，最劣值定为0分，分别将95~5的百分位数的指标值定为19~1分。

④计算每一评分间距点所处原始成绩的D值，值得注意的是：爬绳和400米跑等计时的指标，数据越小越好，其计算公式为：$D = 5 + \frac{\bar{x} - X}{S}$，其他指标数值则越大越好。计算可知，满分点对应的$D$

值为8，基分点对应的D值为2。

⑤将满分点和基分点对应的D值及分数代入方程建立方程组，求出K值为1.6667，Z值为6.6667。

⑥本研究根据需要建立单项评分标准，需要确定的是20分制中每一分值所对应的每一项指标的成绩，即求X的值。通过公式转换可知：

$$X=\left(\sqrt{\frac{Y+Z}{K}}-5\right)\times S+\bar{x}=\left(\sqrt{\frac{Y+6.6667}{1.6667}}-5\right)\times S+\bar{x}$$

反之，类似400米、爬绳、助跑最后5米跑速等低优指标，其计算公式则为：

$$X=\bar{x}-\left(\sqrt{\frac{Y+Z}{K}}-5\right)\times S=\bar{x}-\left(\sqrt{\frac{Y+6.6667}{1.6667}}-5\right)\times S$$

分别代入各指标测试数值的$\bar{x}$和标准差S，再依次代入Y的值：100、95、……、5、0，计算出的X值分别就是各个指标在20分制中20分、19分、……、1分、0分所对应的成绩。

（2）部分指标测试数据的单独处理和说明。

从累进计分法的计算可看出，平均值与标准差是决定最终评价标准的关键因素。

根据体操项目对各素质的需求情况，结合少年时期男子生长发育特点，对部分指标有着独特的要求。故对这些指标，不能只单纯根据其测试成绩计算平均值和标准差制定其评分标准，还必须考虑到项目需求特征。因此，为了提高这些指标标准的客观性、科学性和准确性，有必要对其测试成绩的计算方法进行相应设定。具体如下：

转肩，男子体操项目对柔韧性要求最高的部位是肩部，其作用主要体现在单杠和吊环项目中各类转肩动作中，且甩肩、倒立等动作也需要肩部良好的柔韧性。一方面，根据力量与柔韧的相互转移关系可知，两者的发展存在一定的相互抑制关系，而力量作为体操项目最主要的素质，是体操运动员完成各动作的物质基础；而肩部柔韧性足够运动员顺利转肩、倒立时肩能充分顶开等即可，且需要“柔中带刚”。因此，可以说柔韧性的发展在体操中的作用是典型的倒“U”型，“够用就行”是其发展的主要原则。另一方面，就柔韧性本身发展规律而言，应从儿童少年时期开始重点发展，且男子体操运动员柔韧性很大程度上取决于儿童少年时期训练所达到的水平，后续很难再提高，主要以适当保持为主，且成年体操运动员转肩宽度保持与肩同宽就基本够用，可见其“够用就行”原则在成年男子体操运动员身上体现得更明显。鉴于以上两个方面的考虑，根据专家调查及与教练员的访谈，结合实际预测，9岁运动员转肩宽度达到10厘米定为满分，10岁组和11岁组达到15厘米为满分，12岁组达到20厘米为满分。为了避免引标准差过大，而导致标准脱离实际情况，因此，各年龄组转肩宽度凡低于满分对应的成绩，均计为满分成绩。例如实际测量中，9岁组少于10厘米的成绩均计为10厘米；24名12岁少年男子体操运动员中，只有两名转肩宽度少于20厘米，分别为19厘米和16厘米，均计为20厘米。

400米跑，对其时间的要求不同于田径中单纯的400米跑，主要是反映运动员无氧耐乳酸的能力，能发展运动员心血管和呼吸系统的机能，从而增强运动员体质以适应体操训练和比赛的要求，同时为专项耐力训练奠定基础。另外，还能有效地培养运动员良好的意志品质。通过实际测试，少数运动员达到65秒，但大部分在75秒左右，导致标准差很大，单凭原始数据算出的标准显然不准确。因此，本研究根据对专家和教练员的访谈，结合少年生长发育特点，对数据做了如下调整：12岁组，70秒为满分；11岁组，75秒为满分；10岁和9岁组85秒为满分。即所有组别低于满分的成绩均计为满分成绩。

体前屈，是反映运动员髋部、腿部和腰部柔韧性的指标。显然，按传统的方法只以运动员前屈超过脚的长度作为衡量标准是不科学、不准确的。影响体前屈长度的因素主要还有手臂和躯干的长度。因此，本研究衡量体前屈好坏的计算标准为：（躯干+手臂长-下肢长）-体前屈长度，理论上其值为0。

地面控倒立，一直是国家体操队和省、市体操队普遍采用的反映上肢支撑耐力和身体控制能力的一个指标。根据调查结果，结合与教练员的访谈，在实际训练中，普遍认为12岁男子体操运动员达到4分钟就为优秀；11岁和10岁运动员达到3分半钟为优秀，9岁组能达到3分钟为优秀。因此，对地面控倒立测试数据做如下调整，即12岁组，240秒为满分；11岁组和10岁组，210秒为满分；9岁组满分为180秒。所有组别高于满分的成绩均计为满分成绩。

（3）评分评价标准的建立。

本研究根据累进计分法的计算步骤，结合对转肩、400米跑等指标测试数据的处理，制定了少年男子体操运动员四个年龄组身体素质单项评分标准表，具体见表3-30、表3-31、表3-32、表3-33。

表3-30 少年男子体操运动员9岁组身体素质单项评分标准一览表

分值	A力量						B速度			C耐力			D柔韧		E灵敏	
	A1	A2	A3	A4	A5	A6	B1	B2	B3	C1	C2	C3	D1	D2	E1	E2
20	29	7.0	30	29	40	11.20	7.90	13	3.35	80.0	60	180	10.0	0.0	0	18
19	28	7.4	30	28	39	11.08	7.81	12	3.37	80.8	58	175	10.5	0.3	1	17
18	27	7.8	29	28	38	10.96	7.72	12	3.39	81.5	57	171	11.0	0.6	2	17
17	27	8.2	29	27	37	10.84	7.62	11	3.41	82.3	56	166	11.0	0.9	3	16
16	26	8.6	28	27	35	10.71	7.52	11	3.44	83.1	54	161	11.5	1.3	4	16
15	26	9.0	28	26	34	10.58	7.42	10	3.46	83.9	53	156	12.0	1.6	4	15
14	25	9.5	27	26	33	10.45	7.32	10	3.49	84.7	52	151	12.0	1.9	5	15
13	25	9.9	26	25	32	10.31	7.21	9	3.51	85.6	50	145	12.5	2.3	6	14
12	24	10.4	26	24	31	10.16	7.10	9	3.54	86.5	49	140	13.0	2.7	7	14
11	24	10.9	25	24	29	10.02	6.98	9	3.57	87.4	47	134	13.5	3.1	8	13
10	23	11.4	24	23	28	9.86	6.86	8	3.59	88.4	45	128	13.5	3.5	9	12
9	22	11.9	24	23	26	9.70	6.73	8	3.62	89.4	44	121	14.0	3.9	10	12
8	22	12.5	23	22	25	9.53	6.60	7	3.66	90.4	42	115	14.5	4.3	11	11
7	21	13.1	22	21	23	9.35	6.46	7	3.69	91.6	40	108	15.0	4.8	13	10
6	20	13.7	22	20	22	9.15	6.31	6	3.72	92.8	38	100	15.5	5.3	14	9
5	19	14.4	21	20	20	8.95	6.15	6	3.76	94.0	36	92	16.0	5.8	15	9
4	18	15.1	20	19	18	8.73	5.98	5	3.80	95.4	34	83	16.5	6.4	17	8
3	17	15.9	19	18	16	8.48	5.79	5	3.85	96.9	31	74	17.5	7.0	18	7
2	16	16.8	18	17	13	8.21	5.58	4	3.90	98.6	28	63	18.0	7.7	20	5
1	15	17.8	16	15	10	7.89	5.33	3	3.96	100.6	25	51	19.0	8.5	22	4
0	13	19.1	15	14	7	7.49	5.02	2	4.03	103.1	21	35	20.0	9.6	25	2
单位	个	s	个	个	个	m	m/s	个	s	s	s	s	cm	cm	°	s

表3-31 少年男子体操运动员10岁组身体素质单项评分标准一览表

分	A 力量						B 速度			C 耐力			D 柔韧		E 灵敏	
值	A1	A2	A3	A4	A5	A6	B1	B2	B3	C1	C2	C3	D1	D2	E1	E2
20	30	5.6	32	29	50	12.00	8.15	14	3.30	75.0	60	210	15.0	1.0	0	20
19	29	6.0	31	28	49	11.88	8.06	13	3.32	75.8	58	205	15.5	1.3	1	20
18	29	6.4	31	28	47	11.75	7.96	13	3.34	76.5	56	199	16.0	1.6	2	19
17	28	6.8	30	27	46	11.61	7.86	12	3.36	77.3	55	194	17.0	1.9	2	19
16	28	7.3	29	27	45	11.47	7.75	12	3.39	78.1	53	188	17.5	2.2	3	18
15	27	7.7	29	27	43	11.33	7.65	12	3.41	79.0	51	182	18.0	2.5	4	18
14	27	8.2	28	26	42	11.19	7.54	11	3.43	79.8	49	176	18.5	2.8	4	17
13	26	8.7	28	26	41	11.03	7.42	11	3.45	80.7	47	169	19.0	3.2	5	16
12	26	9.2	27	25	39	10.88	7.31	10	3.48	81.6	45	163	20.0	3.5	6	16
11	25	9.7	27	25	37	10.72	7.19	10	3.50	82.6	43	156	20.5	3.9	7	15
10	24	10.2	26	24	36	10.55	7.06	10	3.53	83.6	41	149	21.5	4.3	7	14
9	24	10.8	25	24	34	10.37	6.93	9	3.56	84.6	38	141	22.0	4.7	8	14
8	23	11.4	25	23	32	10.18	6.79	9	3.59	85.7	36	134	23.0	5.1	9	13
7	22	12.0	24	23	30	9.99	6.64	8	3.62	86.9	33	125	23.5	5.5	10	12
6	22	12.7	23	22	28	9.78	6.49	8	3.65	88.1	31	117	24.5	6.0	11	11
5	21	13.4	22	22	26	9.56	6.32	7	3.68	89.4	28	107	25.5	6.5	12	10
4	20	14.2	21	21	24	9.32	6.14	7	3.72	90.8	25	97	26.5	7.0	13	9
3	19	15.0	20	20	21	9.05	5.94	6	3.76	92.4	21	86	27.5	7.6	15	8
2	18	16.0	19	19	19	8.76	5.72	6	3.81	94.1	17	73	28.5	8.2	16	7
1	16	17.1	18	18	15	8.41	5.46	5	3.86	96.2	13	59	30.0	9.0	18	6
0	15	18.5	16	17	11	7.97	5.13	4	3.93	98.7	7	41	32.0	10.0	20	4
单位	个	s	个	个	个	m	m/s	个	s	s	s	s	cm	cm	°	s

表3-32 少年男子体操运动员11岁组身体素质单项评分标准一览表

分	A 力量								B 速度			C 耐力			D 柔韧		E 灵敏	
值	A1	A2	A3	A4	A5	A6	A7	A8	B1	B2	B3	C1	C2	C3	D1	D2	E1	E2
20	28	5.6	32	30	18	26	18	12.70	8.25	18	3.20	75.0	210	50	15.0	1.4	0	25
19	27	6.0	31	29	17	26	17	12.55	8.15	17	3.22	75.5	206	49	16.0	1.7	1	24
18	27	6.4	31	28	17	25	17	12.40	8.06	17	3.24	76.1	201	48	17.0	2.1	2	24
17	26	6.8	30	27	16	25	16	12.25	7.96	17	3.26	76.7	197	46	18.0	2.4	3	23
16	26	7.2	30	26	16	25	16	12.09	7.87	16	3.29	77.3	192	45	19.0	2.8	4	22
15	25	7.7	29	25	15	24	15	11.93	7.76	16	3.31	77.9	187	43	20.0	3.2	5	21

续表

分	A力量								B速度			C耐力			D柔韧		E灵敏	
值	A1	A2	A3	A4	A5	A6	A7	A8	B1	B2	B3	C1	C2	C3	D1	D2	E1	E2
14	25	8.1	29	24	15	24	15	11.76	7.66	15	3.33	78.5	182	42	21.5	3.5	6	21
13	24	8.6	28	23	14	23	14	11.59	7.55	15	3.36	79.2	177	40	22.5	3.9	8	20
12	24	9.1	28	22	13	23	14	11.41	7.44	15	3.38	79.9	171	39	23.5	4.3	9	19
11	23	9.6	27	21	13	23	13	11.23	7.32	14	3.41	80.6	165	37	25.0	4.8	10	18
10	23	10.1	27	20	12	22	12	11.03	7.20	14	3.44	81.3	159	35	26.0	5.2	11	17
9	22	10.7	26	18	11	22	12	10.83	7.07	13	3.47	82.1	153	33	27.5	5.7	12	16
8	22	11.2	25	17	11	21	11	10.62	6.94	13	3.50	82.9	147	31	29.0	6.2	14	15
7	21	11.8	25	16	10	21	10	10.40	6.80	12	3.53	83.7	140	29	30.5	6.7	15	14
6	21	12.5	24	14	9	20	9	10.16	6.65	12	3.56	84.6	133	27	32.0	7.2	17	13
5	20	13.2	23	13	8	19	9	9.91	6.49	11	3.60	85.6	125	25	34.0	7.8	18	12
4	20	13.9	22	11	7	19	8	9.63	6.32	10	3.64	86.6	117	22	35.5	8.4	20	11
3	19	14.8	22	9	6	18	7	9.33	6.13	10	3.68	87.8	107	19	37.5	9.1	22	10
2	18	15.7	21	7	5	17	5	8.99	5.91	9	3.73	89.1	97	16	40.0	9.9	24	8
1	17	16.8	19	5	4	16	4	8.59	5.67	8	3.79	90.6	85	13	42.5	10.8	27	6
0	16	18.1	18	2	2	15	2	8.10	5.35	7	3.86	92.5	70	8	46.0	11.9	30	4
单位	个	s	个	个	个	个	个	m	m/s	个	s	s	个	s	cm	cm	°	s

表3-33 少年男子体操运动员12岁组身体素质单项评分标准一览表

分	A力量								B速度			C耐力			D柔韧		E灵敏	
值	A1	A2	A3	A4	A5	A6	A7	A8	B1	B2	B3	C1	C2	C3	D1	D2	E1	E2
20	29	5.0	20	50	23	27	20	13.30	8.50	19	3.15	70.0	240	80	20.0	1.9	0	30
19	28	5.3	19	48	22	26	19	13.15	8.41	18	3.17	70.6	235	78	21.0	2.3	1	29
18	28	5.7	18	47	21	26	19	12.99	8.32	18	3.19	71.2	229	77	22.5	2.6	2	28
17	27	6.0	18	45	20	26	18	12.83	8.22	18	3.21	71.8	224	75	23.5	3.0	2	27
16	27	6.4	17	44	19	25	18	12.66	8.13	17	3.23	72.4	219	73	25.0	3.4	3	26
15	26	6.8	17	42	18	25	17	12.49	8.03	17	3.25	73.0	213	72	26.0	3.8	4	25
14	26	7.2	16	40	17	25	17	12.31	7.93	17	3.27	73.7	207	70	27.5	4.2	4	24
13	25	7.6	15	39	17	24	16	12.12	7.82	16	3.29	74.4	201	68	28.0	4.6	5	23
12	25	8.0	15	37	16	24	15	11.93	7.71	16	3.31	75.1	195	66	29.5	5.0	6	22
11	24	8.4	14	35	16	23	15	11.74	7.60	15	3.33	75.8	188	64	30.5	5.5	7	21
10	24	8.9	13	33	15	23	14	11.53	7.48	15	3.36	76.6	181	62	32.0	5.9	8	20

续表

分值	A 力量								B 速度			C 耐力			D 柔韧		E 灵敏	
	A1	A2	A3	A4	A5	A6	A7	A8	B1	B2	B3	C1	C2	C3	D1	D2	E1	E2
9	23	9.3	13	31	15	22	13	11.31	7.35	15	3.38	77.4	174	60	33.0	6.4	8	19
8	23	9.8	12	29	14	22	12	11.09	7.22	14	3.41	78.2	167	58	34.5	6.9	9	18
7	22	10.3	11	27	13	21	12	10.85	7.09	14	3.44	79.1	159	55	36.0	7.5	10	17
6	22	10.9	10	24	12	21	11	10.60	6.94	13	3.47	80.1	151	53	37.5	8.0	11	15
5	21	11.5	9	22	11	20	10	10.33	6.79	12	3.50	81.1	142	50	39.5	8.6	12	14
4	21	12.1	8	19	9	20	9	10.03	6.62	12	3.53	82.2	132	47	41.0	9.3	13	13
3	20	12.8	7	16	8	19	8	9.71	6.43	11	3.57	83.4	121	44	43.0	10.0	15	11
2	19	13.6	6	13	7	18	7	9.35	6.22	10	3.61	84.7	109	40	45.5	10.8	16	9
1	18	14.5	4	9	5	17	5	8.92	5.98	10	3.66	86.3	96	36	48.0	11.8	18	7
0	17	15.7	2	4	3	16	3	8.40	5.68	9	3.72	88.3	78	31	51.0	13.0	20	4
单位	个	s	个	个	个	个	个	m	m/s	个	s	s	个	s	cm	cm	°	s

3.6.2 等级评价标准的建立

建立等级评价标准的目的是科学准确地判断少年男子体操运动员各单项身体素质和综合身体素质的层次与水平。具体到本研究，等级标准是指每项指标不同等级标准对应的不同的指标值或区间值，涉及一级指标、二级指标和综合身体素质的等级标准。

建立等级评价标准主要有如下两个步骤：

第一步，确定评价等级的数量。在体育测量与评价中，常用优、良、中、差、劣或上、中上、中、中下、下的五级评价标准，本研究主要分上等、中上等、中等、中下等、下等五级建立少年男子体操运动员身体素质的单项和综合等级评价标准。

第二步，确定等级之间人数的百分位数。在测量与评价实践中，通常都执行以下标准：上等为10%（90%以上），中上等为15%（≥75%~90%），中等为50%（≥25%~75%），中下等为15%（≥10%~25%），下等为10%（10%以下）。但实践中百分位数视具体情况而定。本研究样本含量基本符合大样本含量（$n>30$）的要求，但总量仍不算太大，且含有大量的优秀少年体操运动员；而通过对原始数据的正态性检验可知，大部分数据总体上呈向左的正偏态，即部分较差的指标值按通常标准可确定为中等，而根据体操项目对身体素质水平的需要分析，实际已属于中下等水平。同理，被确定为中等的指标值，在实际中已属于上等水平。将建立的单项评分标准再次反馈给部分教练员及专家，单项评分标准得到了教练员和专家的一致认同；而在等级标准制定方面，综合教练员和专家的意见，对等级百分位数的上限和下限进行了相应调整，具体如下：上等为15%（85%以上），中上等为15%（＞70%~85%），中等为40%（30%~70%），中下等为15%（＞15%~30%），下等为15%（15%以下）。据此建立我国少年男子体操运动员身体素质综合和单项等级评价标准。

3.6.2.1 单项等级评价标准的建立

根据等级评价标准的原则和方法，本研究对我国少年男子体操运动员9~12岁四个年龄组单项身体素质按照上述调整后的五级等级标准建立等级评价标准，见表3-34、表3-35、表3-36、表3-37。

表3-34 9岁组少年男子体操运动员身体素质单项指标等级标准表

评价指标		等级标准				
		上等 85%以上	中上等 ＞70%~85%	中等 30%~70%	中下等 15%~＜30%	下等 15%以下
A力量	A1 30秒摆动引体向上	＞27	＞25~27	20~25	17~＜20	＜17
	A2 5米手脚并用爬绳	＜8.2	＜9.5~8.2	13.7~9.5	15.9~＞13.7	＞15.9
	A3 30秒双臂屈伸	＞29	＞27~29	22~27	19~＜22	＜19
	A4 30秒肋木悬垂举腿	＞27	＞26~27	20~26	18~＜20	＜18
	A5 地面直臂屈体分腿连续提倒立	＞37	＞33~37	22~33	16~＜22	＜16
	A6 五级蛙跳	＞10.84	＞10.45~10.84	9.15~10.45	8.48~＜9.15	＜8.48
B速度	B1 助跑最后5米跑速	＞7.62	＞7.32~7.62	6.31~7.32	5.79~＜6.31	＜5.79
	B2 15秒原地团身后空翻	＞13	＞12~13	8~12	7~＜8	＜7
	B3 连续5个后手翻	＜3.41	＜3.49~3.41	3.72~3.49	3.85~＞3.72	＞3.85
C耐力	C1 400米跑	＜82.3	＜84.7~82.3	92.8~84.7	96.9~＞92.8	＞96.9
	C2 双杠直角支撑	＞56	＞52~56	38~52	31~＜38	＜31
	C3 地面控倒立	＞166	＞151~166	100~151	74~＜100	＜74

续表

评价指标		等级标准				
		上等 85%以上	中上等 >70%~85%	中等 30%~70%	中下等 15%~<30%	下等 15%以下
D 柔 韧	D1 转肩	< 11.0	< 12.0~11.0	15.5~12.0	17.5~ > 15.5	> 17.5
	D2 站立并腿体前屈	< 0.9	< 1.9~0.9	5.3~1.9	7.0~ > 5.3	> 7.0
E 灵 敏	E1 原地跳转360°	< 3	< 5~3	14~5	18~ > 14	> 18
	E2 闭目单足站立平衡	> 16	> 15~16	9~15	7~ < 9	< 7

表3-35　10岁组少年男子体操运动员身体素质单项指标等级标准表

评价指标		等级标准				
		上等 85%以上	中上等 > 70%~85%	中等 30%~70%	中下等 15%~ < 30%	下等 15%以下
A 力 量	A1 30 秒摆动引体向上	> 28	> 27~28	22~27	19~ < 22	< 19
	A2 5米手脚并用爬绳	< 6.8	< 8.2~6.8	8.2~12.7	15.0~ > 12.7	> 15.0
	A3 30秒双臂屈伸	> 30	> 28~30	23~28	20~ < 23	< 20
	A4 30秒肋木悬垂举腿	> 27	> 26~27	22~26	20~ < 22	< 20
	A5 地面直臂屈体分腿连续提倒立	> 46	> 42~46	28~42	21~ < 28	< 21
	A6 五级蛙跳	> 11.61	> 11.19~ 11.61	9.78~11.19	9.05~ < 9.78	< 9.05
B 速 度	B1 助跑最后5米跑速	> 7.86	> 7.54~7.86	6.49~7.54	5.94~ < 6.49	< 5.94
	B2 15秒原地团身后空翻	> 14	> 13~14	9~13	7~ < 9	< 7
	B3 连续5个后手翻	< 3.36	3.36~ < 3.43	3.43~3.65	3.76~ > 3.65	> 3.76
C 耐 力	C1 400米跑	< 77.3	77.3~ < 79.8	79.8~88.1	92.4~ > 88.1	> 92.4
	C2 吊环直角支撑	> 55	> 49~55	49~31	21~ < 31	< 21
	C3 地面控倒立	> 194	> 176~194	117~176	86~ < 117	< 86
D 柔 韧	D1 转肩	< 17.0	< 18.5~17.0	18.5~24.5	27.5~ > 24.5	> 27.5
	D2 站立并腿体前屈	< 1.9	< 2.8~1.9	2.8~6.0	7.6~ > 6.0	> 7.6
E 灵 敏	E1 原地跳转360°	< 2	< 4~2	4~11	15~ > 11	> 15
	E2 闭目单足站立平衡	> 19	> 17~19	11~17	8~ < 11	< 8

表3-36　11岁组少年男子体操运动员身体素质单项指标等级标准表

评价指标		等级标准				
		上等 85%以上	中上等 > 70%~85%	中等 30%~70%	中下等 15%~ < 30%	下等 15%以下
A力量	A1 30 秒摆动引体向上	> 26	> 25~26	21~25	19~ < 21	< 19
	A2 5米徒手爬绳	< 6.8	< 8.1~6.8	8.1~12.5	14.8 > 12.5	> 14.8
	A3 30秒双臂屈伸	> 30	> 29~30	24~29	22~ < 24	< 22
	A4 吊环控倒立	> 27	> 24~27	14~24	9~ < 14	< 9
	A5 吊环俯撑压十字	> 16	> 15~16	9~15	6~ < 9	< 6
	A6 30秒肋木悬垂举腿	> 25	> 24~25	20~24	18~ < 20	< 18
	A7 低双杠直臂屈体并腿连续提倒立	> 16	> 15~16	9~15	7~ < 9	< 7
	A8 五级蛙跳	> 12.25	> 11.76~ 12.25	10.16~11.76	9.33~ < 10.16	< 9.33
B速度	B1 助跑最后5米跑速	> 7.96	> 7.66~7.96	6.65~7.66	6.13~ < 6.65	< 6.13
	B2 20秒原地团身后空翻	> 17	> 15~17	12~15	10~ < 12	< 10
	B3 连续5个后手翻	< 3.26	< 3.33~3.26	3.33~3.56	3.68~ > 3.56	> 3.68
C耐力	C1 400米跑	< 76.7	< 78.5~76.7	78.5~84.6	87.8~ > 84.6	> 87.8
	C2 蘑菇全旋	> 46	> 42~46	27~42	19~ < 27	< 19
	C3 地面控倒立	> 197	> 182~197	133~182	107~ < 133	< 107
D柔韧	D1 转肩	< 18.0	< 21.5~18.0	21.5~32.0	37.5~ > 32.0	> 37.5
	D2 站立并腿体前屈	< 2.4	< 3.5~2.4	3.5~7.2	9.1~ > 7.2	> 9.1
E灵敏	E1 原地跳转540°	< 3	< 6~3	6~17	22~ > 17	> 22
	E2 闭目单足站立平衡	> 23	> 21~23	13~21	10~ < 13	< 10

表3-37　12岁组少年男子体操运动员身体素质单项指标等级标准表

评价指标		等级标准				
		上等 85%以上	中上等 > 70%~85%	中等 30%~70%	中下等 15%~ < 30%	下等 15%以下
A 力量	A1 30秒摆动引体向上	> 27	> 26~27	22~26	20~ < 22	< 20
	A2 5米徒手爬绳	< 6.0	< 7.2~6.0	7.2~10.9	12.8~ > 10.9	> 12.8
	A3 低双杠连续推倒立	> 18	> 16~18	10~16	7~ < 10	< 7
	A4 吊环控倒立	> 45	> 40~45	24~40	16~ < 24	< 16
	A5 吊环俯撑压十字	> 20	> 17~20	12~17	8~ < 12	< 8
	A6 30秒肋木悬垂举腿	> 26	> 25~26	21~25	19~ < 21	< 19
	A7 低双杠直臂屈体并腿连续提倒立	> 18	> 17~18	11~17	8~ < 11	< 8
	A8 五级蛙跳	> 12.83	> 12.31~12.83	10.60~12.31	9.71~ < 10.60	< 9.71
B 速度	B1 助跑最后5米跑速	> 8.22	> 7.93~8.22	6.94~7.93	6.43~ < 6.94	< 6.43
	B2 20秒原地团身后空翻	> 18	> 17~18	13~17	11~ < 13	< 11
	B3 连续5个后手翻	< 3.21	< 3.27~3.21	3.27~3.47	3.57~ > 3.47	> 3.57
C 耐力	C1 400米跑	< 71.8	< 73.7~71.8	73.7~80.1	83.4~ > 80.1	> 83.4
	C2 蘑菇全旋	> 75	> 70~75	53~70	44~ < 53	< 44
	C3 地面控倒立	> 224	> 207~224	151~207	121~ < 151	< 121
D 柔韧	D1 转肩	< 23.5	< 27.5~23.5	27.5~37.5	43.0~ > 37.5	> 43.0
	D2 站立并腿体前屈	< 3.0	< 4.2~3.0	4.2~8.0	10.0~ > 8.0	> 10.0
E 灵敏	E1 原地跳转540°	< 2	< 4~2	4~11	15~ > 11	> 15
	E2 闭目单足站立平衡	> 27	> 24~27	15~24	11~ < 15	< 11

3.6.2.2　综合等级评价标准的建立

根据单项身体素质等级标准的建立及评价方法，本研究将各单项指标进行加权总和建立五个一级指标及整个身体素质综合等级标准，具体见表3-38、表3-39、表3-40、表3-41。

表3-38　9岁组少年男子体操运动员身体素质综合等级标准表（单位：分）

评价指标	等级				
	上等 85%以上	中上等 > 70%~85%	中等 30%~70%	中下等 15%~ < 30%	下等 15%以下
A 力量	> 15.66	> 14.84~15.66	11.47~14.84	9.58~ < 11.47	< 9.58
B 速度	> 17.09	> 15.67~17.09	10.31~15.57	8.34~ < 10.31	< 8.34
C 耐力	> 15.87	> 14.65~15.87	11.29~14.65	9.83~ < 11.29	< 9.83
D 柔韧	> 17.69	> 16.18~17.69	13.05~16.18	11.36~ < 13.05	< 11.36
E 灵敏	> 16.23	> 14.34~16.23	10.55~14.34	9.38~ < 10.55	< 9.38
综合身体素质	> 16.02	> 15.02~16.02	11.47~15.02	9.92~ < 11.47	< 9.92

表3-39　10岁组少年男子体操运动员身体素质综合等级标准表（单位：分）

评价指标	等级				
	上等 85%以上	中上等 > 70%~85%	中等 30%~70%	中下等 15%~ < 30%	下等 15%以下
A 力量	> 16.28	> 15.17~16.28	12.14~15.17	9.42~ < 12.14	< 9.42
B 速度	> 15.60	> 14.58~15.60	11.88~14.58	10.62~ < 11.88	< 10.62
C 耐力	> 16.01	> 15.13~16.01	11.89~15.13	10.50~ < 11.89	< 10.50
D 柔韧	> 17.04	> 15.69~17.04	12.80~15.69	11.81~ < 12.80	< 11.81
E 灵敏	> 16.15	> 14.71~16.15	12.25~14.71	9.76~ < 12.25	< 9.76
综合身体素质	> 15.90	> 14.67~15.90	12.62~14.67	10.79~ < 12.62	< 10.79

表3-40　11岁组少年男子体操运动员身体素质综合等级标准表（单位：分）

评价指标	等级				
	上等 85%以上	中上等 > 70%~85%	中等 30%~70%	中下等 15%~ < 30%	下等 15%以下
A 力量	> 15.44	> 14.61~15.44	11.72~14.61	9.92~ < 11.72	< 9.92
B 速度	> 15.89	> 14.82~15.89	10.99~14.82	9.87~ < 10.99	< 9.87
C 耐力	> 16.27	> 15.38~16.27	12.91~15.38	11.13~ < 12.91	< 11.13
D 柔韧	> 16.20	> 14.94~16.20	11.53~14.94	9.80~ < 11.53	< 9.80
E 灵敏	> 15.83	> 14.46~15.83	11.18~14.46	9.58~ < 11.18	< 9.58
综合身体素质	> 15.64	> 14.82~15.64	11.50~14.82	9.96~ < 11.50	< 9.96

表3-41 12岁组少年男子体操运动员身体素质综合等级标准表（单位：分）

评价指标	等级				
	上等 85%以上	中上等 ＞70%~85%	中等 30%~70%	中下等 15%~＜30%	下等 15%以下
A 力量	＞15.81	＞15.21~15.81	11.51~15.21	11.03~＜11.51	＜11.03
B 速度	＞15.31	＞15.12~15.31	10.83~15.12	8.67~＜10.83	＜8.67
C 耐力	＞15.99	＞14.61~15.99	12.64~14.61	10.17~＜12.64	＜10.17
D 柔韧	＞15.23	＞14.66~15.23	12.40~14.66	8.67~＜12.40	＜8.67
E 灵敏	＞16.03	＞14.22~16.03	11.09~14.22	9.33~＜11.09	＜9.33
综合身体素质	＞15.43	＞14.61~15.42	10.87~14.61	10.06~＜10.87	＜10.06

从整个评分评价标准与等级评价标准的设置可知，整个评价标准具有如下特点：

（1）分4个年龄组分别设置标准。四个年龄组有很多相同的指标，但同样的指标是根据每个年龄组的实际情况制定不同的评价标准，显然既符合技术动作的需求特征，又符合运动训练的实际水平。

（2）更注重标准量化的科学性。例如，转肩等指标的评价标准的设计突出“够用就行”的原则，既符合男子体操项目的需求特征，又充分考虑了各身体素质之间的转移关系；体前屈等指标标准更具科学与合理性、客观与真实性。

（3）具体评价标准更具体、细化、精确，运动员各项身体素质具体评价分数更具区分度。

3.7 本章小结

整个评价指标体系是对少年男子体操运动员身体素质实施评价与诊断的工具与手段。通过本章研究，完成了本研究的第二个具体任务，即在第二章基础理论分析的基础上，构建我国少年男子体操运动员身体素质评价指标体系。

（1）分4个年龄组分别建立评价体系；整个评价指标体系的构建原则是：系统性与层次性相结合、科学性与适用性相结合、全面性与重点性相结合、阶段性与发展性相结合、定量与定性相结合等原则。

（2）通过3轮德尔菲法专家咨询，结合因子分析法对指标体系结构的检验，得到了较为全面完整的少年男子体操运动员4个年龄组身体素质评价指标体系，一级指标均为5个：力量、速度、耐力、柔韧、灵敏；9岁、10岁组二级指标均为16个，其中力量素质指标6个，速度素质和耐力素质指标均为3个，柔韧素质指标和灵敏素质指标均为2个。11岁、12岁组二级指标均为18个，其中力量素质指标8个，其他素质指标个数同9岁、10岁组。

（3）通过模糊综合评价法，综合考虑专家对每一个指标的重要性、可操作性和敏感性3个属性的判断，进而得出4个年龄组一、二级指标的权重。总体上，力量素质权重逐步增加，速度素质稳定发展，耐力素质逐步加强发展，柔韧素质与灵敏素质权重逐步减少。

（4）根据少年男子体操运动员身体素质评价指标的属性，通过科学的测量，以及对测试结果科学性与正态分布的检验，采用累进计分法建立少年男子体操运动员4个年龄组身体素质单项和综合评分标准；分上等、中上等、中等、中下等、下等五级建立少年男子体操运动员四个年龄组身体素质的单项和综合评价标准。

4 少年男子体操运动员身体素质的评价

身体素质是运动员机体的基本运动能力，是运动员体能的核心构成部分。提高身体素质主要服务于运动员竞技能力的提高和动作技术的发展。根据已建立的综合评价指标体系，对我国少年男子体操运动员身体素质实施评价，在微观上能及时掌握每名运动员目前的身体素质现状，有效地检验身体素质训练的效果，发现身体素质训练过程中不同环节所存在的问题，进而在宏观层面把握目前我国少年男子体操运动员身体素质的整体发展状况和发展目标，为规范少年男子体操运动员身体素质训练过程，进一步修订和制订切实可行的训练目标和计划提供科学的依据和引导；对减少训练的盲目性、提高身体素质训练的科学化水平、实现身体素质训练过程的最佳化具有重要的实践意义。

4.1 评分评价结果与分析

根据已建立的各单项指标的评分标准和已确定的各指标权重，结合我国少年男子体操运动员各项身体素质评价指标的科学测量数据，可以实现对我国9~12岁少年男子体操运动员单项身体素质指标和综合身体素质的评分评价。

4.1.1 身体素质单项指标评分评价结果

根据已建立的20分制的单项指标评分标准表，针对9~12岁4个年龄组少年男子体操运动员身体素质的原始测试数据，便可直接查出少年男子体操运动员4个年龄组在每项指标上的得分和所处位置，直观地、定量地对少年男子体操运动员身体素质进行评价，进而实现对不同少年男子体操运动员身体素质各指标的发展水平的横向比较，直观地反映每名运动员在身体素质各方面的水平差异、差距，微观地发现每名运动员身体素质在某一具体方面存在的问题和不足，以便因材施训，有针对性地改进与提高。

累进计分法计算公式为：$Y_i = K \times D^2 - Z = K \times \left(\dfrac{X - \overline{x}}{S} + 5 \right)^2 - Z$

$$Y = \frac{Y_i}{5}$$

另外，针对所有指标的测试数据，凡是达到或高于上限值的指标均按上限值计算，凡低于基点成绩的指标均按基点成绩计算。

通过累进计分法，将测试成绩全部统一量化，便得到了每个年龄组每一名运动员的评分评价结果，具体见表4-1至表4-4，通过评分评价结果，能从微观层面直接辨识每名运动员每项身体素质的发展情况，并能对各项素质进行客观、统一的对比与分析。

表4-1 9岁组少年男子体操运动员单项身体素质评分评价结果一览表

姓名	力量素质						速度素质			耐力素质			柔韧素质		灵敏素质	
	A1	A2	A3	A4	A5	A6	B1	B2	B3	C1	C2	C3	D1	D2	E1	E2
段某	11.63	11.56	12.29	14.29	12.27	15.98	14.38	11.44	13.75	14.66	9.60	16.24	18.32	11.70	12.93	15.35
牟某	16.17	15.02	13.88	18.69	18.01	14.40	15.16	16.19	16.08	12.42	11.31	13.17	15.30	19.03	15.25	13.79
李某	15.51	11.80	16.28	13.21	15.44	18.18	17.06	19.00	18.27	14.09	13.26	16.35	19.12	14.02	16.02	15.03
石某	18.03	17.02	15.76	17.81	16.99	15.54	17.94	18.37	18.19	18.37	16.05	16.10	14.36	15.90	19.12	18.02
骆某	15.01	14.17	15.58	14.05	13.56	15.52	16.31	17.66	16.29	17.41	12.94	14.30	21.00	11.62	15.76	14.67
王某	14.18	13.87	16.88	15.21	15.78	13.48	16.86	15.38	14.46	12.29	14.00	14.67	21.00	16.93	13.97	15.57
张某	14.63	14.24	18.08	13.32	14.63	11.25	13.96	14.36	13.75	14.88	13.25	7.49	16.83	12.08	13.69	13.83
勒某	17.10	17.06	18.39	15.89	17.58	19.48	17.42	16.42	19.07	16.21	17.18	19.52	15.10	17.29	17.52	18.10
逯某	15.42	15.00	16.18	16.29	10.22	15.58	17.97	15.44	15.27	13.09	16.03	13.17	17.04	13.80	14.02	14.50
张某	10.97	9.05	13.69	14.05	6.09	10.52	9.47	11.44	10.96	13.29	11.05	10.78	12.70	14.25	15.44	13.21
袁某	15.02	14.61	16.29	13.15	15.32	18.30	19.21	15.67	16.54	15.58	15.37	20.50	18.64	14.78	16.69	16.64
刘某	14.63	13.87	9.39	12.72	9.56	16.78	9.17	14.08	6.05	14.66	13.01	20.50	21.00	12.80	8.07	17.31
郭某	13.67	10.27	11.08	9.21	11.72	13.33	14.92	11.44	14.33	12.42	18.21	6.25	15.60	12.78	7.07	10.25
郑某	14.63	8.36	12.29	13.24	6.61	12.75	11.29	12.44	13.97	10.36	13.77	9.97	15.76	11.06	10.70	11.86
蔡某	14.63	13.08	16.68	15.01	15.96	17.04	16.77	17.14	17.76	15.80	13.57	14.89	16.23	13.13	16.67	16.78
李某	10.94	7.54	15.58	10.72	5.59	11.76	5.06	7.04	12.18	11.93	5.57	7.49	13.10	11.21	10.26	6.64
朱某	10.43	9.55	13.89	10.29	6.61	6.23	7.54	14.08	6.05	10.43	15.33	6.25	12.13	10.10	10.74	11.11
陈某	12.51	11.54	16.38	16.14	13.52	14.28	14.07	15.69	13.75	14.66	15.41	16.24	20.21	15.12	10.26	14.14
张某	13.63	12.29	13.89	10.53	8.92	11.88	12.60	11.92	10.75	14.68	10.74	10.31	13.89	11.02	11.05	14.87
汤某	15.45	15.17	16.28	15.94	17.83	14.69	17.54	14.08	17.09	15.94	15.04	18.17	20.00	16.71	16.67	15.79
李某	15.69	18.68	16.38	17.23	18.64	14.22	16.25	17.09	18.17	15.51	15.72	16.32	14.68	13.39	18.25	15.52
吴某	16.50	13.77	14.08	15.89	4.65	9.75	11.73	9.87	10.96	12.90	13.30	11.89	21.00	20.00	8.88	10.61
杨某	13.49	9.55	10.71	11.05	6.61	6.04	12.65	7.04	12.05	8.46	12.72	10.31	21.00	16.98	18.36	4.60
潘某	12.51	13.87	6.89	15.89	10.50	11.76	7.79	5.27	11.98	8.52	11.93	10.48	16.32	11.48	12.71	6.64
龙某	10.71	4.18	9.39	9.40	11.60	7.23	10.28	11.80	9.18	11.93	11.84	12.70	15.01	9.32	8.07	9.03

续表

姓名	力量素质						速度素质			耐力素质			柔韧素质		灵敏素质	
	A1	A2	A3	A4	A5	A6	B1	B2	B3	C1	C2	C3	D1	D2	E1	E2
闫某	11.02	5.69	17.38	7.82	12.32	9.75	6.83	7.04	6.05	13.76	6.21	8.70	7.37	8.88	10.26	13.28
高某	7.97	11.80	13.38	10.72	13.07	9.35	8.32	12.08	10.52	12.75	7.95	8.84	9.10	3.50	8.88	11.57
吴某	14.77	14.16	14.39	13.11	12.32	14.39	16.35	16.03	14.52	19.12	14.10	12.38	19.84	16.23	13.29	5.39
詹某	12.80	11.24	14.18	11.18	10.60	12.02	12.44	10.04	14.97	14.09	11.13	10.31	11.60	15.20	12.16	11.77
曾某	10.98	6.18	11.88	7.82	8.09	9.75	10.10	9.08	9.76	11.38	13.88	8.84	10.45	13.11	8.07	13.08
叶某	9.82	7.08	13.08	6.53	5.84	9.95	9.17	8.59	7.01	11.02	8.09	7.49	10.16	13.10	10.26	7.79
许某	15.51	11.54	14.88	13.82	10.01	12.69	11.07	10.67	8.95	12.46	15.32	5.12	13.00	13.10	9.05	10.36
何某	6.30	5.50	10.30	9.22	11.60	6.23	9.77	11.36	9.49	10.89	11.87	13.30	9.69	7.78	8.07	6.64
欧某	15.21	14.87	17.38	15.28	15.91	15.40	14.47	16.27	15.47	14.02	15.33	14.48	17.02	15.12	16.92	14.60
梁某	14.91	13.23	19.27	15.72	15.58	14.04	14.78	14.98	15.18	16.20	15.21	13.89	16.29	14.44	14.35	13.71
李某	12.81	5.68	15.27	11.28	11.09	13.69	11.13	7.21	4.89	11.00	9.30	6.25	12.40	8.30	10.26	14.87
罗某	11.02	10.81	11.79	12.48	8.61	6.23	9.94	8.58	6.05	7.99	10.67	9.97	16.10	6.52	12.71	7.79

表4-2 10岁组少年男子体操运动员单项身体素质评分评价结果一览表

姓名	力量素质						速度素质			耐力素质			柔韧素质		灵敏素质	
	A1	A2	A3	A4	A5	A6	B1	B2	B3	C1	C2	C3	D1	D2	E1	E2
张某	15.35	15.01	19.44	17.22	15.77	14.98	18.18	15.06	17.37	18.62	15.09	18.57	14.08	15.23	16.92	17.33
张某	13.60	12.34	13.80	13.38	17.20	13.42	13.93	12.87	12.71	17.18	12.63	13.00	17.90	13.10	13.26	13.79
王某	14.60	12.51	13.60	13.21	11.78	13.78	13.06	8.53	9.74	14.81	11.28	11.76	14.50	14.40	14.02	12.03
张某	18.20	15.34	17.41	16.71	13.89	12.98	13.50	14.87	12.27	13.70	10.60	11.42	20.00	13.17	11.07	13.64
王某	17.52	17.02	16.85	19.33	15.43	13.77	15.26	13.17	14.83	16.14	15.34	14.55	14.24	14.90	18.16	15.79
邹某	5.18	4.37	11.41	10.50	9.01	8.81	10.06	13.17	14.47	15.97	6.04	13.30	20.00	16.20	20.00	8.58
周某	16.33	16.04	16.82	15.28	17.78	18.01	15.40	18.72	15.56	15.01	16.39	20.00	14.74	16.90	19.21	14.79
唐某	16.46	16.49	15.12	18.67	18.73	14.25	12.41	14.16	15.40	15.76	17.24	15.12	15.50	18.78	16.69	14.71
江某	15.13	15.28	17.55	15.22	16.69	16.03	14.97	17.33	16.34	15.81	16.27	17.04	14.51	15.27	17.02	15.63
黄某	17.33	13.83	15.37	16.28	11.37	13.60	13.40	13.01	18.07	16.36	10.54	14.60	17.30	15.87	12.57	14.31
姚某	17.04	18.41	17.41	15.37	15.76	16.32	17.92	16.29	14.92	14.69	15.46	15.77	15.54	15.12	15.69	16.63
杨某	15.98	14.90	15.13	14.98	15.43	15.60	13.92	14.67	15.32	14.81	13.42	19.12	11.73	11.89	16.06	15.12
李某	15.56	14.92	16.35	17.71	17.87	15.77	15.12	15.26	16.56	17.31	15.51	18.40	13.28	14.87	16.20	14.06
赵某	15.45	15.08	18.42	14.38	15.77	11.43	17.03	13.73	10.51	12.62	18.31	10.58	19.10	18.02	12.76	18.86
崔某	8.53	7.76	5.42	13.28	7.78	10.56	6.48	8.58	9.74	15.18	9.46	9.45	9.30	11.80	8.07	11.57
滕某	13.33	11.24	13.45	12.23	13.00	15.74	12.06	11.73	12.27	14.81	11.39	13.67	7.66	16.92	11.26	6.64
梁某	7.55	10.28	11.42	11.23	9.78	6.63	10.54	6.58	3.83	14.18	4.68	12.67	20.00	5.31	9.36	20.00

续表

姓名	力量素质						速度素质			耐力素质			柔韧素质		灵敏素质	
	A1	A2	A3	A4	A5	A6	B1	B2	B3	C1	C2	C3	D1	D2	E1	E2
罗某	11.89	8.28	13.42	10.92	11.12	8.60	8.73	9.58	11.57	9.65	10.63	11.15	19.39	19.94	10.26	11.24
刘某	6.42	10.99	10.56	11.38	9.94	5.98	12.05	13.17	10.57	10.60	6.28	9.81	12.85	13.57	13.71	8.87
白某	14.33	13.86	14.49	13.28	13.66	15.10	14.54	11.73	8.71	8.75	12.60	8.40	16.30	10.42	14.07	11.79
蒙某	10.33	10.76	13.81	8.38	7.78	9.77	12.86	11.77	9.74	14.76	10.38	6.08	8.30	10.32	11.26	10.36
黄某	7.55	6.24	10.81	6.65	10.52	10.67	13.00	10.73	15.27	15.18	8.73	10.19	11.70	4.77	12.36	6.64
程某	14.68	14.15	15.73	15.08	16.51	14.62	14.65	13.17	16.02	13.03	13.00	15.13	17.30	13.10	15.35	10.98
程某	13.89	14.21	14.81	16.00	15.21	13.90	16.79	15.28	9.74	9.65	12.98	16.39	11.42	14.09	15.71	13.64
易某	15.50	13.80	15.42	15.41	13.32	13.53	16.28	12.73	13.27	14.81	11.12	14.90	12.44	13.44	12.90	14.02
潘某	14.67	13.08	18.56	15.23	13.33	14.60	15.32	16.58	14.35	14.49	13.98	13.70	20.00	14.00	14.93	13.30
代某	9.67	8.82	11.45	8.86	4.22	9.60	7.32	6.58	11.57	20.00	9.50	16.33	6.57	6.26	18.36	13.64
杨某	11.32	10.23	12.56	16.78	7.78	12.30	13.30	4.87	13.57	8.55	12.24	10.51	14.40	9.72	10.26	12.96
龙某	13.54	13.37	14.81	13.33	10.52	13.02	15.36	15.85	8.71	14.71	12.98	11.35	13.40	13.45	12.71	11.77
张某	7.55	6.86	11.81	12.33	12.36	12.48	9.10	10.73	9.74	4.23	8.67	4.35	6.15	8.47	8.07	14.87
陈某	13.45	12.76	12.68	14.42	12.03	15.20	18.01	10.44	13.67	11.23	12.98	11.38	20.00	8.90	13.26	11.79
石某	13.87	13.24	14.49	15.32	15.30	12.01	12.07	13.17	10.91	12.23	15.50	15.56	10.48	13.80	14.71	10.36
张某	5.69	3.40	7.81	6.23	3.49	9.60	5.19	5.94	8.71	9.65	4.43	6.68	12.60	13.00	8.07	4.64
康某	14.29	13.50	13.15	10.21	14.61	14.50	12.42	8.53	10.74	14.81	15.45	13.45	20.00	15.30	6.26	9.60
王某	14.87	5.56	13.15	12.23	5.43	13.65	12.13	13.17	9.39	17.18	10.85	13.76	11.50	7.78	10.36	7.71
水某	13.90	13.08	9.15	13.23	11.61	11.69	13.13	10.91	11.27	20.00	12.60	14.28	19.39	14.20	11.26	14.87
杨某	15.42	15.85	15.94	15.88	17.13	17.06	19.43	15.85	16.69	17.18	14.67	20.00	16.23	16.46	18.05	15.31
彭某	17.17	15.23	14.41	12.23	13.21	13.01	14.32	18.77	11.71	17.18	13.63	9.60	20.00	8.50	9.07	10.36
董某	14.87	14.68	15.37	13.28	14.99	14.34	14.60	13.98	12.38	11.17	12.28	14.54	12.31	14.98	15.59	13.50
冯某	15.30	14.87	17.41	14.54	13.99	16.39	15.35	13.89	15.27	15.97	15.59	13.94	15.95	15.43	14.57	12.29

表4-3 11岁组少年男子体操运动员单项身体素质评分评价结果一览表

姓名	力量素质								速度素质			耐力素质			柔韧素质		灵敏素质	
	A1	A2	A3	A4	A5	A6	A7	A8	B1	B2	B3	C1	C2	C3	D1	D2	E1	E2
金某	15.65	14.48	17.46	17.57	19.42	13.35	13.62	13.93	14.27	15.79	17.39	17.47	20.00	16.37	14.25	15.67	14.17	16.69
李某	17.85	15.24	14.84	16.37	15.42	18.02	11.99	15.01	15.40	7.57	16.94	15.37	16.12	14.17	16.01	14.48	14.59	15.03
袁某	14.85	14.63	15.68	13.16	12.30	14.77	15.46	16.21	16.80	16.28	14.82	15.18	15.66	15.07	14.68	17.81	14.87	12.21

续表

姓名	力量素质								速度素质			耐力素质			柔韧素质		灵敏素质	
	A1	A2	A3	A4	A5	A6	A7	A8	B1	B2	B3	C1	C2	C3	D1	D2	E1	E2
历某	13.29	11.22	13.56	10.37	12.30	11.37	14.17	8.02	12.30	7.57	14.33	15.97	10.48	5.20	11.92	12.17	10.35	18.11
李某	15.35	14.48	15.84	12.14	13.93	14.63	11.34	15.96	15.35	14.56	11.83	14.93	15.11	15.52	11.91	13.48	12.93	11.73
王某	13.63	13.06	14.20	15.57	16.08	15.60	12.72	13.60	10.41	11.52	14.33	13.09	15.02	16.01	14.25	14.23	11.13	14.85
余某	15.28	15.08	18.14	16.37	19.42	15.60	14.67	13.10	16.29	15.44	16.39	14.38	17.07	17.16	14.13	14.58	19.59	16.18
张某	14.52	14.24	16.08	14.01	15.76	13.35	14.35	14.89	16.05	17.95	15.94	16.84	18.02	15.52	13.74	17.85	14.77	15.61
张某	12.22	10.63	15.45	10.90	10.76	11.28	6.50	11.02	12.76	10.45	7.82	12.40	14.92	11.97	10.22	11.48	10.35	10.61
待某	15.33	12.86	16.84	13.78	14.76	13.35	11.99	15.60	16.05	15.52	14.33	16.72	18.92	13.37	15.21	20.00	15.10	16.05
魏某	13.80	12.65	17.46	14.28	13.93	16.28	16.77	13.45	15.25	14.44	13.91	14.07	14.54	16.28	16.94	13.55	13.35	14.18
曹某	16.35	16.21	17.46	17.49	15.66	16.02	13.72	16.43	14.80	14.92	19.29	14.27	16.44	13.81	20.00	14.85	18.49	16.72
田某	16.05	14.58	16.84	15.14	14.26	16.35	13.37	17.33	15.88	15.44	16.39	14.66	15.04	16.40	11.78	12.64	17.35	16.11
麻某	15.65	14.89	15.46	16.37	16.50	15.60	13.43	12.84	14.17	14.41	15.94	15.28	16.39	14.07	15.08	11.71	15.25	11.73
姚某	15.63	13.76	16.86	13.89	14.42	17.27	14.46	16.93	15.78	16.52	17.82	18.47	16.81	19.96	14.88	18.48	17.14	16.72
袁某	15.85	13.65	16.46	13.16	13.00	14.60	12.37	14.06	17.12	15.44	14.82	15.28	19.71	13.69	13.93	13.48	16.35	19.50
周某	9.33	8.60	9.40	7.67	11.33	13.35	5.38	4.66	8.85	11.80	9.83	16.83	13.30	9.38	5.21	5.67	3.14	7.59
周某	14.19	13.19	16.46	16.52	16.95	15.27	15.99	13.93	14.18	14.44	15.94	15.18	15.22	18.22	14.47	14.88	15.59	16.11
张某	11.35	10.18	17.44	15.14	11.50	15.02	11.99	8.02	11.89	7.90	9.94	13.23	11.10	9.42	10.32	9.67	6.25	11.73
卢某	13.89	9.64	17.46	8.48	10.93	12.02	15.34	11.19	12.94	12.45	7.95	12.47	13.94	11.97	16.44	14.85	9.60	16.72
陆某	13.51	12.46	13.56	15.72	15.58	13.35	11.89	12.15	11.55	14.41	13.37	16.83	19.34	15.75	11.01	8.33	14.77	14.12
李某	14.54	12.21	16.77	19.14	9.76	11.28	13.62	6.52	8.04	11.52	14.33	11.18	11.47	11.97	11.74	13.48	10.35	6.28
黄某	12.28	5.25	10.14	19.20	5.76	15.60	5.38	5.61	3.40	9.45	4.29	20.00	15.71	7.12	6.92	11.48	11.94	7.59
何某	8.18	5.64	15.45	6.90	12.30	13.35	10.09	8.02	6.03	11.52	7.82	13.80	8.44	10.91	9.54	13.64	14.35	11.73
罗某	9.85	7.35	15.45	6.16	15.66	15.60	5.38	10.19	9.42	9.45	14.33	9.18	11.04	13.10	20.00	14.67	6.25	16.72
陈某	11.78	10.74	11.88	7.42	9.33	11.28	6.50	8.02	15.41	4.42	5.83	6.59	6.40	8.59	17.89	7.39	9.71	14.12
杜某	15.26	15.01	7.21	11.65	10.77	15.60	10.47	6.52	9.84	11.52	9.39	15.28	13.81	14.29	16.94	12.67	11.35	7.59
王某	14.54	9.62	11.05	8.19	6.76	10.28	11.99	5.61	4.24	9.45	8.94	18.47	9.71	9.38	8.21	11.48	7.14	14.12
赵某	17.28	8.80	11.50	12.37	8.00	8.07	18.00	12.58	10.57	11.52	10.77	8.68	15.00	17.10	8.18	9.33	3.59	11.73
任某	4.78	9.97	15.45	11.42	13.93	9.37	11.99	8.02	3.02	4.42	11.82	10.72	10.07	8.90	11.32	6.24	6.25	16.72
黄某	13.80	12.23	14.45	13.37	15.66	7.64	15.34	7.50	10.17	10.64	14.33	16.83	20.00	20.00	12.54	16.48	13.60	14.12
李某	13.80	11.64	15.45	11.26	12.90	13.56	13.13	10.30	13.05	11.52	12.34	15.97	15.52	15.91	11.01	13.38	13.47	11.73
邓某	14.54	12.06	18.08	18.30	10.77	9.37	17.17	14.06	11.62	16.28	12.95	13.01	16.00	14.97	10.74	10.13	10.94	16.72
危某	11.53	7.24	11.20	7.57	5.00	4.68	10.47	9.80	14.27	9.98	8.82	12.47	7.47	8.59	12.92	9.67	11.94	4.55
李某	14.63	13.06	15.76	14.01	11.00	14.72	11.99	12.04	13.18	11.52	14.33	11.08	14.70	13.02	18.36	14.50	12.77	13.59

表4-4　12岁组少年男子体操运动员单项身体素质评分评价结果一览表

姓名	力量素质								速度素质			耐力素质			柔韧素质		灵敏素质	
	A1	A2	A3	A4	A5	A6	A7	A8	B1	B2	B3	C1	C2	C3	D1	D2	E1	E2
季某	11.48	9.51	10.39	10.87	10.51	12.62	10.87	11.89	7.42	10.60	11.42	9.99	10.53	11.47	17.38	11.73	10.93	5.08
钟某	13.02	11.08	12.50	12.90	11.06	13.33	13.24	10.77	12.25	13.41	12.86	13.25	13.93	15.46	15.38	13.68	12.65	13.60
杨某	14.58	14.59	14.82	17.05	16.51	13.87	14.72	15.58	16.61	18.38	13.13	15.14	18.30	14.89	13.37	13.73	12.39	15.66
吴某	14.98	14.48	14.82	13.84	18.44	15.88	15.58	14.73	15.52	16.54	13.83	16.81	16.42	14.62	13.54	16.67	14.84	18.64
章某	14.44	13.23	16.00	15.95	14.12	14.67	14.43	14.88	13.52	14.41	14.61	12.26	13.10	12.53	14.09	18.43	14.38	17.34
高某	12.99	10.89	9.57	10.56	9.91	13.89	8.98	11.88	10.38	8.94	12.81	15.55	11.32	9.54	7.38	9.80	10.20	9.90
邱某	12.98	11.53	10.47	9.92	10.42	13.64	10.79	9.88	6.52	9.70	9.68	11.78	9.86	8.81	20.00	10.25	4.89	10.64
罗某	14.33	13.41	13.80	11.80	12.39	13.98	13.37	14.18	12.93	10.60	10.58	11.27	16.34	16.01	15.38	12.52	10.28	9.83
胡某	12.67	11.92	8.62	10.32	11.53	13.67	11.84	12.77	4.53	9.67	10.76	10.27	8.60	7.77	8.11	9.01	8.21	10.66
傅某	14.44	13.42	11.00	15.47	15.97	17.75	12.48	12.13	14.34	12.06	9.83	20.00	12.22	11.54	12.34	15.62	12.74	14.23
陈某	17.18	15.16	14.53	14.95	15.31	14.48	15.87	18.88	15.86	14.60	15.43	15.55	15.03	13.53	13.10	15.94	17.69	15.71
柏某	13.27	13.83	13.43	16.33	16.38	14.79	14.07	12.13	12.75	12.60	11.69	13.35	13.90	16.20	11.25	13.65	12.77	10.72
苏某	16.48	15.46	14.40	14.75	14.77	15.79	14.53	16.54	14.86	14.95	15.19	14.18	14.31	15.35	13.44	16.09	15.77	14.54
朱某	15.11	14.93	18.33	17.05	16.47	14.98	17.88	14.16	16.10	15.67	16.86	18.76	14.37	15.47	14.13	14.15	15.89	16.20
陈某	14.30	14.71	16.82	18.25	14.97	14.58	18.88	13.80	15.42	14.05	15.76	15.97	16.92	17.05	12.67	15.16	15.19	13.72
叶某	12.98	9.40	7.96	8.32	7.97	11.85	7.92	10.84	7.54	8.39	6.50	6.30	8.93	5.47	14.52	17.25	5.77	8.98
莫某	14.47	12.98	14.68	11.46	12.49	14.95	15.36	13.24	16.23	15.17	14.61	12.93	14.60	15.62	12.79	10.98	13.45	13.65
彭某	12.48	11.88	10.52	11.13	10.91	13.62	10.89	10.78	10.52	10.60	10.17	20.00	13.34	11.83	10.00	9.95	11.35	10.78
陈某	18.13	16.94	16.33	15.98	17.27	13.62	17.66	15.98	16.60	16.20	15.32	16.10	14.70	16.70	10.80	20.00	16.84	15.98
别某	15.86	14.62	13.86	16.49	15.44	15.71	15.82	14.15	14.61	13.05	17.48	14.05	13.04	17.01	12.14	14.17	13.59	14.97
郭某	14.14	12.83	14.86	13.22	15.00	14.92	16.97	12.58	13.67	15.14	15.35	15.76	13.18	14.34	14.17	15.74	14.48	11.72
但某	9.34	9.40	5.87	8.90	5.59	12.62	7.18	5.77	10.71	7.76	8.76	10.61	20.00	10.29	10.53	10.74	9.72	8.98
金某	14.24	10.80	10.51	11.99	10.61	8.53	12.48	9.74	11.54	10.60	11.71	14.05	10.16	11.15	7.54	8.36	10.20	12.67
熊某	7.27	5.39	6.42	11.46	5.02	5.84	4.54	8.12	8.93	6.41	6.13	9.80	6.70	6.47	10.17	7.06	10.84	11.96

4.1.2　身体素质综合评分评价结果

运动员的专项成绩不是由一项或几项身体素质指标所决定的，即通过每一项指标的评分评价，不能从宏观上了解运动员身体素质的综合发展情况。少年阶段是运动员身体素质全面发展的关键阶段，为了全面、综合地了解运动员身体素质的发展水平，必须对运动员身体素质进行综合评价，这也是少年体操运动员选材的重要综合性参数。

少年男子体操运动员身体素质涉及力量、速度、耐力、柔韧、灵敏五个重要方面，每个方面的训练侧重点和对各个项目的影响也是不一样的。因此，为了全面、深入地把握运动员身体素质的发展状况，本研究的综合评分评价包括两个方面，即力量、速度、耐力、柔韧、灵敏5个方面的综合评分评价和整体身体素质综合评分评价。

因为每个指标对身体素质的贡献率大小（权重）是不一样的，因此，为了客观地、真实地进行综合评价，必须对各个指标进行加权。

具体计算加权公式为：

$$P=\sum n_i \times w_i$$

式中：n_i——各单项指标的得分。

式中：w_i——各单项指标的权重。

具体计算步骤如下。

第一，计算我国9~12岁四个年龄组男子体操运动员身体素质各项二级指标的加权得分，即$n_i \times w_i$。

第二，计算5个一级指标的不加权得分，便可直观地看出每个运动员力量、速度等的发展水平。

计算方法为：将每个一级指标各自所包含的所有单项指标的加权得分（第一步计算结果）相加，如速度素质B=0.4×B1+0.5×B2+0.1×B3。

第三，计算运动员身体素质的综合得分，见表4-5、表4-6、表4-7、表4-8。

计算方法为：将五个一级指标的不加权得分乘以各自的权重得到五个一级指标的加权得分，再将五个加权得分相加便得到身体素质的综合得分。

表4-5 9岁组少年男子体操运动员素质综合评分评价结果一览表

姓名	力量		速度		耐力		柔韧		灵敏		总分得分
	不加权	加权	不加权	加权	不加权	加权	不加权	加权	不加权	加权	
段某	13.09	3.19	13.26	2.73	13.65	2.25	15.05	2.89	14.13	2.73	13.79
牟某	16.04	3.91	15.76	3.25	12.35	2.04	17.14	3.29	14.53	2.80	15.29
李某	15.16	3.70	18.04	3.72	14.65	2.42	16.60	3.19	15.53	3.00	16.02
石某	16.86	4.11	18.15	3.74	16.82	2.77	15.12	2.90	18.58	3.58	17.12
骆某	14.67	3.58	16.73	3.45	14.88	2.45	16.36	3.14	15.22	2.94	15.56
王某	14.87	3.63	15.67	3.23	13.69	2.26	18.99	3.65	14.76	2.85	15.61

续表

姓名	力量		速度		耐力		柔韧		灵敏		总分得分
	不加权	加权	不加权	加权	不加权	加权	不加权	加权	不加权	加权	
张某	14.27	3.48	14.02	2.89	11.69	1.93	14.48	2.78	13.76	2.66	13.74
勒某	17.60	4.29	17.60	3.63	17.71	2.92	16.18	3.11	17.81	3.44	17.39
逯某	14.84	3.62	16.36	3.37	14.04	2.31	15.44	2.97	14.26	2.75	15.02
张某	10.80	2.63	10.54	2.17	11.68	1.93	13.47	2.59	14.34	2.77	12.09
袁某	15.49	3.78	17.29	3.56	17.30	2.85	16.73	3.21	16.67	3.22	16.62
刘某	12.94	3.16	9.80	2.02	16.26	2.68	16.94	3.26	12.64	2.44	13.55
郭某	11.60	2.83	13.64	2.81	12.00	1.98	14.21	2.73	8.64	1.67	12.02
郑某	11.47	2.80	12.46	2.57	11.29	1.86	13.44	2.58	11.27	2.18	11.98
蔡某	15.45	3.77	17.18	3.54	14.77	2.44	14.70	2.82	16.72	3.23	15.80
李某	10.44	2.55	7.82	1.61	8.33	1.37	12.17	2.34	8.47	1.63	9.50
朱某	9.45	2.30	9.17	1.89	10.45	1.72	11.13	2.14	10.92	2.11	10.16
陈某	14.10	3.44	14.49	2.99	15.47	2.55	17.69	3.40	12.18	2.35	14.73
张某	11.86	2.89	11.83	2.44	11.86	1.96	12.47	2.40	12.94	2.50	12.18
汤某	15.86	3.87	16.30	3.36	16.47	2.71	18.37	3.53	16.23	3.13	16.61
李某	16.71	4.08	17.09	3.52	15.87	2.62	14.04	2.70	16.90	3.26	16.17
吴某	12.49	3.05	10.91	2.25	12.66	2.09	20.00	3.84	9.74	1.88	13.10
杨某	9.58	2.34	10.69	2.20	10.46	1.73	19.01	3.65	11.55	2.23	12.15
潘某	11.95	2.91	8.24	1.70	10.30	1.70	13.93	2.68	9.70	1.87	10.86
龙某	8.80	2.15	10.43	2.15	12.18	2.01	12.20	2.34	8.54	1.65	10.30
闫某	10.66	2.60	6.66	1.37	9.56	1.58	8.12	1.56	11.75	2.27	9.38
高某	10.94	2.67	10.17	2.10	9.83	1.62	6.33	1.22	10.21	1.97	9.57
吴某	13.87	3.38	15.70	3.24	15.10	2.49	18.05	3.47	9.38	1.81	14.39
詹某	12.01	2.93	12.43	2.56	11.79	1.94	13.38	2.57	11.97	2.31	12.32
曾某	9.17	2.24	9.68	1.99	11.24	1.85	11.77	2.26	10.55	2.04	10.38
叶某	8.75	2.13	8.34	1.72	8.82	1.45	11.61	2.23	9.04	1.74	9.28
许某	13.14	3.20	10.31	2.12	10.69	1.76	13.05	2.51	9.70	1.87	11.47
何某	8.15	1.99	10.19	2.10	12.07	1.99	8.75	1.68	7.36	1.42	9.18
欧某	15.66	3.82	15.34	3.16	14.60	2.41	16.08	3.09	15.77	3.04	15.52
梁某	15.44	3.77	14.96	3.08	15.05	2.48	15.38	2.95	14.03	2.71	14.99
李某	11.77	2.87	8.02	1.65	8.74	1.44	10.37	1.99	12.54	2.42	10.38
罗某	10.10	2.46	8.34	1.72	9.55	1.57	11.36	2.18	10.27	1.98	9.92

表4-6　10岁组少年男子体操运动员素质综合评分评价结果一览表

姓名	力量		速度		耐力		柔韧		灵敏		总分得分
	不加权	加权	不加权	加权	不加权	加权	不加权	加权	不加权	加权	
张某	16.28	4.09	16.95	3.40	17.46	2.87	14.65	2.78	17.12	3.32	16.46
张某	14.02	3.52	13.23	2.65	14.23	2.34	15.53	2.95	13.51	2.62	14.09
王某	13.28	3.33	10.62	2.13	12.59	2.07	14.45	2.75	13.06	2.53	12.81
张某	15.72	3.95	13.56	2.72	11.89	1.96	16.63	3.16	12.31	2.39	14.17
王某	16.61	4.17	14.47	2.90	15.32	2.52	14.57	2.77	17.01	3.30	15.66
邹某	8.22	2.06	12.38	2.48	11.81	1.94	18.12	3.44	14.47	2.81	12.74
周某	16.79	4.21	16.50	3.31	17.21	2.83	15.81	3.00	17.07	3.31	16.67
唐某	16.64	4.18	13.87	2.78	16.01	2.64	17.12	3.25	15.73	3.05	15.90
江某	16.02	4.02	16.13	3.24	16.39	2.70	14.89	2.83	16.35	3.17	15.95
黄某	14.62	3.67	14.70	2.95	13.85	2.28	16.59	3.15	13.41	2.60	14.65
姚某	16.74	4.20	16.49	3.31	15.32	2.52	15.33	2.91	16.15	3.13	16.07
杨某	15.39	3.86	14.58	2.92	15.88	2.61	11.81	2.24	15.60	3.03	14.67
李某	16.40	4.12	15.60	3.13	17.11	2.82	14.07	2.67	15.16	2.94	15.67
赵某	15.05	3.78	14.00	2.81	13.75	2.26	18.57	3.53	15.71	3.05	15.42
崔某	8.92	2.24	8.13	1.63	11.31	1.86	10.54	2.00	9.76	1.89	9.63
滕某	13.25	3.33	12.02	2.41	13.30	2.19	12.24	2.32	9.02	1.75	12.00
梁某	9.42	2.36	7.25	1.45	10.57	1.74	12.74	2.42	14.51	2.81	10.79
罗某	10.70	2.68	9.86	1.98	10.50	1.73	19.66	3.74	10.73	2.08	12.21
刘某	9.14	2.29	11.95	2.40	8.92	1.47	13.20	2.51	11.36	2.20	10.87
白某	14.17	3.56	11.88	2.38	9.87	1.62	13.40	2.55	12.97	2.51	12.62
蒙某	10.11	2.54	11.56	2.32	10.28	1.69	9.30	1.77	10.82	2.10	10.42
黄某	8.81	2.21	12.97	2.60	11.33	1.86	8.27	1.57	9.59	1.86	10.11
程某	15.17	3.81	14.60	2.93	13.76	2.26	15.22	2.89	13.23	2.57	14.46
程某	14.68	3.69	14.17	2.84	13.10	2.16	12.74	2.42	14.71	2.85	13.96
易某	14.50	3.64	14.24	2.86	13.65	2.25	12.93	2.46	13.44	2.61	13.80
潘某	14.91	3.74	15.42	3.09	14.05	2.31	17.04	3.24	14.14	2.74	15.12
代某	8.75	2.20	8.38	1.68	15.31	2.52	6.42	1.22	16.07	3.12	10.73
杨某	11.79	2.96	10.72	2.15	10.44	1.72	12.09	2.30	11.57	2.24	11.37
龙某	13.09	3.29	13.49	2.71	12.97	2.13	13.42	2.55	12.25	2.38	13.05
张某	10.62	2.66	9.81	1.97	5.71	0.94	7.30	1.39	11.36	2.20	9.16
陈某	13.47	3.38	14.30	2.87	11.85	1.95	14.52	2.76	12.55	2.43	13.39
石某	14.04	3.52	12.06	2.42	14.46	2.38	12.12	2.30	12.60	2.44	13.07

续表

姓名	力量		速度		耐力		柔韧		灵敏		总分得分
	不加权	加权	不加权	加权	不加权	加权	不加权	加权	不加权	加权	
张某	6.08	1.53	6.50	1.30	6.92	1.14	12.80	2.43	6.41	1.24	7.64
康某	13.47	3.38	10.68	2.14	14.54	2.39	17.68	3.36	7.88	1.53	12.80
王某	10.85	2.72	11.62	2.33	13.92	2.29	9.66	1.84	9.08	1.76	10.94
水某	12.14	3.05	11.86	2.38	15.59	2.56	16.83	3.20	13.01	2.52	13.71
杨某	16.28	4.09	17.47	3.50	17.36	2.86	16.34	3.10	16.72	3.24	16.79
彭某	14.24	3.57	14.93	2.99	13.36	2.20	14.32	2.72	9.69	1.88	13.37
董某	14.63	3.67	13.73	2.75	12.72	2.09	13.63	2.59	14.58	2.83	13.93
冯某	15.45	3.88	14.87	2.98	15.13	2.49	15.69	2.98	13.47	2.61	14.94

表4-7 11岁组少年男子体操运动员素质综合评分评价结果一览表

姓名	力量		速度		耐力		柔韧		灵敏		总分得分
	不加权	加权	不加权	加权	不加权	加权	不加权	加权	不加权	加权	
金某	15.55	4.11	15.80	3.25	17.90	3.49	14.94	2.53	15.36	2.54	15.92
李某	15.59	4.12	13.15	2.71	15.20	2.96	15.27	2.59	14.80	2.45	14.82
袁某	14.69	3.88	15.98	3.29	15.29	2.98	16.20	2.74	13.62	2.25	15.15
历某	11.72	3.10	11.29	2.32	10.48	2.04	12.04	2.04	14.00	2.32	11.82
李某	14.21	3.76	13.95	2.87	15.19	2.96	12.67	2.15	12.36	2.05	13.78
王某	14.27	3.77	12.05	2.48	14.72	2.87	14.24	2.41	12.88	2.13	13.67
余某	15.83	4.18	16.02	3.30	16.21	3.16	14.35	2.43	17.99	2.98	16.05
张某	14.61	3.86	16.68	3.43	16.76	3.27	15.73	2.67	15.17	2.51	15.74
张某	11.02	2.91	10.37	2.14	13.06	2.54	10.83	1.84	10.47	1.73	11.16
待某	14.29	3.78	15.31	3.15	16.27	3.17	17.53	2.97	15.55	2.57	15.64
魏某	14.83	3.92	14.54	2.99	14.99	2.92	15.30	2.59	13.74	2.27	14.70
曹某	16.14	4.27	16.28	3.35	14.81	2.88	17.50	2.97	17.66	2.92	16.39
田某	15.52	4.10	15.89	3.27	15.38	3.00	12.20	2.07	16.77	2.77	15.21
麻某	15.02	3.97	14.82	3.05	15.22	2.96	13.45	2.28	13.59	2.25	14.51
姚某	15.44	4.08	16.69	3.44	18.45	3.59	16.62	2.82	16.94	2.80	16.74
袁某	14.13	3.73	15.80	3.25	16.15	3.15	13.71	2.32	17.83	2.95	15.41
周某	8.62	2.28	10.20	2.10	13.12	2.56	5.43	0.92	5.23	0.87	8.72
周某	15.26	4.03	14.83	3.05	16.24	3.16	14.67	2.49	15.83	2.62	15.36
张某	12.49	3.30	9.87	2.03	11.23	2.19	10.01	1.70	8.83	1.46	10.68
卢某	12.36	3.27	11.17	2.30	12.77	2.49	15.67	2.66	12.95	2.14	12.85

续表

姓名	力量		速度		耐力		柔韧		灵敏		总分得分
	不加权	加权	不加权	加权	不加权	加权	不加权	加权	不加权	加权	
陆某	13.46	3.56	13.13	2.70	17.26	3.36	9.71	1.65	14.46	2.39	13.67
李某	12.86	3.40	11.27	2.32	11.55	2.25	12.58	2.13	8.44	1.40	11.50
黄某	9.91	2.62	5.80	1.20	14.17	2.76	9.13	1.55	9.89	1.64	9.76
何某	9.92	2.62	8.53	1.76	11.08	2.16	11.53	1.95	13.12	2.17	10.66
罗某	10.60	2.80	10.99	2.26	11.13	2.17	17.42	2.95	11.18	1.85	12.03
陈某	9.56	2.53	8.50	1.75	7.22	1.41	12.80	2.17	11.79	1.95	9.80
杜某	11.55	3.05	10.29	2.12	14.46	2.82	14.87	2.52	9.58	1.59	12.09
王某	9.75	2.58	7.57	1.56	12.51	2.44	9.80	1.66	10.42	1.72	9.96
赵某	12.18	3.22	10.97	2.26	13.62	2.65	8.74	1.48	7.42	1.23	10.84
任某	10.47	2.77	6.32	1.30	9.88	1.93	8.86	1.50	11.18	1.85	9.35
黄某	12.33	3.26	11.66	2.40	18.95	3.69	14.45	2.45	13.84	2.29	14.09
李某	12.70	3.36	12.29	2.53	15.81	3.08	12.16	2.06	12.65	2.09	13.12
邓某	14.28	3.78	13.68	2.82	14.65	2.85	10.44	1.77	13.66	2.26	13.48
危某	8.47	2.24	11.03	2.27	9.52	1.85	11.34	1.92	8.46	1.40	9.69
李某	13.39	3.54	12.96	2.67	12.91	2.52	16.49	2.79	13.16	2.18	13.70

表4-8　12岁组少年男子体操运动员素质综合评分评价结果一览表

姓名	力量		速度		耐力		柔韧		灵敏		总分得分
	不加权	加权	不加权	加权	不加权	加权	不加权	加权	不加权	加权	
季某	11.03	2.98	9.88	1.99	10.64	2.13	14.66	2.43	8.24	1.34	10.87
钟某	12.25	3.31	12.84	2.59	14.18	2.84	14.56	2.41	13.09	2.12	13.27
杨某	15.21	4.11	15.88	3.20	16.18	3.24	13.54	2.24	13.89	2.26	15.05
吴某	15.30	4.13	15.21	3.07	15.99	3.20	15.04	2.49	16.59	2.69	15.59
章某	14.74	3.99	14.20	2.87	12.64	2.53	16.18	2.68	15.74	2.56	14.61
高某	11.08	2.99	10.83	2.19	12.17	2.44	8.54	1.41	10.06	1.63	10.66
邱某	11.18	3.02	8.67	1.75	10.17	2.04	15.31	2.53	7.53	1.22	10.56
罗某	13.42	3.63	11.34	2.29	14.55	2.91	14.00	2.32	10.07	1.64	12.78
胡某	11.64	3.15	8.42	1.70	8.90	1.78	8.54	1.41	9.33	1.52	9.56
傅某	14.03	3.79	11.97	2.42	14.60	2.92	13.92	2.30	13.42	2.18	13.61
陈某	15.81	4.27	15.31	3.09	14.73	2.95	14.47	2.39	16.78	2.72	15.43
柏某	14.25	3.85	12.31	2.49	14.43	2.89	12.40	2.05	11.83	1.92	13.20
苏某	15.34	4.15	15.01	3.03	14.59	2.92	14.71	2.43	15.21	2.47	15.00

续表

姓名	力量		速度		耐力		柔韧		灵敏		总分得分
	不加权	加权	不加权	加权	不加权	加权	不加权	加权	不加权	加权	
朱某	16.13	4.36	16.25	3.28	16.17	3.24	14.14	2.34	16.03	2.60	15.81
陈某	15.82	4.28	15.12	3.05	16.64	3.33	13.87	2.29	14.51	2.36	15.31
叶某	9.65	2.61	7.42	1.50	6.97	1.40	15.84	2.62	7.25	1.18	9.30
莫某	13.71	3.71	15.31	3.09	14.36	2.87	11.92	1.97	13.54	2.20	13.84
彭某	11.51	3.11	10.42	2.10	15.08	3.02	9.98	1.65	11.09	1.80	11.68
陈某	16.47	4.45	16.01	3.23	15.79	3.16	15.23	2.52	16.45	2.67	16.03
别某	15.23	4.12	15.18	3.06	14.61	2.92	13.12	2.17	14.22	2.31	14.59
郭某	14.30	3.87	14.75	2.98	14.40	2.88	14.92	2.47	13.21	2.14	14.34
但某	8.07	2.18	9.08	1.83	13.84	2.77	10.63	1.76	9.38	1.52	10.06
金某	11.11	3.00	11.31	2.28	11.76	2.35	7.93	1.31	11.33	1.84	10.79
熊某	6.81	1.84	7.12	1.44	7.66	1.53	8.67	1.44	11.35	1.84	8.09

4.1.3 评分评价结果分析

本研究在4个年龄组每名运动员单项指标具体评分的基础上，对单项指标的平均得分进行了统计（表4-9、图4-1）。总体上看，9岁组转肩指标的平均得分为最高，12岁组单项力量素质的平均得分基本高于其他三个年龄组。而耐力素质11~12岁组平均得分也普遍高于9~10岁组。

表4-9 少年男子体操运动员身体素质单项平均评分结果一览表

年龄组	力量								速度			耐力			柔韧		灵敏	
	A1 30秒摆动引体向上	A2 5米爬绳	A3 30秒双臂屈伸	A4 吊环控倒立	A5 吊环俯撑压十字	A6 30秒肋木悬垂举腿	A7 低双杠直臂屈体并腿连续提倒立	A8 五级蛙跳	B1 助跑最后5米跑速	B2 20秒原地团身后空翻	B3 连续5个后手翻	C1 400米跑	C2 蘑菇全旋	C3 地面控倒立	D1 转肩	D2 站立并腿体前屈	E1 原地跳转360°/540°	E2 闭目单足站立平衡
9岁组	13.41	11.70	14.31			13.09	11.87	12.69	12.91	12.76	12.70	13.38	12.85	12.26	15.63	13.02	12.77	12.56
10岁组	13.33	12.44	14.17			13.65	12.78	13.08	13.48	12.63	12.59	14.20	12.27	13.26	14.70	13.19	13.49	12.70
11岁组	13.72	11.81	14.94	13.17	12.91	13.34	12.37	11.52	12.30	12.23	12.85	14.35	14.53	13.52	13.22	12.98	12.25	13.59
12岁组	13.80	12.60	12.52	13.29	12.88	13.73	13.18	12.72	12.47	12.48	12.52	13.91	13.33	12.88	12.67	13.36	12.29	12.76

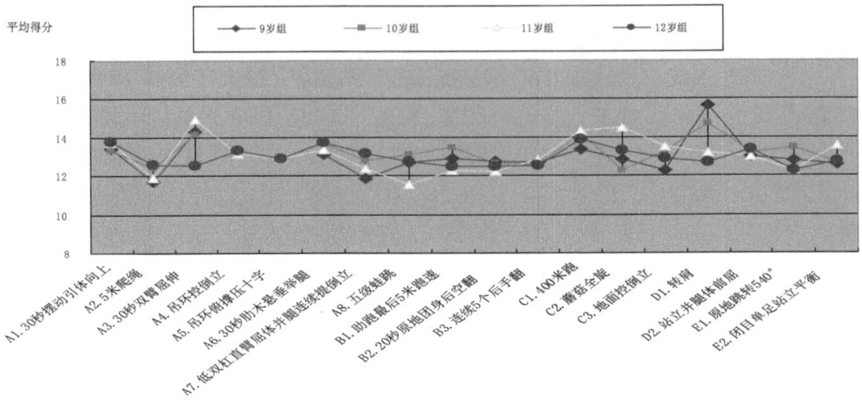

注：9岁组C2为双杠直角支撑；10岁组C2为吊环直角支撑；9岁、10岁组A5为地面直臂屈体分腿提倒立，B2为15秒原地团身后空翻，E1为原地跳转360° ；12岁组A3为低双杠连续推倒立。

图4-1　少年男子体操运动员身体素质单项平均得分曲线图

本研究在单项评分评价结果的基础上，结合每一单项在上一级指标体系中的重要程度（权重），计算出每名少年男子体操运动员身体素质五项一级指标的统一量化得分。为了从宏观上进一步了解目前我国少年男子体操运动员身体素质的整体发展情况，对4个年龄组5个一级指标的平均得分进行了统计与比较，如图4-2所示。

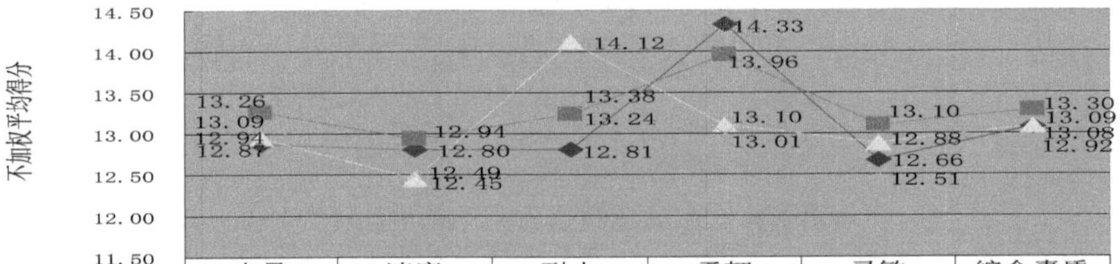

	力量	速度	耐力	柔韧	灵敏	综合素质
9岁组	12.87	12.80	12.81	14.33	12.66	13.08
10岁组	13.26	12.94	13.24	13.96	13.10	13.30
11岁组	12.94	12.45	14.12	13.10	12.88	13.09
12岁组	13.09	12.49	13.38	13.01	12.51	12.92

图4-2　少年男子体操运动员身体素质平均得分变化图

从评价指标体系可知，9岁组与10岁组评价指标基本相同。从第二章第四节关于少年时期男子体操运动训练的分析可知，9岁、10岁男子体操运动员主要以全面发展基本运动员能力和一般身体素质为主（表2-3），根据两个年龄组的比赛规定动作分析（表2-4）可知，两个年龄组的动作技术训练主要是以延续为主，动作技术训练类型变化幅度不大。这也进一步说明了这两个年龄组整个评价指标体系基本一致的科学、合理性。

但从人体生长发育规律看，通过将近一年的训练和成长，少年男子体操运动员的力量等素质成绩理应呈增长趋势。从图4-2可看出，实际评价结果显示10岁组力量、速度、耐力、灵敏和综合素质的平均得分均高于9岁组。

在力量素质方面，从表4-9、图4-2可看出，11岁组平均得分低于10岁组与12岁组，其中五级蛙跳发展水平参差不齐，相对其他三个年龄组而言整体平均得分偏低，下肢爆发力等有待进一步提高。根据动作技术的发展需求和身体生长发育特点，11岁组在全面发展身体素质的基础上，开始加强专项素质的训练，其力量发展比10岁组更为全面，如吊环等项目的专项力量和一些静力性力量开始进入发展阶段。但出于运动员身体发育特点考虑，实际训练中主要是以低负荷、多次数的练习手段为主，故整体水平并不高。随着身体的进一步发育和动作技术的发展，12岁组已处于切实加强专项身体素质训练、为发展专项动作技术服务阶段，在11岁阶段训练的基础上，专项身体素质的训练比例大幅度提高，一般身体素质的比例相对减少。12岁组单项与综合力量素质平均得分普遍高于其他三个组；吊环控倒立、吊环俯撑压十字、低双杠直臂屈体并腿提倒立等专项力量素质也均高于11岁组。反映腰腹快速力量的“30秒肋木悬垂举腿”等一般素质，12岁组虽平均得分稍高，但实际测试结果普遍低于9岁、10岁、11岁组，且其评价标准也低于其他三个年龄组。实际训练中，该年龄组力量发展类型更为全面，静力性练习增多，且普遍采用负重的练习方式，注重运动员绝对力量的发展，一般力量素质的练习比例明显减少。但通过访谈获知，实际训练中主要是以比赛动作为主，没有很好地从运动员长远利益出发安排身体素质训练。可见，由于实际训练中过早专项化训练的现象、未处理好各项力量素质的协调发展关系等原因，导致部分运动员身体素质发展没有得以协调、均衡发展，从而整体水平参差不齐。因此，从运动员长远利益出发，抓住身体各项素质的发展敏感期和少年时期主要训练目的，并充分考虑各项素质之间的转移关系，优化训练方法与手段，实现一般身体素质向专项身体素质的良好过渡、转化和有机结合，并确保各项力量素质协调发展，减少素质间的不良转移，是少年时期11~12岁阶段力量素质训练需要重点改进的方面。

在速度素质方面，11岁、12岁组综合平均得分比较接近，且都低于9岁、10岁组，具体到三项评价指标，助跑最后5米跑速平均水平稍低于9岁、10岁组。该指标不仅需要较好的跑速，还注重跑速与技术的有机结合。从动作技术角度分析，9岁组跳马比赛动作为无马的“直体前空翻转体180°”，10岁组和11岁组分别为“前手翻”和“前手翻屈体转体180°”；11岁、12岁随着跳马动作难度的增大，对跑速与上板起跳技术相结合的要求较高，且在自由体操中随着连接串的加难，更注重通过2至3步获取较大的位移速度。但通过实际测试获知，30米平均跑速快而最后5米跑速较慢的运动员大量存在。可见，改善和提高少年男子体操运动员专项技术与位移速度的结合和有机转化将是今后训练的重点。另外，原地后空翻，主要反映运动员空翻速度，同时也需要运动员具备良好的下肢爆发力，11岁组运动员，“五级蛙跳”和“20秒原地团身后空翻”平均得分相对较低，空翻的动作速度与下肢力量均存在很大的提升空间。而“连续5个后空翻”，涉及甩臂、腿蹬伸、躯干屈伸等速度，需要运动员具备良好的综合动作速度与技术，12岁组虽然平均得分并不高，但通过与教练员和运动员的交流获知，12岁阶段的男子体操运动员更注重对完成该动作节奏的控制能力，通过控制快慢节奏，才能更好地完成后空翻接各种空翻转体动作等连接串。

在耐力素质方面，9岁组受身体发育等影响，耐力综合平均得分低于其他三个年龄组；11岁组综合平均得分最高，突出表现在“蘑菇全旋”成绩上。在9岁、10岁熟练掌握全旋基本技术的基础上，随着身体的发育，11岁阶段逐步通过增加数量的形式来发展运动员的支撑耐力和腰腹控制力量，巩固运动员全旋的技术；12岁阶段，练习的次数明显减少，已开始向无环鞍马全旋过渡。

在柔韧素质方面，9岁组的平均得分为4个年龄组最高，突出表现在“转肩”上，随后呈递减趋势。可见，根据体操项目的需求特征，以及力量素质与柔韧素质之间的相互关系，随着年龄的增长，“转肩”柔韧性发展主要呈现倒“U”型需求特征，其发展逐步以满足需求为主。上肢力量对男子体操运动员而言尤为重要，所占权重也最大，特别是强大的肩带力量，更是体操运动员完成各种拉引、支撑动作的保障。随着11岁、12岁肩部力量的进一步发展，肩部柔韧性相对受到了一定的影响，转肩的平均得分低于9岁、10岁组。而体现髋、腿、腰柔韧性的“站立并腿体前屈”，9岁组成绩相对较低，体前屈等柔韧性也有待进一步提高。通过与教练员的访谈以及实地考察获知，9岁组男子运动员体前屈主要在外力作用下以被动性手段发展为主；而随着年龄增长，12岁组中穿等动作已成为单杠练习的主要动作技术内容，运动员主动性体前屈训练明显增强。可见，实际训练中，应进一步丰富发展运动员髋、腰、腿等部位主动性柔韧性的方法与手段。

在灵敏素质方面，四个年龄组差距不大，整体发展较平均，其中12岁组综合平均得分相对略低。从生长发育角度分析，7~8岁时神经细胞的分化已基本完成，大脑额叶迅速生长，8~10岁神经系统的灵活性、兴奋性接近成人水平，动作的精确性和协调性得到很好发展。另外，通过教练员的反馈获知，我国少年男子体操运动员训练过早专项化，12岁组男子体操运动员技术动作过早出现了多样化类型，根据运动员技术发展特点，身体素质具有明显的倾向性，导致身体素质整体上出现参差不齐的现象。另外，实际调查结果显示，12岁组男子体操运动员数量大幅度减少，且运动员之间的差距也有所增大，这一定程度上影响了平均分值，进而也说明11岁、12岁阶段是男子体操运动员重要的选材阶段。

4.2 等级评价结果与分析

根据已建立的少年男子体操运动员身体素质评价二级指标、一级指标与综合指标的等级评价标准，结合通过测试成绩计算出的每一名运动员各级指标的具体得分，得到了我国少年男子体操运动员各级指标所处的等级和位置，从而可以科学地判断每名少年男子体操运动员一、二级指标和综合身体素质在该年龄组中所处的层次和水平，也能从整体上判断目前我国少年男子体操运动员身体素质的发展水平，为进一步有针对性地安排训练和科学选材提供重要依据或参考。

4.2.1 身体素质单项等级评价结果与分析

通过等级评价，可从微观角度直观地了解运动员每一项具体指标所处的层次与发展水平。本研究根据前文制定的运动员单项五级评分评价标准，结合实际测量结果，对我国少年男子体操运动员四个年龄组每一名运动员的二级指标进行等级评价。

（1）9岁组少年男子体操运动员单项身体素质等级评价结果及分析。（表4–10）

表4-10 9岁组少年男子体操运动员身体素质单项等级评价结果一览表

姓名	A 力量						B 速度			C 耐力			D 柔韧		E 灵敏	
	A1	A2	A3	A4	A5	A6	B1	B2	B3	C1	C2	C3	D1	D2	E1	E2
段某	中	中	中	中	中	中上	中上	中	中	中上	中	中上	上	中	中	中上
牟某	中上	中上	中	上	上	中上	中上	中	中上	中	中	中	中上	上	中上	中
李某	中上	中	中上	中	中上	上	上	中上	上	中上	中	中上	上	中	中上	中
石某	上	上	中上	中上	中上	中上	上	中上	上	上	中上	中上	中上	中上	上	上
骆某	中上	中上	中上	中	中	中上	中上	中上	中上	上	中	中上	上	中	中上	中
王某	中上	中	中上	中	中上	中	中上	中	中上	中	中	中上	上	中上	中	中上
张某	中上	中上	中上	中	中上	中	中	中	中	中上	中	中	中上	中	中	中
勒某	上	中上	中上	中上	中上	上	上	中	上	中上	上	上	中上	上	上	上
逯某	中上	中上	中上	中上	中	中上	上	中	中上	中	中上	中	上	中	中	中
张某	中	中	中	中	中	中	中	中	中	中	中	中	中	中	中上	中
袁某	中上	中上	中上	中	中上	上	上	中	中上	中上	中上	上	上	中上	中上	中上
刘某	中上	中	中	中	中	中上	中	中	中	中上	中	上	上	中	中	上
郭某	中	中	中	中	中	中	中上	中	中上	中	上	中	中上	中	中	中
郑某	中上	中	中	中	中	中	中	中	中	中	中	中	中上	中	中	中
蔡某	中上	中	中上	中	中上	上	中上	中上	上	中上	中	中上	中上	中	中上	中上
李某	中	中	中上	中	中下	中	中下	中	中	中	中下	中	中	中	中	中
朱某	中	中	中	中	中	中	中	中	中	中	中上	中	中	中	中	中
陈某	中	中	中上	中上	中	中上	中	中	中	中上	中上	中上	上	中上	中	中
张某	中	中	中	中	中	中	中	中	中	中上	中	中	中	中	中	中
汤某	中上	中上	中上	中上	中上	中上	上	中	中上	中上	中上	上	上	中上	中上	中上
李某	中上	上	中上	中上	上	中上	中上	中上	上	中上	中上	中上	中上	中	上	中上
吴某	中上	中	中	中上	中下	中	中	中	中	中	中	中	上	上	中	中
杨某	中	中	中	中	中	中	中	中	中	中	中	中	上	中上	上	中下
潘某	中	中	中	中上	中	中	中	中	中	中	中	中	中上	中	中	中
龙某	中	中下	中	中	中	中	中	中	中	中	中	中	中上	中	中	中
闫某	中	中下	中上	中	中	中	中	中	中	中	中	中	中	中	中	中
高某	中	中	中	中	中	中	中	中	中	中	中	中	中	中下	中	中
吴某	中上	中上	中	中	中	中上	中上	中	中上	上	中	中	上	中上	中	中
詹某	中	中	中	中	中	中	中	中	中上	中上	中	中	中	中上	中	中
曾某	中	中	中	中	中	中	中	中	中	中	中	中	中	中	中	中
叶某	中	中	中	中	中下	中	中	中	中	中	中	中	中	中	中	中
许某	中上	中	中	中	中	中	中	中	中	中	中上	中下	中	中	中	中
何某	中下	中下	中	中	中	中	中	中	中	中	中	中	中	中	中	中
欧某	中上	中上	中上	中	中上	中上	中上	中	中上	中上	中上	中上	上	中上	中上	中
梁某	中上	中	上	中	中上	中	中上	中	中上	中上	中上	中	中上	中上	中	中
李某	中	中下	中上	中	中	中	中	中	中下	中	中	中	中	中	中	中
罗某	中	中	中上	中	中	中	中	中	中下	中	中	中	中上	中	中	中

通过单项素质的等级评价，可以直接知晓9岁组每一名运动员各项素质在整体中所处的层次和水平（表4-10）。另外，通过对单项等级评价结果的五个等级分别进行概括总结，在总体上可以揭示目前我国9岁组少年男子体操运动员各项身体素质的发展情况。

从表4-11、图4-3可知，9岁组单项等级评价中，上、中上等级运动员所占百分比低于25%的单项指标依次是15秒原地团身后空翻（14%）、闭目单足站立平衡（24%），其次就是30秒肋木悬垂举腿（25%）、5米手脚并用爬绳（29%），其中5米手脚并用爬绳有11%的运动员处于中下水平，存在一定的两极分化现象。

表4-11 9岁组少年男子体操运动员身体素质单项等级评价各等级分布情况一览表

等级	A 力量						B 速度			C 耐力			D 柔韧		E 灵敏	
	A1	A2	A3	A4	A5	A6	B1	B2	B3	C1	C2	C3	D1	D2	E1	E2
上	5%	5%	3%	3%	5%	11%	16%	0%	14%	8%	5%	11%	35%	8%	11%	8%
中上	46%	24%	46%	22%	27%	30%	27%	14%	30%	38%	27%	24%	32%	27%	22%	16%
中	46%	59%	51%	76%	59%	59%	54%	86%	51%	54%	65%	62%	32%	62%	68%	73%
中下	3%	11%	0%	0%	8%	0%	3%	0%	5%	0%	3%	3%	0%	3%	0%	3%

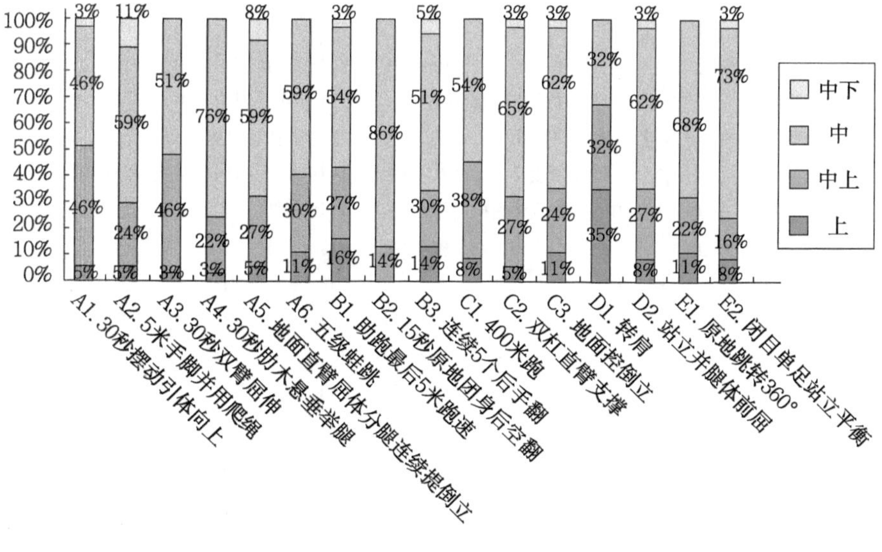

图4-3 9岁组少年男子体操运动员身体素质单项等级评价结果条形图

可见，9岁组男子体操运动员空翻的动作速度、平衡能力、腹部肌群和髋部肌群的快速收缩力量、上肢慢用性拉引力量等整体水平具有很大发展潜力和提高空间。而上、中上等级运动员所占百分比最高的前3个指标是转肩（67%）、30秒摆动引体向上（52%）、30秒双臂屈伸（49%）。可见，9岁组运动员肩部柔韧素质、上肢悬垂拉引力量和力量耐力、快速屈伸和推撑力量发展较好。

（2）10岁组少年男子体操运动员身体素质单项等级评价结果及分析。

根据10岁组运动员的评分结果以及等级标准，对10岁组运动员单项身体素质进行了等级评价，具体结果见表4-12。

表4-12 10岁组少年男子体操运动员身体素质单项等级评价结果一览表

姓名	A 力量						B 速度			C 耐力			D 柔韧		E 灵敏	
	A1	A2	A3	A4	A5	A6	B1	B2	B3	C1	C2	C3	D1	D2	E1	E2
张某	中上	中上	上	上	中上	中上	上	中	中	上	中上	上	中上	中上	中上	中上
张某	中	中	中上	中	中上	中	中	中	中	上	中	中	上	中	中	中
王某	中	中	中	中	中	中	中	中	中	中上	中	中	中上	中上	中	中
张某	上	中上	上	中上	中	中	中	中	中	中	中	中	上	中	中	中
王某	上	中上	中上	上	中上	中	中上	中	中上	中上	中上	中上	中上	中上	上	中上
邹某	中下	中下	中	中	中	中	中	中	中上	中上	中	中	上	中上	上	中
周某	中上	中上	中上	中上	上	上	中上	中上	中上	中上	中上	上	中上	中上	上	中上
唐某	中上	中上	中上	上	上	中上	中	中	中上	中上	中上	中上	中上	上	中上	中上
江某	中	中上	上	中上	中上	中上	中上	中上	中上	中上	中上	中上	中上	中上	中上	中上
黄某	上	中	中上	中上	中	中	中	中	上	中上	中	中上	上	中上	中	中
姚某	中上	上	上	中上	中上	中上	上	中上	中上	中上	中上	中上	中上	中上	中上	中上
杨某	中上	中上	中上	中上	中上	中上	中	中	中上	中上	中	上	中	中	中上	中上
李某	中上	中上	中上	上	上	中上	中上	中	中上	上	中上	上	中	中上	中上	中
赵某	中上	中上	上	中	中上	中	中上	中	中	中	上	中	上	上	中	上
崔某	中	中	中	中	中	中	中	中	中	中上	中	中	中	中	中	中
滕某	中	中	中	中	中	中上	中	中	中	中上	中	中	中	中上	中	中
梁某	中	中	中	中	中	中	中	中	中下	中上	中下	中	上	中下	中	上
罗某	中	中	中	中	中	中	中	中	中	中	中	中	上	上	中	中
刘某	中	中	中	中	中	中	中	中	中	中	中	中	中	中	中	中
白某	中	中	中上	中	中	中上	中上	中	中	中	中	中	上	中	中	中
蒙某	中	中	中上	中	中	中	中	中	中	中上	中	中	中	中	中	中
黄某	中	中	中	中	中	中	中	中	中上	中上	中	中	中	中下	中	中
程某	中	中上	中上	中上	中上	中上	中上	中	中上	中	中	中上	上	中	中上	中
程某	中	中上	中上	中上	中上	中	中上	中	中	中	中	中上	中	中	中上	中
易某	中上	中	中上	中上	中	中	中上	中	中	中上	中	中上	中	中	中	中
潘某	中	中	上	中上	中	中上	中上	中上	中上	中上	中	中	上	中	中	中

续表

姓名	A力量						B速度			C耐力			D柔韧		E灵敏	
	A1	A2	A3	A4	A5	A6	B1	B2	B3	C1	C2	C3	D1	D2	E1	E2
代某	中	中	中	中	中下	中	中	中	中	上	中	中上	中	中	上	中
杨某	中	中	中	中上	中	中	中	中	中	中	中	中	中上	中	中	中
龙某	中	中	中上	中	中	中	中上	中	中	中上	中	中	中	中	中	中
张某	中	中	中	中	中	中	中	中	中	中下	中	中下	中	中	中	中上
陈某	中	中	中	中	中	中上	上	中	中	中	中	中	上	中	中	中
石某	中	中	中上	中上	中上	中	中	中	中	中	中上	中上	中	中	中	中
张某	中下	中下	中	中	中下	中	中下	中	中	中	中下	中	中	中	中	中下
康某	中	中	中	中	中上	中上	中	中	中	中上	中上	中	上	中上	中	中
王某	中	中下	中	中	中下	中	中	中	中	上	中	中	中	中	中	中
水某	中	中	中	中	中	中	中	中	中	上	中	中上	中上	中上	中	中上
杨某	中上	中上	中上	中上	中上	上	上	中	中上	上	中上	上	中上	中上	中上	中上
彭某	上	中上	中上	中	中	中	中上	中上	中	上	中	中	上	中	中	中
董某	中	中上	中上	中	中上	中上	中上	中	中	中	中	中上	中	中上	中上	中
冯某	中上	中上	上	中	中	中上	中上	中	中上	中上	中上	中	中上	中上	中	中

从表4-13、图4-4可知，在10岁组单项等级评价中，上、中上等级运动员所占百分比低于25%的单项指标是15秒原地团身后空翻（13%），其次是闭目单足站立平衡（30%），其他运动员在这两个指标上基本处于中等水平。可见，10岁组男子体操运动员空翻的动作速度、平衡能力等整体水平具有很大发展潜力和提高空间。而上、中上等级运动员所占百分比最高的前3项指标是400米跑（68%）、转肩（61%）、30秒双臂屈伸（61%）。可见，10岁组运动员耐乳酸的能力、肩部柔韧性、上肢的快速推撑力量发展较好。

表4-13 10岁组少年男子体操运动员身体素质单项等级评价各等级分布情况一览表

等级	A力量						B速度			C耐力			D柔韧		E灵敏	
	A1	A2	A3	A4	A5	A6	B1	B2	B3	C1	C2	C3	D1	D2	E1	E2
上	10%	3%	18%	10%	8%	5%	10%	0%	3%	20%	3%	13%	33%	8%	10%	5%
中上	23%	38%	43%	33%	33%	35%	35%	13%	33%	48%	28%	30%	28%	38%	25%	25%
中	63%	53%	40%	58%	53%	60%	53%	88%	63%	30%	65%	55%	40%	50%	65%	65%
中下	5%	8%	0%	0%	8%	0%	3%	0%	3%	3%	5%	3%	0%	5%	0%	5%

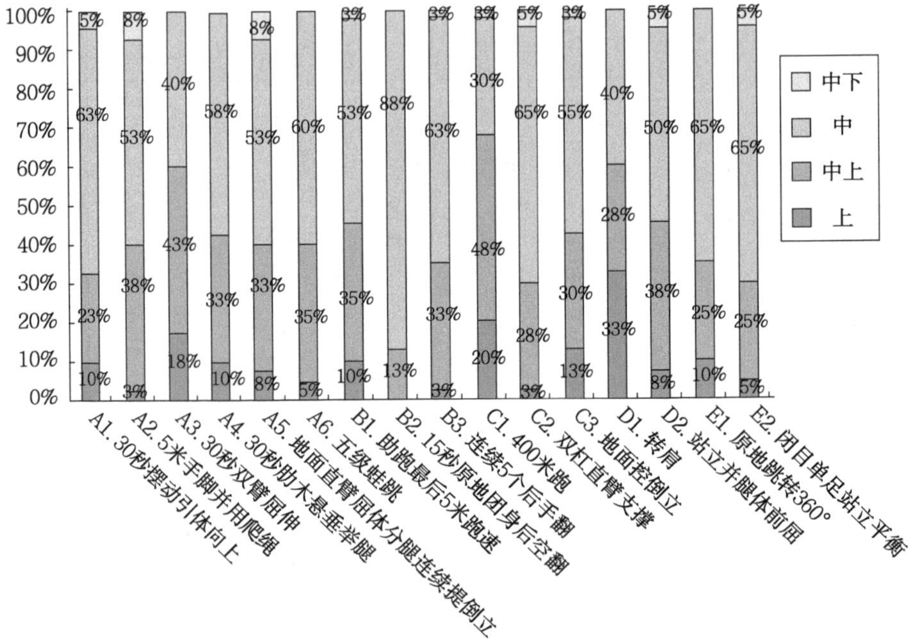

图4-4 10岁组少年男子体操运动员身体素质单项等级评价结果条形图

（3）11岁组少年男子体操运动员身体素质单项等级评价结果及分析。

根据11岁组运动员的评分结果及等级标准，对11岁组运动员单项身体素质进行了等级评价，具体结果见表4-14。

从表4-15、图4-5可知，11岁组单项等级评价中，上、中上等级运动员所占百分比低于25%的单项指标有30秒肋木悬垂举腿（14%）、低双杠直臂屈体并腿连续提倒立（20%）；其次是吊环俯撑压十字、五级蛙跳、5米徒手爬绳三项指标，上、中上等级运动员所占百分比均为29%，其中五级蛙跳还有9%的运动员为中下等级，存在一定的两极分化现象。可见，11岁组男子体操运动员腰腹一般快速力量与专项力量整体水平不太理想，上肢直臂内收的专项力量和慢用性拉引力量，以及下肢爆发力等整体水平具有很大发展潜力和提高空间。而上、中上等级运动员所占百分比最高的前3项指标是30秒双臂屈伸（66%）、蘑菇全旋（66%）、400米跑（60%）。可见，11岁组运动员上肢推撑力量和支撑耐力、机体耐乳酸的一般耐力发展较好。总体而言，11岁组专项身体素质发展水平不高，而与9岁、10岁组相比，一般身体素质整体水平发展相对较好。因为11岁组身体素质较9岁组和10岁组更为全面，直臂内收力量和其他静力性力量在该年龄段才开始进入快速发展阶段，但出于运动员身体发育特点考虑，实际训练中主要是以低负荷、多次数的练习手段为主，这是其专项身体素质普遍偏低的主要原因。

表4-14 11岁组少年男子体操运动员单项身体素质等级评价结果一览表

姓名	A 力量								B 速度			C 耐力			D 柔韧		E 灵敏	
	A1	A2	A3	A4	A5	A6	A7	A8	B1	B2	B3	C1	C2	C3	D1	D2	E1	E2
金某	中上	中上	中上	中上	上	中	中	中	中上	中上	中上	上	上	中上	中上	中上	中	中上
李某	上	中上	中	中上	中	中上	中	中上	中上	中	中	中上	中上	中上	中上	中上	中上	中上
袁某	中上	中上	中上	中	中	中	中上	中上	中上	中上	中	中上	中上	中上	中上	上	中上	中
历某	中	中	中	中	中	中	中	中	中	中	中	中上	中	中下	中	中	中	上
李某	中上	中上	中上	中	中	中	中	中上	中上	中上	中	中上	中上	中上	中	中	中	中
王某	中	中	中	中上	中上	中	中	中	中	中	中	中	中上	中上	中上	中上	中	中上
余某	中上	中上	上	中上	上	中	中	中	中上	中上	中上	中上	中上	上	中上	中上	上	中上
张某	中上	中上	中上	中	中上	中	中	中上	中上	中上	中上	中上	上	中上	中上	上	中上	中上
张某	中	中	中上	中	中	中	中	中	中	中	中	中	中上	中	中	中	中	中
待某	中上	中	中上	中	中	中	中	中上	中上	中上	中上	中上	上	中	中上	上	中上	中上
魏某	中	中	中上	中	中	中上	中上	中	中上	中上	中	中上	中上	中上	上	中	中	中
曹某	中上	中上	中上	中上	中上	中上	中	中上	中上	中上	上	中上	中上	中	上	中上	上	中上
田某	中上	中上	中上	中上	中	中上	中	上	中上	中上	中上	中上	中上	中上	中	中	中上	中上
麻某	中上	中上	中上	中上	中上	中	中	中	中上	中上	中上	中上	中上	中	中上	中	中上	中
姚某	中上	中	中上	中	中	中上	中	中上	中上	中上	上	上	中上	上	中上	上	中上	中上
袁某	中上	中	中上	中	中	中	中	中上	上	中上	中上	中上	上	中	中上	中	中上	上
周某	中	中	中	中	中	中	中	中下	中	中	中	中上	中	中	中	中下	中下	中
周某	中上	中	中上	中上	中上	中	中上	中	中上	中上	中上	中上	中上	上	中上	中上	中上	中上
张某	中	中	中上	中上	中	中	中	中	中	中	中	中	中	中	中	中	中	中
卢某	中	中	中上	中	中	中	中上	中	中	中	中	中	中	中	中上	中上	中	中上
陆某	中	中	中	中上	中上	中	中	中	中	中上	中	中上	上	中上	中	中	中上	中
李某	中上	中	中上	上	中	中	中	中	中	中	中上	中	中	中	中	中	中	中
黄某	中	中下	中	上	中	中	中	中下	中下	中	中下	上	中上	中	中	中	中	中
何某	中	中下	中上	中	中	中	中	中	中	中	中	中	中	中	中	中	中	中
罗某	中	中	中上	中	中上	中	中	中	中	中	中上	中	中	中	上	中上	中	中上
陈某	中	中	中	中	中	中	中	中	中上	中下	中下	中	中	中	上	中	中	中
杜某	中上	中上	中	中	中	中	中	中	中	中	中	中上	中	中上	上	中	中	中

续表

姓名	A 力量								B 速度			C 耐力			D 柔韧		E 灵敏	
	A1	A2	A3	A4	A5	A6	A7	A8	B1	B2	B3	C1	C2	C3	D1	D2	E1	E2
王某	中上	中	中	中	中	中	中	中下	中下	中	中	上	中	中	中	中	中	中
赵某	上	中	中	中	中	中	上	中	中	中	中	中	中上	上	中	中	中下	中
任某	中	中	中上	中	中	中	中	中	中下	中下	中	中	中	中	中	中	中	中上
黄某	中	中	中	中	中上	中	中上	中	中	中	中上	中上	上	上	中	中上	中	中
李某	中	中	中上	中	中	中	中	中	中	中	中	中上	中上	中上	中	中	中	中
邓某	中上	中	上	上	中	中	上	中上	中	中上	中	中	中上	中上	中	中	中	中上
危某	中	中	中	中	中下	中下	中	中	中上	中	中	中	中	中	中	中	中	中下
李某	中上	中	中上	中	中	中	中	中	中	中	中上	中	中上	中	上	中上	中	中

表4-15 11岁组少年男子体操运动员身体素质单项等级评价各等级分布情况一览表

等级	A力量								B速度			C耐力			D柔韧		E灵敏	
	A1	A2	A3	A4	A5	A6	A7	A8	B1	B2	B3	C1	C2	C3	D1	D2	E1	E2
上	6%	0%	6%	9%	6%	0%	6%	3%	3%	0%	6%	11%	17%	14%	17%	11%	6%	6%
中上	49%	29%	60%	29%	23%	14%	14%	26%	43%	43%	34%	49%	49%	34%	34%	29%	29%	40%
中	46%	66%	34%	63%	69%	83%	80%	63%	46%	51%	54%	40%	34%	49%	49%	57%	60%	51%
中下	0%	6%	0%	0%	3%	3%	0%	9%	9%	6%	6%	0%	0%	3%	0%	3%	6%	3%

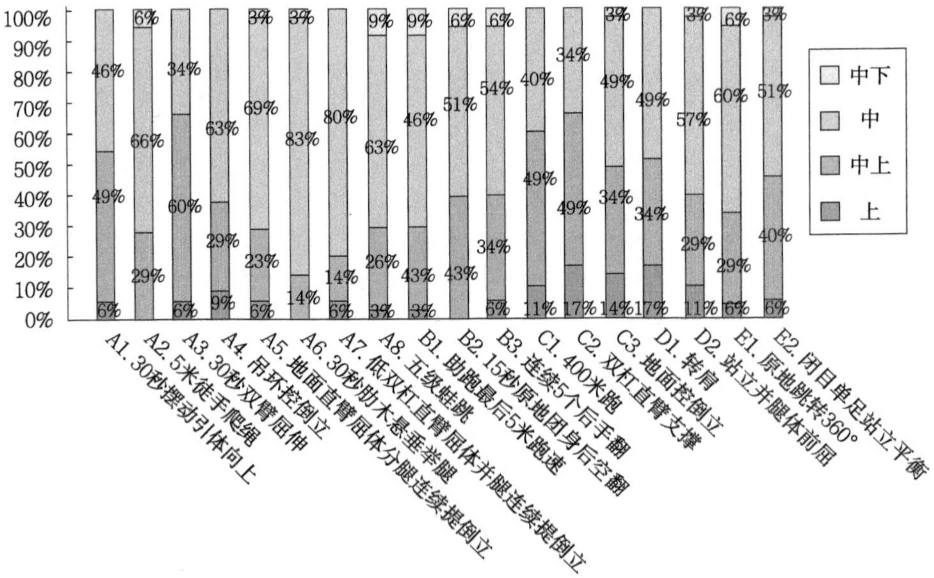

图4-5 11岁组少年男子体操运动员身体素质单项等级评价结果条形图

（4）12岁组少年男子体操运动员身体素质单项等级评价结果及分析。

根据12岁组运动员的评分结果及等级标准，对12岁组运动员单项身体素质进行了等级评价，具体结果见表4-16。

表4-16 12岁组少年男子体操运动员身体素质单项等级评价结果一览表

姓名	A 力量								B 速度			C 耐力			D速度		E 灵敏	
	A1	A2	A3	A4	A5	A6	A7	A8	B1	B2	B3	C1	C2	C3	D1	D2	E1	E2
季某	中	中	中	中	中	中	中	中	中	中	中	中	中	中	上	中	中	中下
钟某	中	中	中	中	中	中	中	中	中	中	中	中	中	中上	中上	中	中	中
杨某	中上	中上	中上	上	中上	中	中	中上	中上	上	中	中上	上	中上	中上	中	中	中上
吴某	中上	中上	中上	中上	上	中	中上	中上	中上	中上	中上	中上	中上	中上	中上	中上	中上	上
章某	中上	中	中上	中上	中上	中	中	中上	中	中	中上	中	中	中	中上	上	中	上
高某	中	中	中	中	中	中	中	中	中	中	中	中上	中	中	中	中	中	中
邱某	中	中	中	中	中	中	中	中	中	中	中	中	中	中	上	中	中下	中
罗某	中	中	中	中	中	中	中	中上	中	中	中	中	中上	中上	中上	中	中	中
胡某	中	中	中	中	中	中	中	中	中下	中	中	中	中	中	中	中	中	中
傅某	中上	中	中	中上	中上	中上	中	中	中上	中	中	上	中	中	中	中上	中	中上
陈某	上	中上	中上	中上	中上	中	中上	上	中上	中	中上	中上	中上	中	中上	中上	上	中上
柏某	中	中	中	中上	中上	中	中	中	中	中	中	中	中	中上	中	中	中	中
苏某	上	中上	中上	中上	中上	中	中	中上	中上	中	中上	中上	中上	中上	中上	中上	中上	中上
朱某	中上	中上	上	上	中上	中	上	中上	中上	中上	上	上	中上	中上	中上	中上	中上	中上
陈某	中	中上	中	上	中上	中	上	中	中上	中	中	中上	中上	上	中	中上	中上	中
叶某	中	中	中	中	中	中	中	中	中	中	中	中	中	中下	中上	上	中	中
莫某	中上	中	中上	中	中	中	中	中	中上	中	中上	中	中上	中上	中上	中	中	中
彭某	中	中	中	中	中	中	中	中	中	中	中	上	中	中	中	中	中	中
陈某	上	中上	中上	中上	上	中	上	中上	中上	中上	中上	中上	中上	中上	中	上	中上	中上
别某	上	中上	中	中上	中上	中上	中上	中上	中上	中	上	中	中	中上	中	中上	中	中上
郭某	中	中	中上	中	中上	中	中上	中	中	中	中上	中上	中	中上	中上	中上	中	中
但某	中	中	中	中	中下	中	中	中下	中	中	中	中	上	中	中	中	中	中
金某	中	中	中	中	中	中	中	中	中	中	中	中	中	中	中	中	中	中
熊某	中	中下	中	中	中下	中下	中下	中	中	中	中	中	中	中	中	中	中	中

从表4-17、图4-6可知，12岁组单项等级评价中，上、中上等级运动员所占百分比较低的单项指标有30秒肋木悬垂举腿（8%）、20秒原地团身后空翻（17%）；其次是原地跳转540°和低双杠直臂屈体并腿连续提倒立两项指标，上、中上等级运动员所占百分比分别只为

25%和30%。可见，12岁组男子体操运动员腰腹部位一般快速力量与专项力量整体水平不太理想，空翻的动作速度、时空感等整体水平具有很大发展潜力和提高空间。而上、中上等级运动员所占百分比最高的前3项指标是转肩（54%）、地面控倒立（50%）、吊环俯撑压十字（50%）。可见，12岁组运动员上肢直臂内收等专项力量和支撑耐力、肩部柔韧性发展较好。

表4-17 12岁组少年男子体操运动员身体素质单项等级评价各等级分布情况一览表

等级	A 力量								B 速度			C 耐力			D 柔韧		E 灵敏	
	A1	A2	A3	A4	A5	A6	A7	A8	B1	B2	B3	C1	C2	C3	D1	D2	E1	E2
上	17%	0%	4%	13%	8%	0%	13%	4%	0%	4%	8%	13%	8%	4%	8%	13%	4%	8%
中上	25%	33%	33%	33%	42%	8%	17%	33%	42%	13%	29%	33%	33%	46%	46%	33%	21%	29%
中	58%	63%	63%	54%	42%	88%	67%	58%	54%	83%	63%	54%	58%	46%	46%	54%	71%	58%
中下	0%	4%	0%	0%	8%	4%	4%	4%	4%	0%	0%	0%	0%	4%	0%	0%	4%	4%

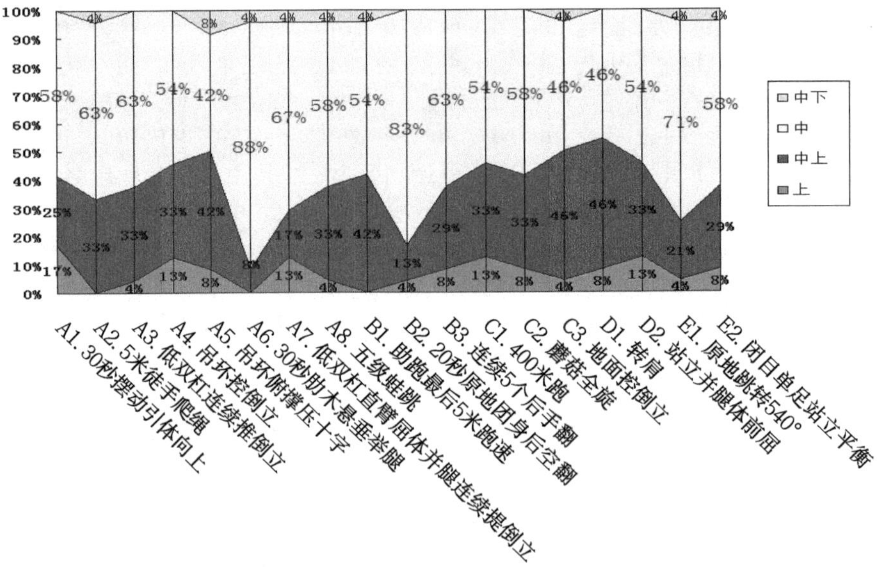

图4-6 12岁组少年男子体操运动员身体素质单项等级评价结果分布图

（5）少年男子体操运动员身体素质单项评价结果的综合分析。

从表4-18、图4-7 可以看出，在力量素质方面，9岁、10岁组以一般身体素质为主，11岁、12岁组发展更为全面，专项力量素质加快发展；其中上肢力量是男子体操运动员的力量主体，4个年龄组上肢动态性的拉引力量和力量耐力（30秒摆动引体向上）、推撑力量（30秒双臂屈伸、连续推倒立）整体水平发展较好，但上肢慢用性拉引力量（5米爬绳）有待进一步提高；而11岁、12岁组的腰腹快速收缩力量（30秒肋木悬垂举腿）明显不如9岁、10岁组。

表4-18 少年男子体操运动员各年龄组身体素质单项等级评价各等级分布情况一览表

年龄组	A 力量								B 速度			C 耐力			D 柔韧		E 灵敏	
	A1 30秒摆动引体向上	A2 5米爬绳	A3 30秒双臂屈伸	A4 吊环控倒立	A5 吊环俯撑压十字	A6 30秒肋木悬垂举腿	A7 地面直臂屈体分腿连续提倒立	A8 五级蛙跳	B1 助跑最后5米跑速	B2 15秒原地团身后空翻	B3 连续5个后手翻	C1 400米跑	C2 蘑菇全旋	C3 地面控倒立	D1 转肩	D2 站立并腿体前屈	E1 原地跳转360°	E2 闭目单足站立平衡
9岁组	51%	30%	49%			24%	32%	41%	43%	14%	43%	46%	32%	35%	68%	35%	32%	24%
10岁组	33%	40%	60%			43%	40%	40%	45%	13%	35%	68%	30%	43%	60%	45%	35%	30%
11岁组	54%	29%	66%	37%	29%	14%	20%	29%	46%	43%	40%	60%	66%	49%	51%	40%	34%	46%
12岁组	42%	33%	38%	46%	50%	8%	29%	38%	42%	17%	38%	46%	42%	50%	54%	46%	25%	38%

注：12岁组A3为“低双杠连续推倒立”；11岁组和12岁组A7为“双杠直臂屈体并腿连续提倒立”，B2为“20秒原地团身后空翻”，E1为原地跳转540°；9岁组C2为双杠直角支撑，10岁组为吊环直角支撑。

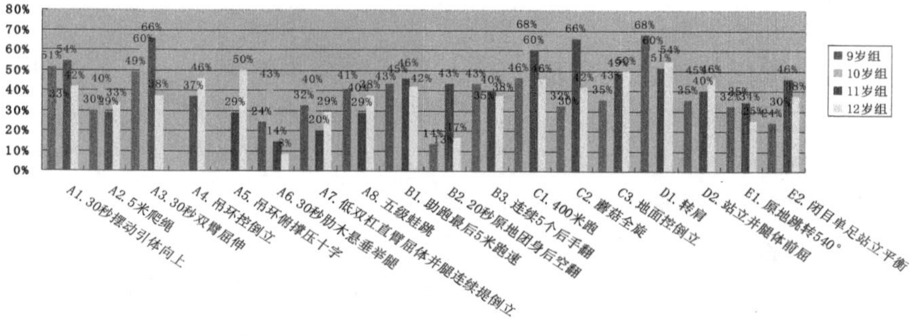

图4-7 少年男子体操运动员单项身体素质等级评价结果条形图

从图4-8可见，12岁组专项力量素质发展更为突出，吊环控倒立、吊环俯撑压十字、直臂屈体并腿提倒立等专项力量发展明显优于11岁组。通过与教练员的交流获知，12岁男子体操运动员静力性力量练习增多，实际训练中一般素质普遍着重绝对力量和力量耐力的发展，如硬拉引体向上、负重悬垂举腿等。但速度力量是体操运动员最重要的素质之一，如何使速度力量与绝对力量、力量耐力协调发展，是12岁组实际训练中有待注意的问题之一。

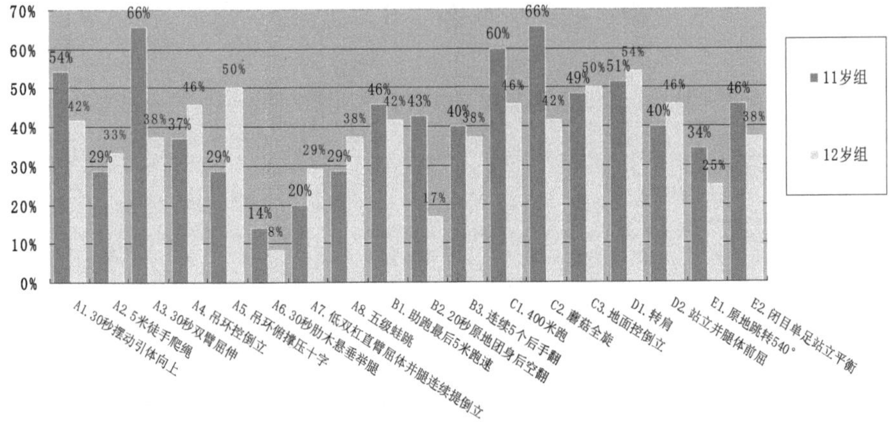

注：12岁组A3为“低双杠连续推倒立”。

图4-8 11、12岁组少年男子体操运动员身体素质单项等级评价上、中上等级条形图

在速度素质方面，4个年龄组在跑的速度（助跑最后5米跑速）、动作速度（连续5个后手翻）方面发展相对较均匀，而空翻的动作速度（20秒原地团身后空翻）发展明显滞后。

在耐力素质方面，一般耐力与专项耐力总体上发展均较好，且四个年龄组耐力呈增长趋势，突出表现在上肢支撑耐力等专项耐力（蘑菇全旋、地面控倒立）方面。教练员认为，主要是由于在平时训练中，通过多次数地反复练习基本动作和组合动作来发展运动员的各项素质，从而达到了耐力素质普遍较好的效果；另一方面，这与我国普遍注重体操全能型选手的培养有一定关系。

五项素质中，整体水平发展最均匀的是柔韧素质，特别是肩部的柔韧性发展更为突出。这一方面反映出实际训练中抓住了柔韧素质发展的敏感期；另一方面反映出实际训练中较好地掌握了体操项目特征对肩部柔韧性倒“U”型的需求特征，肩部力量与肩部柔韧性的协调发展关系处理得较好。此外，在少年阶段，吊环等项目需要的强大肩部专项力量还未进入直接发展阶段也是其中原因之一。

在灵敏素质方面，9岁、10岁组平衡能力整体水平均相对较低，通过与教练员的交流，认为原因有：一方面，少年时期的选材，普遍没有注意灵敏素质的考核，也缺乏相应的考核指标和标准；另一方面，平时训练中，由于缺乏具体的训练手段，较少进行针对性的训练。而11岁、12岁组的动态平衡能力得到很大提高，主要由于各项素质的综合发展以及动作技术的全面发展。但灵敏素质与遗传的关系更密切，是体操运动员完成各类空翻等动作的关键素质。可见，选材时不注重灵敏素质的评价，平时缺乏灵敏素质的针对性训练，是目前我国少年男子体操运动员身体素质训练存在的又一问题。

4.2.2 身体素质综合等级评价结果与分析

本研究根据已建立的少年男子体操运动员综合身体素质等级评价标准，以及对4个年龄组样本身体素质的评分评价结果，得到了少年男子体操运动员四个年龄组身体素质综合等级评价结果，具体见表4-19至表4-22。

表4-19 9岁组少年男子体操运动员身体素质综合等级评价结果

姓名	力量	速度	耐力	柔韧	灵敏	综合
段某	中	中	中	中	中下	中
牟某	上	中上	中	中上	中上	中上
李某	中上	上	中	中上	中上	中上
石某	上	上	上	中	上	上
骆某	中	中上	中上	中上	中上	中上
王某	中上	中	中	上	中上	中上
张某	中	中	中	中	中下	中
勒某	上	上	上	中	上	上
逯某	中	中上	中	中	中下	中
张某	中下	中	中	中	中下	中
袁某	中上	上	上	中上	上	上
刘某	中	中下	上	中上	中下	中
郭某	中	中	中	中	下	中
郑某	中	中	中	中	中	中
蔡某	中上	上	中上	中	上	中上
李某	中下	下	下	中下	下	下
朱某	下	中下	中下	下	中下	中下
陈某	中	中	中上	中上	中下	中
张某	中	中	中	中下	中下	中

续表

姓名	力量	速度	耐力	柔韧	灵敏	综合
汤某	上	中上	上	上	中上	上
李某	上	中上	中上	中	上	上
吴某	中	中	中	上	中下	中
杨某	中下	中	中下	上	中下	中
潘某	中	下	中下	中	中下	中下
龙某	下	中	中	中下	下	中下
闫某	中下	下	下	下	中下	下
高某	中下	中下	中下	下	中下	下
吴某	中	中上	中上	上	中下	中
詹某	中	中	中	中	中下	中
曾某	下	中下	中下	中下	中下	中下
叶某	下	中下	下	中下	下	下
许某	中	中	中下	中	中下	中
何某	下	中下	中	下	下	下
欧某	中上	中	中	中	中上	中上
梁某	中上	中	中上	中	中	中
李某	中	下	下	下	中	中下
罗某	中下	下	下	中下	中下	中下

表4-20 10岁组少年男子体操运动员身体素质综合等级评价结果

姓名	力量	速度	耐力	柔韧	灵敏	综合
张某	中上	上	上	中	上	上
张某	中	中	中	中	中	中
王某	中	中下	中	中	中	中
张某	中上	中	中	中上	中	中
王某	上	中	中上	中	上	中上
邹某	下	中	中下	上	中	中
周某	上	上	上	中上	上	上
唐某	上	中	中上	上	中上	中上
江某	中上	上	上	中	上	上
黄某	中	中上	中	中上	中	中
姚某	上	上	中上	中	中上	上
杨某	中上	中上	中上	中下	中上	中

续表

姓名	力量	速度	耐力	柔韧	灵敏	综合
李某	上	中上	上	中	中上	中上
赵某	中	中	中	上	中上	中上
崔某	下	下	中下	下	中下	下
滕某	中	中	中	中下	下	中下
梁某	中下	下	中下	中下	中	中下
罗某	中下	下	中下	上	中下	中下
刘某	下	中	下	中	中下	中下
白某	中	中	下	中	中	中
蒙某	中下	中下	下	下	中下	下
黄某	下	中	中下	下	下	下
程某	中	中上	中	中	中	中
程某	中	中	中	中下	中上	中
易某	中	中	中	中	中	中
潘某	中	中上	中	中上	中	中上
代某	下	下	中上	下	中上	下
杨某	中下	中下	下	中下	中下	中下
龙某	中	中	中	中	中	中
张某	中下	下	下	下	中下	下
陈某	中	中	中下	中	中	中
石某	中	中	中	中下	中	中
张某	下	下	下	中	下	下
康某	中	中下	中	上	下	中
王某	中下	中下	中	下	下	中下
水某	中	中下	中上	中上	中	中
杨某	中上	中上	上	中上	上	上
彭某	中	中上	中	中	下	中
董某	中	中	中	中	中	中
冯某	中上	中上	中	中	中	中上

表4-21 11岁组少年男子体操运动员身体素质综合等级评价结果

姓名	力量	速度	耐力	柔韧	灵敏	总分
金某	上	中上	上	中	中上	上
李某	上	中	中	中上	中上	中

续表

姓名	力量	速度	耐力	柔韧	灵敏	总分
袁某	中上	上	中	中上	中	中上
历某	中	中	下	中	中	中
李某	中	中	中	中	中	中
王某	中	中	中	中	中	中
余某	上	上	中上	中	上	上
张某	中	上	上	中上	中上	上
张某	中下	中下	中	中下	中下	中下
待某	中	中上	中上	上	中上	中上
魏某	中上	中	中	中上	中	中
曹某	上	上	中	上	上	上
田某	上	中上	中	中	上	中上
麻某	中上	中	中	中	中	中
姚某	中上	上	上	上	上	上
袁某	中	中上	中上	中	上	中上
周某	下	中下	中	下	下	下
周某	中上	中上	中上	中	中上	中上
张某	中	中下	中下	中下	下	中下
卢某	中	中	中下	中上	中	中
陆某	中	中	上	下	中	中
李某	中	中	中下	中	下	中
黄某	下	下	中	下	中下	下
何某	中下	下	下	中	中	中下
罗某	中下	中	中下	上	中	中
陈某	下	下	下	中	中	下
杜某	中下	中下	中	中	中下	中
王某	下	下	中下	中下	中下	中下
赵某	中	中下	中	下	下	中下
任某	中下	下	下	下	中下	下
黄某	中	中	上	中	中	中
李某	中	中	中上	中	中	中
邓某	中	中	中	中下	中	中
危某	下	中	下	中下	下	下
李某	中	中	中	上	中	中

表4-22 12岁组少年男子体操运动员身体素质综合等级评价结果

姓名	力量	速度	耐力	柔韧	灵敏	总分
季某	中下	中下	中下	中	下	中
钟某	中	中	中	中	中	中
杨某	中	上	上	中	中	中上
吴某	中上	中上	中上	中上	上	上
章某	中	中	中	上	中上	中
高某	中下	中	中下	下	中下	中下
邱某	中下	中下	中下	上	下	中下
罗某	中	中	中	中	中下	中
胡某	中	下	下	下	中下	下
傅某	中	中	中	中	中	中
陈某	中上	中上	中上	中	上	中上
柏某	中	中	中	中	中	中
苏某	中上	中	中	中上	中上	中上
朱某	上	上	上	中	中上	上
陈某	上	中	上	中	中上	中上
叶某	下	下	下	上	下	下
莫某	中	中上	中	中下	中	中
彭某	中	中下	中上	中下	中	中
陈某	上	上	中上	中上	上	上
别某	中上	中上	中	中	中	中
郭某	中	中	中	中上	中	中
但某	下	中下	中	中下	中下	中下
金某	中下	中	中下	下	中	中下
熊某	下	下	下	中下	中	下

男子体操包含6个项目，每个项目对身体素质的要求不尽相同，相对而言，全能型运动员对身体素质的发展有着较为综合的要求。少年阶段，9岁、10岁组均为规定动作，动作相对简单，全面发展身体素质是其训练的重要部分，主要为以后技术动作的发展铺垫基础。11岁、12岁组，专项素质比例加大，且已开始发展自选动作，身体素质与动作技术的结合更为紧密。本研究以11岁组全能前8名运动员身体素质综合等级评价为例，对综合等级评价结果进行了实证分析。

从表4-23中可以看到，11岁组综合素质均处于中上等或上等水平，这为运动员获取优异成绩奠定了良好的物质基础。具体分析可知，整体上柔韧素质发展水平一般，只有两名运动员为中上等，其他均为中等，其中部分成绩已接近中下等；而力量、速度、耐力和灵敏四项素质发展较好，均处于中上或上等。另外，通过对力量素质成绩的进一步分析可知，处于中上等的三位运动员的力量成绩也已接近上等水平。根据男子体操项目对力量素质的需求特点，一般来说，运动员的力量素质与柔韧素质存在不良转移，柔韧素质呈现出典型的“U”型发展特点。在11岁阶段，吊环等需要的静力性力量得以发展，肩部肌肉的不断发展，对转肩柔韧性造成了一定的影响。

表4-23 11岁组全能前8名运动员身体素质综合等级评价结果一览表

姓名	力量	速度	耐力	柔韧	灵敏	总分	全能名次	全能成绩
金某	上	中上	上	中	中上	上	5	82.250
李某	上	中	中	中上	中上	中	2	82.450
余某	上	上	中上	中	上	上	1	82.600
张某	中	上	上	中上	中上	上	4	82.350
曹某	上	上	中	上	上	上	6	81.850
田某	上	中上	中	中	上	中上	7	81.500
麻某	中上	中	中	中	中	中	8	81.500
姚某	中上	上	上	上	上	上	3	82.400

另外，耐力素质发展也比较突出，这为运动员以充沛精力和体力高质量完成各种成套动作和“持续比赛”提供了保障。通过实地考察及与教练员交流可知，11岁组运动员，组合动作或单个基本动作的反复练习现象大幅度增加，这对运动员的一般耐力与专项耐力提出了更高的要求，同时也促进了运动员耐力水平的提高。

11岁阶段，全面发展身体素质，加强专项素质训练，加强基本专项动作技术训练是训练的主要任务（表2-3）。根据与教练员的交流与实地考察获知，11岁组运动员的比赛动作虽为规定动作，可实际训练中过早、过快发展专项动作技术和难度动作是普遍存在的现象，这在一定程度上与我国在少年时期选材时普遍重视技术动作的掌握和已取得的运动成绩等现象有关。但从运动员长远利益出发，全面协调发展各项身体素质是实现运动员可持续发展的根本保障。从生理解剖角度分析，柔韧素质仍是这一阶段的发展重点。可见，如何处理好各素质之间的关系，实现各素质，特别是柔韧素质与力量素质的协调发展，是实际训练中有待解决的问题。

4.3 评价结果的检验

男子体操运动员良好的身体素质最终服务于运动员竞技能力的提高与优异运动成绩的获取，而其中竞技能力的提高也主要是通过运动员优异的运动成绩得以体现。从理论上分析，男子体操运动员身体素质与运动成绩应具有一定的相关性。

因此，本研究对评价得出的运动员单项和综合身体素质评分与运动员运动成绩之间进行了相关性分析，用以检验整个评价结果的科学性。而评价结果是通过应用所建立的评价指标体系、权重、标准，对运动员实施综合评价得来的。可见，评价结果的科学性亦是评价体系科学性的反映。另外，体操运动员身体素质的训练既要考虑整体效应，又要考虑单个项目特点，通过相关性检验，正确认识运动员身体素质对专项成绩的贡献量，进而确定各单项的核心身体素质和重点训练内容，可以为教练员合理安排身体素质训练内容提供参考依据。

4.3.1 相关性分析基本原理

一切客观事物都是相互联系且具有内部规律的，这些联系表现在量上所呈现出的其中一种典型类型就是相关关系。所谓相关性分析，是考察两个变量之间线性关系的一种统计分析方法，是针对两个或多个具备相关性的变量元素进行分析，从而衡量两个变量元素相关的密切程度，并且可以发现变量间的共变关系。

根据相关分析原理，主要从如下3个角度进行相关性分析：

（1）相关的方向：相关的符号（正或负）表示相关的方向，正相关表示变化方向一致，即同时增加或减少；负相关表示变化方向相反，即一增一减。例如，转肩柔韧性的过度发展与肩部力量的发展在一定程度上存在负相关性。

（2）相关的形式：线性或非线性，通过散点图（scatter plot）可直观表达和判断两个变量的变化关系，相关性分析只对存在线性关系的变量有意义。如10岁组运动员综合身体素质与其全能成绩的散点图

（图4-9）。

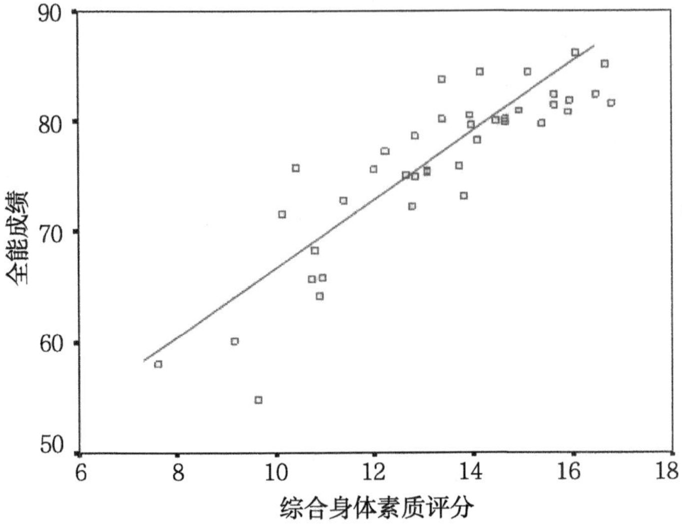

图4-9　10岁组运动员综合身体素质与其全能成绩变化关系的散点图

从图4-9可看出，所有点大致在一条直线附近波动，可见10岁组运动员综合身体素质与其全能成绩总体上存在一定的线性关系，但也并非完全呈一一对应关系，这也正好体现了体操项目比赛的特点，即身体素质是运动员获取良好运动成绩的基石，在具备了满足要求的良好身体素质基础的前提下，影响比赛成绩的因素是多元化的。

（3）相关的程度或强度。皮尔森（Pearson）相关是最常用的相关关系，通常用字母r表示，*r*值为 -1~1；*r*的绝对值越接近1，说明两个变量线性关系越强；当*r*为0时，表示无线性相关性；*r*值为负，表示负相关。相关系数的具体判断标准见表4-24。

表4-24　相关系数常用的判断标准

相关系数的大小（$\|r\|$）	相关程度解释
0~0.2	非常弱的相关或无相关
0.2~0.4	弱相关
0.4~0.6	中度相关
0.6~0.8	强相关
0.8~1.0	非常强的相关

需要说明的是，上述相关程度的判断标准，必须先通过两列数据相关的显著性检验。该样本量基本为大样本量，按照常规标准，当p值小于0.05时，才表示该两列数据通过显著性检验，进而说明这个r值是有意义的，才能根据这个r值的大小来判断相关性的大小。也就是说，表4-24相关系数常用的判断标准是建立在P值小于0.05的前提之下。

4.3.2 身体素质评价结果与运动成绩的相关性分析

本研究根据所建立的评价体系对少年男子体操运动员身体素质进行单项和综合评价，获取了各项身体素质的评分结果，然后按照相关性分析基本原理与步骤，对评分结果与运动员单项和全能的运动成绩进行相关性分析。首先通过对散点图的初步分析，直观判断两个变量之间是否基本呈线性关系，在此基础上再进行相关性检验，以判断其具体的相关程度，具体结果见表4-25（9岁组）。

表4-25 9岁组少年男子体操运动员单项身体素质评价指标与运动成绩的相关性分析

评价指标	与运动成绩相关性	运动项目						
		自由体操	鞍马	吊环	跳马	双杆	单杠	全能
A1 30秒摆动引体向上	r	0.288	0.474*	0.642**	0.165	0.446*	0.524*	0.562*
	P	0.263	0.023	0.005	0.485	0.033	0.042	0.031
A2 5米手脚并用爬绳	r	0.305	0.368	0.543*	0.253	0.425*	0.489*	0.444*
	P	0.102	0.062	0.017	0.252	0.042	0.027	0.046
A3 30秒双臂屈伸	r	0.474*	0.601**	0.539**	0.408*	0.498*	0.341	0.601**
	P	0.047	0.007	0.009	0.041	0.021	0.081	0.009
A4 30秒肋木悬垂举腿	r	0.432*	0.245	0.352	0.253	0.464*	0.577**	0.425*
	P	0.042	0.221	0.131	0.238	0.033	0.006	0.049
A5 地面直臂屈体分腿连续提倒立	r	0.526*	0.219	0.389	0.264	0.652**	0.254	0.356
	P	0.041	0.242	0.088	0.231	0.005	0.226	0.105
A6 五级蛙跳	r	0.642**	0.261	0.234	0.554*	0.212	301	0.402*
	P	0.008	0.207	0.201	0.016	0.232	0.125	0.045
B1 助跑最后5米跑速	r	0.605*	0.161	0.134	0.676**	0.112	0.101	0.352
	P	0.028	0.407	0.501	0.006	0.402	0.525	0.115

续表

评价指标	与运动成绩相关性	运动项目						
		自由体操	鞍马	吊环	跳马	双杆	单杠	全能
B2 15秒原地团身后空翻	*r*	0.625**	0.265	0.238	0.401*	0.335	0.342	0.361
	P	0.008	0.207	0.211	0.038	0.224	0.345	0.085
B3 连续5个后手翻	*r*	0.542*	0.181	0.244	0.401*	0.102	0.502*	0.389
	P	0.025	0.301	0.201	0.046	0.402	0.035	0.095
C1 400米跑	*r*	0.456*	0.141	0.204	0.101	0.102	0.131	0.502*
	P	0.045	0.407	0.501	0.596	0.532	0.515	0.023
C2 双杠直角支撑	*r*	0.186	0.401*	0.454*	0.121	0.502**	231	0.324
	P	0.345	0.046	0.035	0.566	0.005	0.215	0.093
C3 地面控倒立	*r*	0.455*	0.345	0.352	0.171	0.422*	0.225	0.384
	P	0.035	0.101	0.098	0.356	0.042	0.212	0.093
D1 转肩	*r*	0.256	0.135	0.372	0.152	0.263	0.398	0.345
	P	0.135	0.257	0.088	0.326	0.245	0.055	0.097
D2 站立并腿体前屈	*r*	0.346	0.145	0.256	0.156	0.233	0.323	0.321
	P	0.111	0.243	0.178	0.315	0.265	0.085	0.101
E1 原地跳转360°	*r*	0.381	0.245	0.216	0.621*	0.213	0.315	0.354
	P	0.099	0.142	0.186	0.020	0.218	0.104	0.100
E2 闭目单足站立平衡	*r*	0.321	0.125	0.154	0.316	0.211	0.229	0.381
	P	0.121	0.365	0.218	0.099	0.268	0.126	0.121

注：n=37; * 在 0.05 水平（双侧）上显著相关; ** 在 0.01 水平（双侧）上显著相关。

根据单项身体素质评分结果与单项运动成绩和全能成绩相关性分析，总体上各单项素质评分结果与6个运动项目和全能成绩的相关性，随着年龄的增长，其相关程度逐步增大，各运动单项与各单项素质的相关数量也增多。例如，灵敏素质与柔韧素质的单项指标，以及部分反映专项身体素质的力量评价指标，在9岁、10岁组，与许多运动单项甚至全能都不呈显著相关性，如单杠对肩部和髋部柔韧性具有较高要求，但单杠成绩与转肩、体前屈的评分在9岁组不具显著相关性，在11~12岁则呈现显著相关。因为少年时期身体素质发展不仅服务该阶段技术动作的发展，更重要的是从长远角度出发，主要服务于运动员以后难度动作的全面发展，这也充分体现了身体素质先行的发展原则。

另外，在整体上，单项素质评分与运动单项甚至全能成绩的相关程度普遍不高。因为男子体操6个单项涉及不同动作技术类型，对身体素质是一种带有一定侧重点的综合需求，而单项评价指标基本只是某一项或几项身体素质的反映，进而与运动单项和全能成绩的相关程度较低。但其中各单项素质与全能成绩的相关性普遍比与单个项目成绩的相关程度高。众所周知，全能成绩涉及六个项目，对运动员动作技术和身体素质的要求自然比单项更全面和综合，因此这一结果是合理的。

可见，从动作技术的发展角度分析，许多单项身体素质及综合身体素质与六个单项和全能成绩的相关分析结果是科学、合理的。由于各项目对身体素质需求的综合性，为了进一步剖析身体素质与运动成绩的相关程度，本研究对综合身体素质与单项运动成绩进行了相关性分析，见表4-26。

表4-26 少年男子体操运动员综合身体素质与专项成绩的相关性

评价指标	与运动成绩相关性	运动项目						
		自由体操	鞍马	吊环	跳马	双杆	单杠	全能
9岁组	r	0.550*	0.526*	0.448	0.412	0.558*	0.472	0.601*
	P	0.015	0.040	0.087	0.102	0.007	0.075	0.008
10岁组	r	0.579**	0.527*	0.492*	0.460	0.592**	0.525*	0.612**
	P	0.005	0.042	0.045	0.111	0.009	0.037	0.007
11岁组	r	0.601**	0.536*	0.545*	0.495	0.618**	0.542*	0.677**
	P	0.007	0.030	0.030	0.089	0.008	0.037	0.005
12岁组	r	0.615**	0.561*	0.562*	0.512*	0.625**	0.557*	0.723**
	P	0.006	0.030	0.035	0.045	0.005	0.043	0.004

注：* 在 0.05 水平（双侧）上显著相关; ** 在0.01 水平（双侧）上显著相关。

从表4-26可以看出，9岁组少年男子体操运动员综合身体素质与全能成绩呈显著相关（$P < 0.05$），10~12岁组则呈现非常显著相关（$P < 0.01$），且其相关程度均大于所在年龄组综合身体素质评分与各运动单项成绩的相关程度。在单项技术上（表4-27），9岁组运动员综合身体素质评分与自由体操、鞍马、双杠成绩呈现显著相关，相关程度为：双杠>自由体操>鞍马，而与跳马、吊环、单杠成绩不具显著相关性；10岁组运动员综合身体素质与自由体操、鞍马、吊环、双杠、单杠成绩呈现显著相关，相关程度为：双杠>自由体操>鞍马>单杠>吊环，而与跳马成绩不具显著相关性；11岁组运动员综合身体素质评分与自由体操、鞍马、吊环、双杠、单杠成绩呈现显著相关，相关程度为：双杠>自由体操>吊环>单杠>鞍马，而与跳马成绩不具显著相关性；12岁组运动员综合身体素质评分与6个单项成绩均呈现显著相关，相关程度依次为：双杠>自由体操>吊环>鞍马>单杠>跳马。

表4-27 少年男子体操运动员综合身体素质与运动成绩相关性分析结果一览表

年龄组	显著相关（$P<0.05$）	非常显著相关（$P<0.01$）	显著相关的程度
9岁组	全能、自由体操、鞍马、双杠	全能双杠	全能>双杠>自由体操>鞍马
10岁组	鞍马、吊环、单杠	全能、自由体操、双杠	全能>双杠>自由体操>鞍马>单杠>吊环
11岁组	鞍马、吊环、单杠	全能、自由体操、双杠	全能>双杠>自由体操>吊环>单杠>鞍马
12岁组	鞍马、吊环、单杠、跳马	全能、自由体操、双杠	全能>双杠>自由体操>吊环>鞍马>单杠>跳马

从比赛动作分析，少年男子体操运动员比赛动作和动作技术类型相对较单一（表2-4），特别是少年前期的9岁组，吊环主要以悬垂摆动为主，跳马项目则是无马的直体前后翻转体180°，单杠主要以大回环为主，且还有些动作是以技术为主导，这导致动作技术对身体素质的要求相对单一，这些项目的比赛动作与转肩、体前屈等许多单项素质不呈显著相关，与综合素质的相关程度也不高。而随着年龄的增大，难度动作逐步得以发展，且单项的动作技术种类逐步丰富，动作技术的全面发展对身体素质的需求也更为全面和综合，从而与身体素质的相关程度增强。例如，9岁组双杠没有转体类动作，10岁组要求倒立转体180°；9岁组吊环主要是悬垂摆动，10岁组出现了前后高转肩等动作，对力量素质、肩部柔韧素质、控环能力等提出了更高的要求；单杠由较简单的前后大回环，发展为正掏、反掏等动作，对髋部、肩部等的柔韧性也提出了更高的要求。“原地跳转360°”与9岁组跳马呈现显著相关，“原地跳转540°”却与12岁组跳马没有显著相关，进一步比较动作可知，9岁组比赛动作是无马的“直体前空翻跳转180°”，而12岁组主要为自选动

作，可见比赛动作技术是导致这一相关结果的主要原因。

从项目技术特征分析，男子体操6个项目各自具有不同的动作技术类型和特征，不同的动作技术类型决定了6个项目对身体素质的需求不尽相同。双杠是男子体操六个项目中动作类型最全面、数量最多、最复杂的项目，是一项综合体操多项技术特征的项目，少年男子体操运动员比赛动作也体现了这一特征。因此，该项目对运动员身体素质的要求更为综合和全面，这与综合身体素质和双杠成绩高度相关的结果完全吻合。自由体操，时间最长，以技巧翻腾动作为主，配以力量动作、平衡动作和跳跃、转体、徒手动作等，对力量素质、灵敏素质、速度素质、耐力素质、柔韧素质均有着一定的要求，这与综合身体素质与自由体操成绩呈现非常显著的相关性也不谋而合。在吊环项目上，出于运动员身体生长发育特点考虑，许多静力性动作和支撑动作不宜发展，但从比赛动作可看出，到11岁、12岁阶段，水平支撑类等静止动作、手倒立等动作得以初步发展，对力量素质的要求更为专业和全面，且在评价指标体系中也增加了“吊环俯撑压十字”等指标。但值得注意的是，吊环的许多静力性动作等仍不宜少年阶段发展，且许多专项力量耐力等素质在青年时期才能充分发展和体现。可见，少年阶段关于吊环专项素质的发展主要是为运动员后续发展服务，故与该阶段运动成绩的相关程度不是很高。鞍马项目，11~12岁阶段，出现了各种全旋、移位类动作和挺身转体类动作，且在评价指标体系中也增加了“蘑菇全旋”指标，因此11~12岁阶段鞍马动作技术的发展与综合身体素质的关系更为紧密。由此可见，4个年龄阶段各项目与综合身体素质的相关程度的变化是合理的。

从训练目的分析（表2-3），9~10岁阶段主要是发展基本运动能力和全面发展身体素质，为提高运动员竞技能力和以后全面发展动作技术与高难动作服务，到11岁、12岁逐步加强专项动作技术和专项身体素质的发展。而整个少年阶段主要是着重发展处于发展敏感期的各项身体素质；依据身体生长发育特点与以后发展各类型动作技术和高难动作的需求，全面发展身体素质。例如，9岁组转肩、体前屈等，虽与该年龄段动作技术发展无显著相关性，但从该素质发展的敏感期和运动员的长远发展角度出发，该阶段是加强肩部、髋部柔韧性发展的关键时期；而到11岁、12岁阶段，正/反掏、中穿上等单杠动作、高转肩等吊环动作已成为比赛动作，转肩、体前屈与单项和全能成绩的相关程度明显提高。因此，许多单项身体素质与六个项目的相关程度并不高，甚至不呈显著相关，既符合少年时期身体素质的发展目的和身体素质的发展特点，一定程度上也符合运动员的长远发展利益。

综上，根据单项身体素质、综合身体素质与男子体操6个项目和全能比赛成绩的相关性分析可知，整个评价结果既符合少年阶段动作技术的发展特点和训练目的，也符合男子体操各项目对身体素质的需求特征和身体生长发育特点，又充分反映出体操运动员身体素质先行的发展原则和技术动作与身体素质发展的阶段性特征。可见，评价结果是科学、合理的，也反映出本研究所构建的少年男子体操运动员身体素质评价体系的科学性，进一步证明了按四个年龄组分别设置不同评价指标、权重和评价标准的科学性。另外，从运动成绩与身体素质的相关性分析可知，少年男子体操运动员随着年龄的增加，应加强专项身体素质的训练，注重身体素质发展与专项技术发展的有机结合，实现身体素质向动作技术的有机转化。

另外，本研究分别对运动员30米跑与助跑最后5米跑速的成绩与运动员自由体操、跳马、全能的成绩进行了相关性分析与比较（表4-28）。

表4-28 少年男子体操运动员30米跑、助跑最后5米跑速与部分运动成绩相关性分析结果一览表

评价指标	项目	与运动成绩相关性	运动项目		
			自由体操	跳马	全能
9岁组（n=37）	30米跑	r	0.456	0.623*	0.368
		P	0.088	0.035	0.121
	助跑最后5米跑速	r	0.445	0.626*	0.352
		P	0.105	0.025	0.115
10岁组（n=40）	30米跑	r	0.485	0.615*	0.415
		P	0.108	0.015	0.135
	助跑最后5米跑速	r	0.456	0.639**	0.407
		P	0.131	0.009	0.152
11岁组（n=35）	30米跑	r	0.487	0.565*	0.445
		P	0.095	0.015	0.105
	助跑最后5米跑速	r	0.556*	0.629**	0.472
		P	0.040	0.009	0.098

续表

评价指标	项目	与运动成绩相关性	运动项目		
			自由体操	跳马	全能
12岁组（n=24）	30米跑	r	0.506	0.512	0.465
		P	0.115	0.106	0.161
	助跑最后5米跑速	r	0.615*	0.676**	0.478
		P	0.025	0.006	0.115

注：* 在 0.05 水平（双侧）上显著相关；** 在 0.01 水平（双侧）上显著相关。

首先从男子体操项目对位移速度的需求特点分析，位移速度主要体现在跳马和自由体操中，而这两个项目在位移速度方面追求的并不是运动员的绝对速度，它更注重的是与力量和技术等的有机结合。通过助跑获取一定的水平速度，结合上板起跳有机地转化为垂直速度，是跳马运动员获取第二腾空高度的关键，要实现这一有机转化，就要使整个加速助跑的跑速峰值出现的时机离上板起跳越近越好，也是整个加速助跑的最佳效果，这对运动员跑的节奏和技术均有着较高的要求。在自由体操中，通过几步的位移助跑迅速获取加速度对体操运动员完成各类技巧翻转动作或翻转串至关重要。从这个意义上分析，助跑最后5米跑速更注重位移速度与动作技术的良好衔接，更符合跳马与自由体操对位移速度的需求特征。

少年时期体操运动员的奔跑能力能充分反映运动员的位移速度、下肢爆发力、协调能力等。9岁、10岁阶段，由于自由体操比赛单个动作和连接串均比较简单，对运动员位移速度的要求并不高；在跳马比赛动作上，9岁组是无马“直体前空翻转体180°”，10岁组是“前手翻”，动作相对简单，实际比赛中运动员普遍通过10多米的加速便完成比赛动作，对运动员位移速度与技术动作的衔接的要求并不突出；30米跑与助跑最后5米跑速均反映运动员单纯的位移速度，故与跳马成绩均呈现显著相关性。

随着比赛动作难度的增大，位移速度与技术的衔接已成为影响运动员完成难度动作和连接串的重要因素之一。实际测试中，发现11岁、12岁年龄阶段，30米跑成绩较好而助跑最后5米跑速成绩不理想的运动员普遍存在。特别是12岁组，比赛动作已是自选，动作难度随之增大，对运动员跑的节奏和技术均有着较高的要求，对位移速度的需求特征体现得更为明显。相关性检验结果也表明，30米跑与跳马、自由体操成绩均不呈显著相关性，而助跑最后5米跑速则与自由体操成绩呈显著相关，与跳马成绩呈非常显著相关。可见，助跑最后5米跑速在注重运动员位移速度的同时，也强调跑的节奏与动作技术的良好衔接，比传统的单纯测全程跑速具有较为明显的优势。

4.4 本章小结

本章主要根据已建立的评价体系，对我国少年男子体操运动员身体素质进行评分评价与等级评价，在微观和宏观两个层面较全面地把握目前我国少年男子体操运动员身体素质的发展状况，对修订和制定少年男子体操运动员身体素质训练目标和计划、提高其身体素质训练的科学化水平具有重要的实践指导意义。

（1）评分评价结果表明，力量素质方面，11岁组运动员下肢爆发力和12岁组运动员腰腹速度力量平均得分较低；速度素质方面，提高位移速度的质量将是11岁、12岁组训练的重点；耐力素质方面，总体水平相对越好；柔韧素质方面，9岁组运动员肩部柔韧性发展突出，髋、腰、腿等部位柔韧性有待提高，11岁、12岁组运动员柔韧性整体水平有待提高；灵敏素质方面，整体发展较均匀。

（2）单项等级评价结果表明，9岁组运动员肩部柔韧素质、上肢拉引和推撑力量发展较好，腰腹速度力量、空翻的动作速度、平衡能力等的整体水平具有很大的提高空间；10岁组运动员耐乳酸的能力、肩部柔韧性、上肢推撑力量发展较好，而空翻的动作速度、平衡能力等的整体水平有待提高；11岁组运动员上肢支撑力量与耐力、耐乳酸的能力发展较好，而腰腹力量整体水平不太理想，下肢爆发力等的整体水平具有很大发展潜力和提高空间；12岁组运动员上肢支撑力量和耐力、肩部柔韧性发展较好，而腰腹力量、空翻的动作速度、时空感等的整体水平具有很大发展潜力和提高空间。

（3）以11岁组全能前8名运动员的身体素质综合等级评价为例，对综合等级评价结果进行了实证分析。结果表明，综合素质均处于中上等或上等水平，这为运动员获取优异成绩奠定了良好的物质基础，其中力量素质发展最好，速度、耐力和灵敏三项素质发展较好，柔韧素质发展很一般。如何处理好各素质之间的关系，实现各素质，特别是柔韧素质与力量素质的协调发展，是实际训练中有待解决的问题。

（4）对单项身体素质、综合身体素质与男子体操6个项目和全能的比赛成绩进行相关性检验，结果显示所构建的少年男子体操运动员身体素质评价体系和评价结果是科学、合理的。

5 少年男子体操运动员身体素质的诊断

5.1 诊断的释义及作用分析

在运动训练过程中，为了发展运动员的竞技能力，实现运动员竞技能力的现实状态向特定目标状态的转移而进行的及时的、不间断的对运动员竞技能力实际状态的检查和评定，称为运动员竞技能力现实状态的诊断（简称状态诊断），状态诊断和检查评定是运动训练过程中的两个重要环节。

身体素质训练是一个有机的系统工程。少年体操运动员身体素质的现实状态，是安排和进行下一步身体素质训练的出发点和基本依据。可以说，整个身体素质训练过程都是以对运动员身体素质现实状态的科学、准确的诊断为出发点而展开的。通过科学的诊断，获取可观、准确的反馈信息，才能及时了解少年体操运动员身体素质的变化状况，掌握其训练进展，发现其存在的问题和不足，由此做出准确的判断，进而有针对性地调整、修正或制订训练计划、确定阶段任务、采取有效的训练方法与手段，以提高身体素质训练的科学化程度，最终达到少年体操运动员身体素质的期望发展目标和理想效果。

可见，诊断作为少年男子体操运动员身体素质训练过程中的基本环节之一，是其身体素质训练过程中各环节的起始点和出发点。为了达到训练目标，就需要对其身体素质训练效果进行不断的、及时的科学诊断，以便科学掌控训练过程，了解训练效果，及时获取反馈信息，找出问题，修正身体素质训练计划。具体而言，身体素质的诊断具有以下3个主要功能：

（1）检查与监控。

身体素质的诊断最首要、最基本的功能就是实现对身体素质训练的判断，即在训练过程中的特定时刻对运动员身体素质训练状况的检查和监控。少年时期是体操运动员身体素质发展的关键时期，科学的训练是提高运动员成才率和实现运动员可持续发展的保障。通过对身体素质进行阶段性的科学诊断，可以使教练员与运动员及时掌握身体素质训练过程进展情况与阶段任务的完成情况，判定现实状态与预定目标状态的离差，从而判断上一训练过程中所制订的训练计划、所采取的训练内容与方法、训练过程的组织与控制的适宜与科学程度，实现对运动训练过程的有效监控，并从中总结成功的经验或吸取相关教训。

（2）引导下一训练阶段的安排。

运动员身体素质的现实状态是下一训练过程的出发点，也是合理安排下一训练计划的依据。通过科学诊断，能客观、准确地了解我国少年男子体操运动员身体素质的总体优势指标与劣势指标，还能深入分析每一位少年男子体操运动员的优势和劣势因素，找出影响少年男子体操运动员身体素质水平高低的主要因素。因此，通过对身体素质的诊断，一方面，让教练员科学、准确地把握每位运动员身体素质的真实发展情况；另一方面，让教练员在宏观上合理处理运动员身体素质的综合、协调发展，在微观上为每一位运动员建立科学的身体素质发展目标，做到区别对待与因材施教。由此可见，身体素质诊断能发现运动员身体素质训练所存在的问题，为科学规划和制定运动员身体素质下一阶段的训练策略提供依据和导向。

（3）为科学选材提供重要依据。

少年时期是对体操运动员进行科学选材的重要阶段。身体素质是运动员完成高难动作的物质基础，而少年时期身体素质的发展状况直接影响体操运动员以后动作技术的发展，因此也是少年体操运动员选材的重要方面。通过身体素质的诊断，并与其他运动员进行横向比较，能清楚了解运动员总体上所处的位置；通过自身纵向比较，能准确把握运动员身体素质的发展状况，为运动员的选材提供准确、有效的反馈信息和现实依据。

5.2 少年男子体操运动员身体素质的态势诊断

态势简而言之就是状态和形势。通过评价可以直观判断运动员身体素质的得分情况和所处等级，但通过态势诊断，可以进一步了解运动员身体素质的优势指标与劣势指标，及时了解运动员处于正常态势的各项身体素质，发现处于不正常态势或具有向非正常态势方向发展的趋势的各项身体素质。

少年体操运动员身体素质态势诊断，在宏观上可以揭示目前我国少年男子体操运动员各项指标所构成的整个身体素质的当前状态和变化趋势，即总体态势诊断；在微观上可以具体剖析每一位运动员身体素质的发展状况和所存在的问题，即个体态势诊断。

5.2.1 总体态势诊断

少年男子体操运动员身体素质是由力量、耐力等五个方面构成的一个有机整体，其总体态势诊断能揭示我国少年男子体操运动员整体身体素质发展的当前状态，分析目前我国少年男子体操运动员9~12岁各个年龄组在力量、耐力等五个方面的关键性指标，以实现少年男子体操运动员在力量、速度、耐力、柔韧、灵敏这五个方面最合理的分配，对各训练单位从宏观上正确把握少年男子体操运动员身体素质训练的总方向有着重要指导作用。

5.2.1.1 总体态势诊断的方法

本研究主要采用帕雷托分析法进行总体态势诊断。帕雷托分析法是由意大利经济学家帕雷托首创的，最初创立于经济管理学领域。帕雷托分析法的核心思想就是分清影响事物的众多因素之间的主次，直观地确定因素的优先顺序，识别出对事物起决定作用的关键因素和对事物影响较小的次要因素。Joseph M. Juran在帕雷托分析法的基础上推论出著名的帕雷托法则，又称80/20法则，俗称二八定律，即强调为80%的问题找出关键的几个致因（通常为20%）。80/20法则不是绝对的，关键是能确定问题的主要原因。根据帕雷托分析法创建的帕雷托图（Pareto Chart），能非常直观地确定各个因素的优先顺序，其思路是首先将各研究指标的量值累加，然后计算累加后的各指标量值占总量值的百分比，进而依据各指标量值百分比的高低进行排序，一般以指标量值累加达到70%或以上作为标准，构成此70%的各指标被界定为关键的多数（优势指标），其余为劣势指标。由于关键的少数和次要的多数现象具有普遍性，该方法现已被广泛用于人力资源管理、企业管理、政府干预、人际关系处理、人生规划等多个领域。

在体育研究领域里，曹景伟、金宗强、姚旭霞等均曾用此法分别对中国优势竞技运动项目、优秀女子赛艇公开级运动员体能、排球运动员专项体能、女子游泳运动员专项体能进行了总体态势诊断，取得了较好的效果。

5.2.1.2 我国少年男子体操运动员身体素质的总体态势诊断结果与分析

之前确定的少年男子体操运动员身体素质评价各指标权重，虽可界定各入选指标对专项成绩的重要程度（贡献量），但是权重并不意味着运动员身体素质指标配置必然与指标权重呈对应（或一致）的关系。也就是说，权重的建立是以指标为参照系，体现各指标在整个同层指标体系中的重要程度，然而运动员身体素质指标优势及劣势分析则是以运动员自身为参照系。可见，帕雷托分析法为我们提供了一种便捷判断运动员身体素质优势指标和劣势指标的方法。本研究由于各指标的量值单位不同，所以在运用帕雷托分析法前，必须进行指标的无量纲化处理。因为运动员自身身体素质各指标评分的高低与指标值的优劣存在着一致的对应关系，故用运动员一级指标得分替代指标量值，进行帕雷托分析。另外，还需要考虑各指标的权重，只有通过对总得分进行统一加权，才具可比性，方能反映各素质对整个综合素质的影响程度。（图5-1至图5-4）

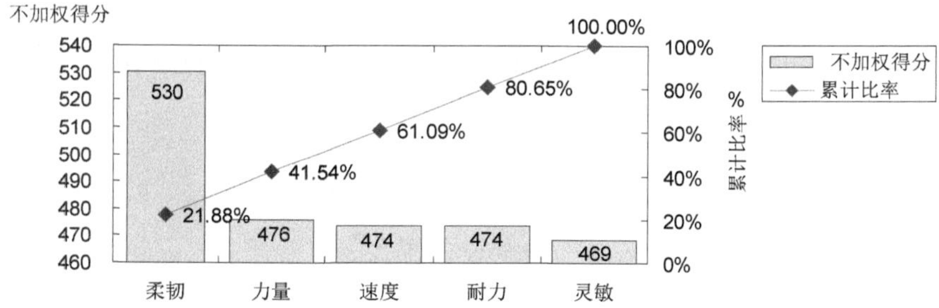

图5-1 9岁组少年男子体操运动员身体素质一级指标得分态势的帕雷托图（不加权）

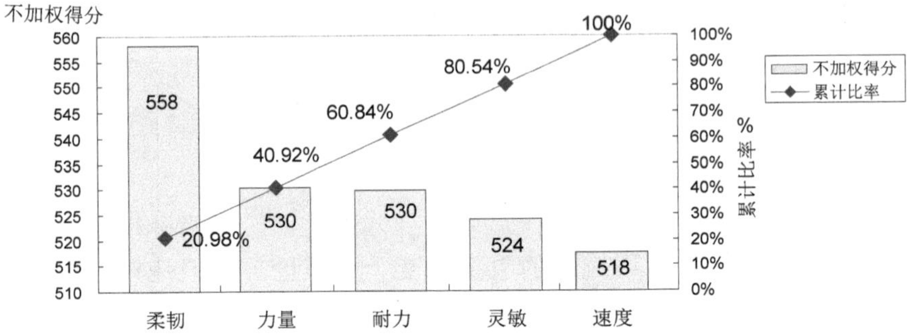

图5-2 10岁组少年男子体操运动员身体素质一级指标得分态势的帕雷托图（不加权）

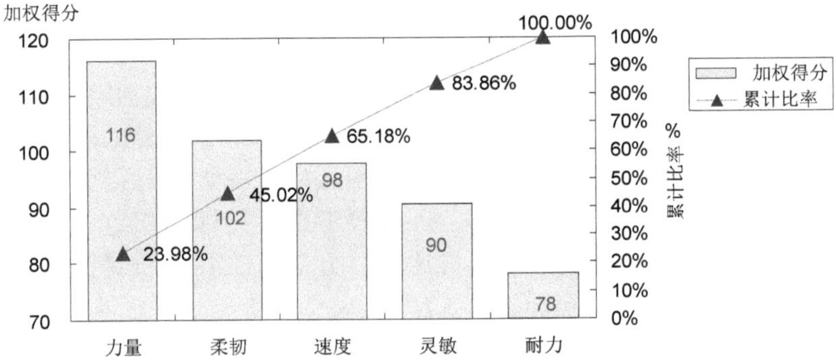

图5-3 9岁组少年男子体操运动员身体素质一级指标得分态势的帕雷托图（加权）

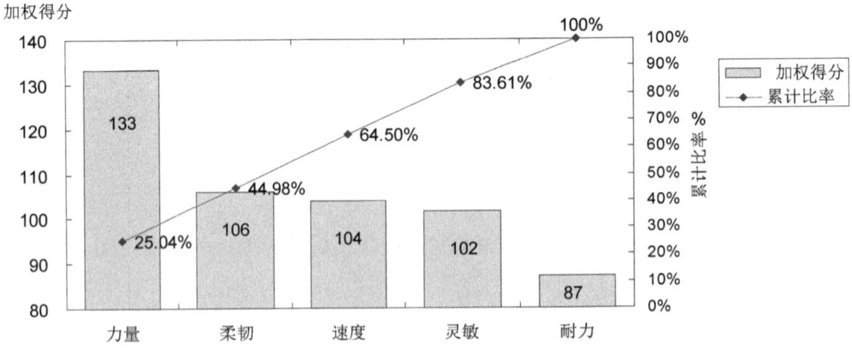

图5-4 10岁组少年男子体操运动员身体素质一级指标得分态势的帕雷托图（加权）

从图5-1、图5-2可见，如果不考虑指标权重，单纯对9岁、10岁组少年男子体操运动员身体素质一级指标的得分态势进行帕雷托分析，可知9岁组少年男子体操运动员在柔韧、力量、速度、耐力4项指标上处于相对优势地位，10岁组少年男子体操运动员在柔韧、力量、耐力3项指标上处于相对优势地位，速度是其劣势指标；从图5-3、图5-4可见，如果考虑指标权重，9岁组和10岁组少年男子体操运动员均在力量、柔韧、速度、灵敏4项指标上处于相对优势地位。可见，这4项素质是决定9岁、10岁组男子体操运动员身体素质水平高低的主要因素。因此，在训练实践中，着重加强运动员力量、柔韧、速度、灵敏的训练是提高9岁、10岁组少年男子体操运动员身体素质水平的关键环节。

另外，9岁组和10岁组年男子体操运动员一级身体素质指标的得分顺序（加权）都是：力量素质 > 柔韧素质 > 速度素质 > 灵敏素质 > 耐力素质，而一级指标权重的大小顺序为：力量素质 > 速度素质 > 灵敏素质 > 柔韧素质 > 耐力素质。可见，除了柔韧素质外，9岁组和10岁组少年男子体操运动员优势指标的得分顺序与权重大小基本一致。虽然从理论上分析，少年男子体操运动员的速度素质相对柔韧素质而言，与专项成绩的关系更为密切，但从实践上看，目前9岁组、10岁组少年男子体操运动员柔韧素质的发展仅次于力量素质，一方面反映了实际训练中教练员充分根据运动员身体肌肉韧带、关节、骨骼的发育特点，突出了柔韧性的发展。因为柔韧性的发展很大程度上取决少年儿童时期的发展程度，随着年龄的增长，主要以保持和满足需要为主。另外，根据运动员心肺机能发育特点，对耐力素质也需科学、谨慎地发展，这与该指标得分偏低的情况也是吻合的。另一方面也说明，运动员身体素质内在结构规律，即指标权重与运动员在该指标上的训练水平往往并不是等量或对等配置的，在少年时期体现更为明显，因为权重大小是以整个指标体系为参照系，主要体现的是各指标对运动员专项成绩的贡献量或重要程度。而少年前期，男子体操运动员动作技术的发展主要是以基本动作技术为主，身体素质的发展主要是为以后进一步发展高难动作技术和提高运动员竞技能力奠定物质基础，可以说这一时期身体素质的发展与该阶段动作技术的发展的相关性相对较低。正确认识这一特征，有助于在少年儿童时期体操项目的训练中避免机械地依据指标权重的大小去安排运动员的身体素质训练。由此可见，少年时期身体素质的发展不能只局限于服务该阶段动作技术的发展需要，更应注重从运动员长远可持续发展的角度出发，依据以后动作技术的发展需要和身体发育特点（素质发展敏感期），科学、合理地安排少年男子体操运动员身体素质训练。因此，根据各素质之间相互转移关系和身体素质发育特征，如何突出重点并全面、协调发展少年男子体操运动员身体素质是目前亟待解决的问题。例如，如何科学协调地发展力量素质与柔韧素质等；如何根据运动员心肺机能特征，采取合理的有氧耐力训练内容与手段为运动员后续专项耐力的发展提前做好铺垫；如何在科学控制负荷的前提下采取有效手段直接或间接地发展专项耐力。（图5-5至图5-8）

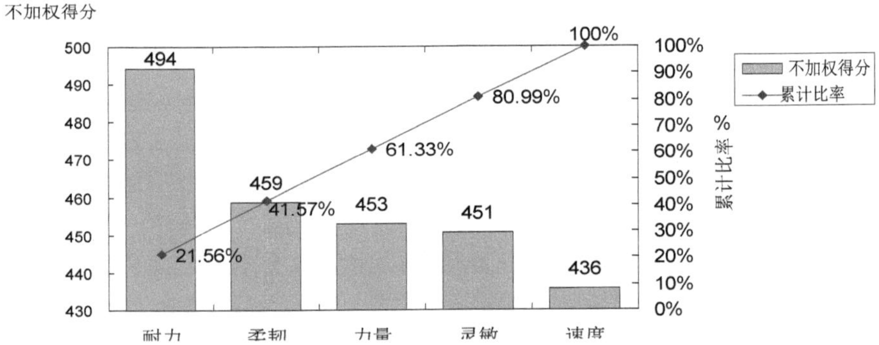

图5-5 11岁组少年男子体操运动员身体素质一级指标得分态势的帕雷托图（不加权）

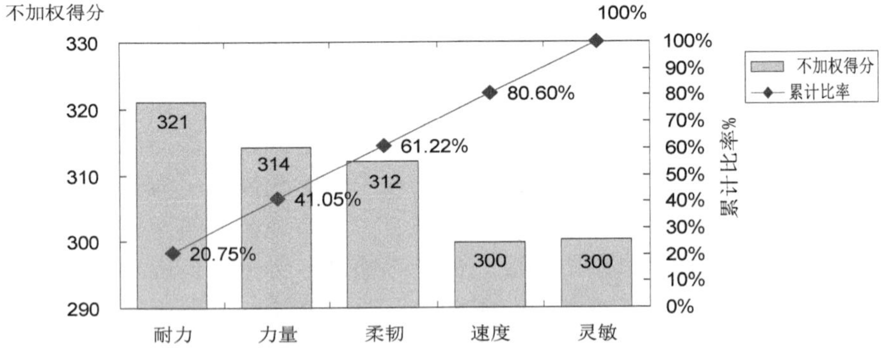

图5-6 12岁组少年男子体操运动员身体素质一级指标得分态势的帕雷托图（不加权）

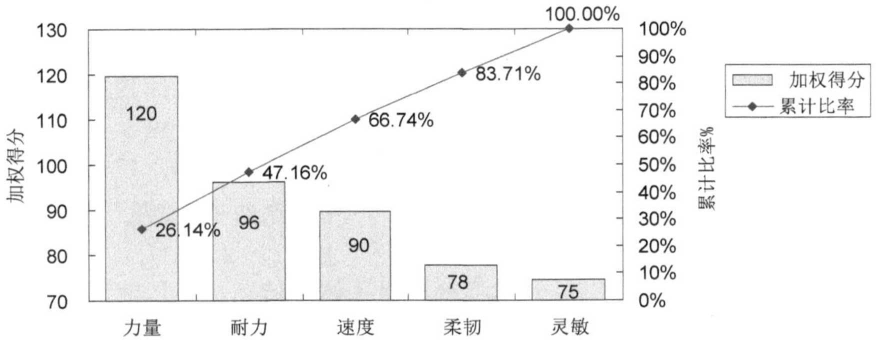

图5-7 11岁组少年男子体操运动员身体素质一级指标得分态势的帕雷托图（加权）

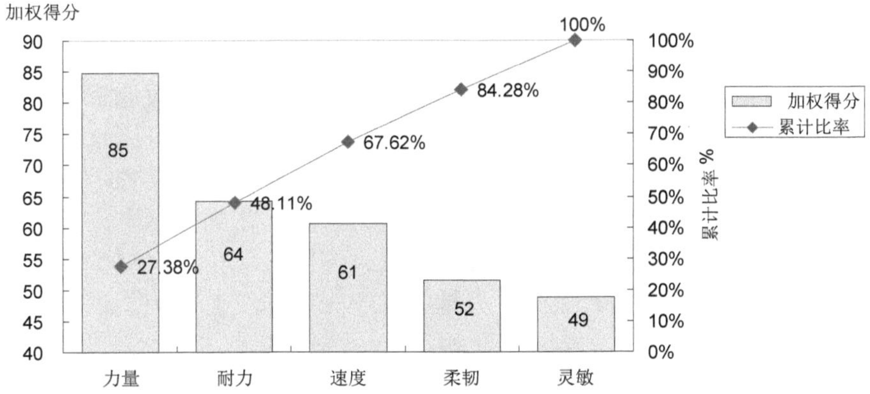

图5-8 12岁组少年男子体操运动员身体素质一级指标得分态势的帕雷托图（加权）

从图5-5、图5-6可看出，如果不考虑指标权重，单纯对11岁、12岁组少年男子体操运动员身体素质一级指标的得分态势进行帕雷托分析，11岁组少年男子体操运动员在耐力、柔韧、力量3项指标上处于相对优势地位，12岁组少年男子体操运动员在耐力、力量、柔韧3项指标上处于相对优势地位。但如果考虑指标权重（图5-7、图5-8），11岁组和12岁组少年男子体操运动员均在力量、耐力、速度3项指标上处于相对优势地位，即力量、耐力、速度构成了11岁、12岁组少年男子体操运动员的优势指标。可见，这3项素质是决定11岁、12岁组少年男子体操运动员身体素质水平高低的主要因素。因此，在训练实践中，着重加强运动员力量、耐力、速度的发展是提高11岁、12岁组少年男子体操运动员身体素质水平的关键环节。

另外，11岁组和12岁组少年男子体操运动员一级身体素质指标的得分顺序（加权）都是：力量素质 > 耐力素质 > 速度素质 > 柔韧素质 > 灵敏素质，而一级指标权重的大小顺序也都为：力量素质 > 速度素质 > 耐力素质 > 灵敏素质 > 柔韧素质。可见，这两个年龄组的优势指标的得分顺序与权重大小不尽一致。

在耐力素质方面，虽然根据少年男子体操运动员身体发育特点，应主要以动力性练习形式为主，谨慎使用过多和过长的“憋气”练习，但在实际训练中，教练员普遍采取较低强度、多重复次数或组数的方法发展11岁、12岁男子体操运动员的耐力素质，且普遍开始辅以静力性练习发展其耐力素质。这反映了我国男子体操运动员训练过早专项化的特点，11~12岁男子体操运动员已开始发展基本难度动作，身体素质训练更趋于专项化，实际训练中，普遍采用多次数地重复完成成套动作或反复练习某一动作技术的方法发展运动员的身体素质，这既说明实际训练对运动员的耐力提出了更高的要求，也反映了通过平时的实际训练大幅度提高了运动员的耐力素质。在柔韧素质方面，明显开始体现出“够用就行”的发展特点，突出表现在12岁组少年男子体操运动员。在实际训练中，力量的发展一定程度上影响了运动员的柔韧性。

可见，11岁组和12岁组运动员身体素质的发展与该阶段动作技术的发展联系更为密切，12岁组少年男子体操运动员已部分开放地发展动作技术，身体素质与该阶段动作技术发展的相关程度明显提高，且同样反映出运动员身体素质的内在结构规律，即指标权重与运动员在该指标上的训练水平往往并不是等量或对等配置这一特点。总体上，力量、耐力、速度是决定11岁、12岁组男子体操运动员身体素质水平高低的主要因素。因此，在训练实践中，着重加强运动员力量、耐力、速度三个方面的训练是提高身体素质水平的关键环节。但从不加权的整体态势诊断可见，进一步发展速度素质是目前11岁组和12岁组少年男子体操运动员共同需要解决的问题。

5.2.2 个体态势诊断

在具体的训练实践中，区别对待、因材施训是取得理想训练效果的关键。因此，教练员在了解运动员身体素质总体态势的基础上，更关心的是每一位运动员身体素质的优势与劣势，以便根据每一位运动员的特点，有区别、针对性地采取有效的训练措施。因此，本研究有必要对运动员身体素质水平进行个体态势诊断，进一步确定我国少年男子体操运动员身体素质的优势指标与劣势指标，有利于教练员在把握宏观发展方向的前提下，为每名运动员身体素质的发展量身制订有针对性的训练计划、采取有效的训练方法与手段，进而提高训练效率。

5.2.2.1 个体态势诊断的方法

本研究采用雷达图分析法进行个体态势诊断。雷达图分析法最开始是企业界进行综合实力评估时所采用的一种财务状况综合评价方法，逐步发展成了一种经济系统评价中常采用的系统态势分析方法，即主要是通过建立雷达分析图进行指标（因素）的态势判断。雷达图是由三个同心圆构成的，其中，中间的圆代表各指标标准值，通常取该年度的计划值或同行业平均先进水平值；里面的小圆半径为中间圆半径的0.5倍，作为最差状态的标准，称之为最劣值；外面的大圆半径为中间圆半径的1.5倍，作为最好状态的标准，称之为最优值；所要评价的各项指标则被平均分配在与同心圆相交的诸条射线上。通过建立雷达分析图能有效地综合分析和评价整个系统的状况，直观地发现系统的优势和弱势。

在体育研究领域里，根据雷达分析法的特点和功能，曹景伟、金宗强、姚旭霞等均曾用此法分别对我国优秀女子赛艇公开级运动员体能、排球运动员专项体能、女子游泳运动员专项体能进行了个体态势诊断，分析每个运动员在体能上的优势指标和劣势指标，取得了较好的效果，为本研究在方法上提供了有益指导与借鉴。

5.2.2.2 我国少年男子体操运动员身体素质水平的个体态势诊断结果与分析

运用雷达图分析法对少年男子体操运动员个体身体素质水平进行诊断时，与在经济领域运用时的主要区别在于最劣值与最优值的确定方法不一样。在运动训练学领域里，钟添发、田麦久等专家构建了优秀运动员竞技能力结构模型理论，其中对运动员竞技能力的优势指标和劣势指标进行了具体的确定，即认为优秀运动员竞技能力各项指标的正常状态数据范围为XT + Std ~ XT–Std。如某项指标数据在该项指标的正常状态数据范围之外，便可以确定该运动员的这项指标处于异常状态。因此，本研究根据此结构模型理论，确定我国每位少年男子体操运动员身体素质各项指标的正常数据范围，以及最劣临界值与最优临界值。显然，异常状态有好坏之分，超大样本指标的异常值一般以平均值 ± 3倍标准差为标准，本研究所选取的样本基本是参与全国比赛的运动员，在各指标方面的差距并不会特别大，各指标值落在平均值 ± 3倍标准差以外的情况是很罕见的。因此，确定我国每位少年男子体操运动员身体素质各项指标的正常数据范围时，优势指标的临界值为整体平均值 + 1倍标准差，劣势指标的临界值为整体平均值 – 1倍标准差。（表5–1）

表5-1 少年男子体操运动员单项身体素质优势指标与劣势指标临界值（雷达分析参照值）

二级指标	9岁组		10岁组		11岁组		12岁组	
	最优值	最劣值	最优值	最劣值	最优值	最劣值	最优值	最劣值
30秒摆动引体向上	15.98	10.84	16.84	9.83	16.36	11.09	16.09	11.50
5米手脚并用爬绳	15.30	8.10	16.04	8.84				
5米徒手爬绳					14.73	9.07	15.16	10.04
30秒双臂屈伸	17.11	11.50	17.14	11.20	17.62	12.26		
连续推倒立							15.86	9.18
吊环控倒立					16.83	9.51	16.16	10.42
吊环俯撑压十字					16.36	9.46	16.48	9.27
30秒悬垂举腿	16.09	10.08	16.65	10.66	16.32	10.36	16.13	11.33
地面直臂屈体分腿连续提倒立	15.86	7.88	16.56	9.00				
低双杠直臂屈体并腿连续提倒立					15.67	9.08	16.77	9.60
五级蛙跳	16.26	9.12	15.86	10.31	15.19	7.84	15.58	9.87
助跑最后5米跑速	16.61	9.21	16.62	10.34	17.25	11.45	15.97	8.98
15秒原地团身后空翻	16.44	9.08	15.99	9.27				
20秒原地团身后空翻					18.04	11.02	15.62	9.35
连续5个后手翻	16.73	8.66	15.63	9.54	17.08	9.95	15.60	9.44
400米跑	16.00	10.76	17.48	10.92	16.13	8.47	17.24	10.57
双杠直角支撑	15.78	9.91						
吊环直角支撑			15.59	8.95				

续表

二级指标	9岁组		10岁组		11岁组		12岁组	
	最优值	最劣值	最优值	最劣值	最优值	最劣值	最优值	最劣值
蘑菇全旋					15.63	8.83	16.49	10.16
地面控倒立	16.42	8.10	16.92	9.61	16.47	9.22	16.31	9.45
转肩	19.39	11.88	18.72	10.68	16.72	9.72	15.63	9.72
站立并腿体前屈	16.47	9.57	16.75	9.63	16.30	9.67	16.72	10.00
原地跳转360°	16.24	9.29	16.86	10.11				
原地跳转540°					16.26	8.24	15.53	9.06
闭目单足站立平衡	16.24	8.88	15.97	9.42	17.16	10.02	15.92	9.59

注：最优值（临界值）为M + Std，最劣值（临界值）为M-Std；参照值为不加权参照值。

按照上述分析，分别对我国少年男子体操运动员4个年龄组身体素质的二级指标态势进行了个体雷达图分析，具体流程如下。

（1）分别计算9~12岁四个年龄组每名运动员身体素质各项二级指标的得分（不加权）。

（2）分别计算4个年龄组每名运动员身体素质各项二级指标得分的平均值（XT）和标准差（Std）。

（3）界定四个年龄组每名运动员身体素质各项二级指标得分的优势及劣势临界值，具体见表5-1。

（4）按照雷达图分析法的要求，为4个年龄组每一名运动员身体素质二级指标态势创建雷达分析图。例如，9岁组全国比赛全能第一名石某身体素质优势与劣势二级指标的雷达分析图如下（图5-9）。

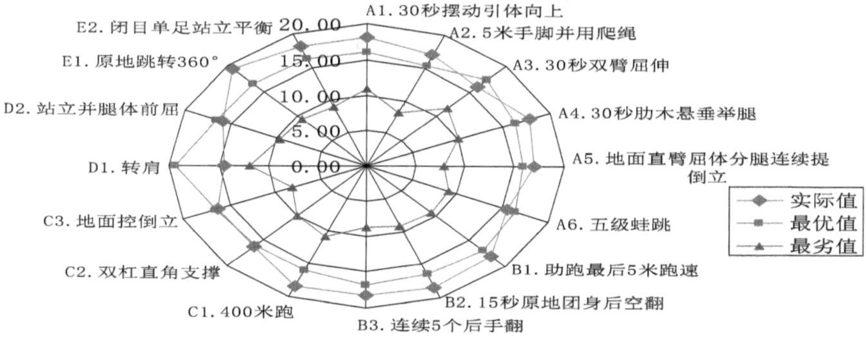

图5-9 9岁组男子体操运动员石某身体素质二级指标态势的雷达分析图

从图5-9可看出，石某的优势指标是A1、A2、A4、A5、B1、B2、B3、C1、C2、E1、E2。除优势指标外，其他指标值也均大于劣势临界值，虽不属于劣势指标，但仍有一定的提高空间，特别是柔韧素质，整体水平发展一般，其肩部柔韧性明显滞后，是下一阶段应重点改善和提高的素质。

再如10岁组全国比赛双杠项目第二名、鞍马项目第三名获得者杨某身体素质二级指标优势与劣势的雷达分析图如图5-10所示。

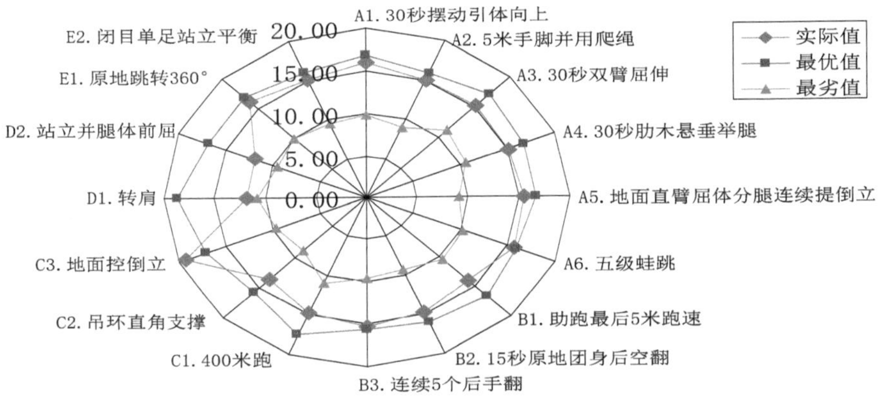

图5-10 10岁组男子体操运动员杨某身体素质二级指标态势的雷达分析图

从图5-10中可看出，杨某C3地面控倒立是优势指标，D1转肩和D2站立并腿体前屈接近劣势的临界值，可见其柔韧性明显有待提高。另外，杨某其他指标发展比较均匀，但存在一定的提高空间，在训练中有待进一步加强发展。

（5）对每一张雷达图进行分析和总结，得到四个年龄组中每名男子体操运动员身体素质二级指标的优势与劣势指标，见表5-2、表5-3、表5-4和表5-5。可见，通过雷达分析法实现了对少年男子体操运动员四个年龄组身体素质态势的个体化诊断。

表5-2 9岁组少年男子体操运动员身体素质的优势与劣势二级评价指标一览表

姓名	力量		速度		耐力		柔韧		灵敏	
	优势	劣势	优势	劣势	优势	劣势	优势	劣势	优势	劣势
段某						C3				
牟某	A1 A4 A5						D2			
李某	A6		B1 B2 B3							
石某	A1 A2 A4 A5		B1 B2 B3		C1 C2				E1 E2	
骆某			B2		C1		D1			
王某			B1				D1 D2			
张某	A3					C3				
勒某	A1 A2 A3 A5 A6		B1 B3		C1 C2 C3		D2		E1 E2	
逯某	A4		B1		C2					
张某		A5								
袁某	A6		B1		C3				E1 E2	
刘某	A6	A3		B1 B3	C3		D1		E2	E1
郭某		A3 A4			C2	C3				E1
郑某		A5				C1				
蔡某	A5 A6		B1 B2 B3						E1 E2	
李某		A2 A5	B1 B2			C2 C3				E2
朱某		A1 A5 A6		B1 B3		C1 C3				
陈某	A4						D1			
张某										
汤某	A5		B1 B3		C3		D1 D2		E1	
李某	A2 A4 A5		B2 B3						E1	
吴某	A1	A5					D1 D2			E1
杨某		A3 A5 A6		B2		C1	D1 D2		E1	E2
潘某		A3		B1 B2		C1				E1

续表

姓名	力量		速度		耐力		柔韧		灵敏	
	优势	劣势	优势	劣势	优势	劣势	优势	劣势	优势	劣势
龙某		A1 A2 A3 A4 A6						D2		E1
闫某	A3	A2 A4		B1 B2 B3		C2		D1 D2		
高某		A1		B1		C2		D1 D2		E1
吴某					C1		D1			
詹某								D1		
曾某		A2 A4		B2				D1		E1
叶某		A1 A2 A4 A5		B1 B2 B3		C2 C3		D1		E2
许某						C3				E1
何某		A1 A2 A3 A4 A6						D1 D2		E1 E2
欧某	A3 A5								E1	
梁某	A3				C1					
李某		A2		B2 B3		C2 C3		D2		E2
罗某		A6		B2 B3		C1		D2		E2

表5-3 10岁组少年男子体操运动员身体素质的优势与劣势二级评价指标一览表

姓名	力量		速度		耐力		柔韧		灵敏	
	优势	劣势	优势	劣势	优势	劣势	优势	劣势	优势	劣势
张某	A3 A4		B1 B3		C1 C3				E1 E2	
张某	A5									
王某				B2						
张某	A1 A3 A4						D1			
王某	A1 A2 A4								E1	
邹某		A1 A2 A4 A6		B1		C2	D1		E1	E2
周某	A5 A6		B2		C2 C3		D1		E1	

续表

姓名	力量		速度		耐力		柔韧		灵敏	
	优势	劣势	优势	劣势	优势	劣势	优势	劣势	优势	劣势
唐某	A2 A4 A5				C2		D2			
江某	A3 A5 A6		B2 B3		C2 C3				E1	
黄某	A1		B3							
姚某	A1 A2 A3 A6		B1 B2						E2	
杨某					C3					
李某	A4 A5		B3		C3					
赵某	A3		B1		C2		D1 D2		E2	
崔某		A1 A2 A4 A5		B1 B2		C3		D1		E1
滕某							D2	D1		E2
梁某		A1 A6		B2 B3		C2	D1	D2	E2	E1
罗某		A2 A6		B1		C1	D1 D2			
刘某		A1 A3 A6				C1 C2				E2
白某				B3		C1 C3				
蒙某		A4 A5 A6				C3		D1		
黄某	A1 A2 A3 A4					C2		D2		E2
程某										
程某			B1			C1				
易某										
潘某	A3		B2				D1			
代某		A1 A2 A4 A5 A6		B1 B2	C1			D1 D2	E1	
杨某	A4	A5		B2		C1				
龙某				B3						
张某		A1 A2		B1		C1 C2 C3		D1 D2		E1

续表

姓名	力量		速度		耐力		柔韧		灵敏	
	优势	劣势	优势	劣势	优势	劣势	优势	劣势	优势	劣势
陈某			B1				D1	D2		
石某								D2		
张某		A1 A2 A3 A4 A5 A6		B1 B2 B3		C1 C2 C3				E1 E2
康某		A4		B2			D1			E1
王某		A2 A5		B3				D2		E2
水某		A3			C1		D1			
杨某	A5 A6		B1 B3		C3				E1	
彭某	A1		B2			C3	D1	D2		E1
董某										
冯某	A3 A6				C2					

表5-4 11岁组少年男子体操运动员身体素质的优势与劣势二级评价指标一览表

姓名	力量		速度		耐力		柔韧		灵敏	
	优势	劣势	优势	劣势	优势	劣势	优势	劣势	优势	劣势
金某	A4 A5		B2 B3		C1 C2					
李某	A1 A2 A6		B3	B2						
袁某	A8		B1 B2				D1			
历某				B2		C2 C3			E1	
李某	A8									
王某										
余某	A2 A3 A5		B1		C3				E1	
张某			B2				D2			
张某		A7		B3						
待某	A8				C2		D2			

续表

姓名	力量		速度		耐力		柔韧		灵敏	
	优势	劣势	优势	劣势	优势	劣势	优势	劣势	优势	劣势
魏某	A7						D1			
曹某	A2 A4 A8		B3				D1		E1	
田某	A6 A8								E1	
麻某	A2 A5									
姚某	A6 A8		B2 B3		C1 C3		D2		E1	
袁某			B1		C2				E1 E2	
周某		A1 A2 A3 A4 A7 A8				C3		D1 D2		E1 E2
周某	A5 A7				C3					
张某				B2		C3				E1
卢某		A4		B3						
陆某					C1			D2		
李某	A4	A8		B1		C1				E2
黄某	A4	A2 A3 A5 A7 A8		B1 B3	C1	C3		D1		E2
何某		A1 A2 A4		B1 B3		C2		D1		
罗某		A1 A2 A4 A7				C1	D1			E1
陈某		A3 A4 A5 A7		B2 B3		C1 C2 C3	D1	D2		
杜某	A2	A3 A8					D1			E2
王某		A3 A4 A5 A6 A8		B1 B3	C1	C2 C3		D1		E1
赵某	A1 A7	A2 A3 A5 A6			C3	C1		D1 D2		E1
任某		A1 A6		B1 B2		C1 C2 C3		D2		E1

续表

姓名	力量		速度		耐力		柔韧		灵敏	
	优势	劣势	优势	劣势	优势	劣势	优势	劣势	优势	劣势
黄某		A6 A8			C2 C3		D2			
李某										
邓某	A3 A4 A7	A6	B2							
危某		A2 A3 A4 A5 A6		B3		C2 C3				E2
李某						C1	D1			

表5-5 12岁组少年男子体操运动员身体素质的优势与劣势二级评价指标一览表

姓名	力量		速度		耐力		柔韧		灵敏	
	优势	劣势	优势	劣势	优势	劣势	优势	劣势	优势	劣势
季某		A1 A2		B1		C1	D1			E2
钟某										
杨某	A4 A5 A8		B1 B2		C2					
吴某	A5		B2						E2	
章某	A3						D2		E2	
高某		A7		B2				D1 D2		
邱某		A4		B1		C2 C3	D1			E1
罗某										
胡某		A3 A4		B1		C1 C2 C3		D1 D2		E1
傅某	A6				C1					
陈某	A1 A2 A8								E1	
柏某	A4									
苏某	A1 A2 A8								E1	
朱某	A3 A4 A7		B1 B2 B3		C1				E1 E2	
陈某	A3 A4 A7		B3		C1 C2					
叶某		A3 A4 A5 A7		B1 B2 B3		C1 C2 C3	D2			E1 E2

续表

姓名	力量		速度		耐力		柔韧		灵敏	
	优势	劣势	优势	劣势	优势	劣势	优势	劣势	优势	劣势
莫某			B1							
彭某					C1			D2		
陈某	A1 A2 A3 A5 A7 A8		B1 B2		C3		D2		E1 E2	
别某	A4		B3		C3					
郭某	A7									
但某		A1 A2 A3 A4 A5 A7 A8		B2 B3	C2					E2
金某		A6 A8						D1 D2		
熊某		A1 A2 A3 A5 A6 A7 A8		B1 B2 B3		C1 C2 C3		D2		

雷达图分析法不仅可对每名少年男子体操运动员身体素质二级指标态势进行雷达分析，还可以与综合评价法相结合对每名少年男子体操运动员身体素质一级指标进行态势分析。其步骤与对二级指标态势进行雷达图分析一样。通过综合评价，已得出力量、速度、耐力、柔韧、灵敏5项一级指标的加权和不加权得分，本研究根据不加权得分分别计算4个年龄组少年男子体操运动员身体素质5项一级指标的平均值和标准差，然后界定各自的优势指标临界值和劣势指标临界值，见表5-6。

表5-6 少年男子体操运动员身体素质优势与劣势一级指标临界值
（雷达图分析参照值）

素质	9岁组		10岁组		11岁组		12岁组	
	最优值	最劣值	最优值	最劣值	最优值	最劣值	最优值	最劣值
力量	15.49	10.25	16.12	10.40	15.19	10.69	15.72	10.46
速度	16.28	9.32	15.59	10.29	15.46	9.44	15.47	9.51
耐力	15.42	10.20	15.97	10.51	16.79	11.44	16.10	10.66

续表

素质	9岁组		10岁组		11岁组		12岁组	
	最优值	最劣值	最优值	最劣值	最优值	最劣值	最优值	最劣值
柔韧	17.47	11.18	16.97	10.94	16.04	10.17	15.57	10.44
灵敏	15.65	9.68	15.81	10.40	15.98	9.78	15.45	9.56

注：最优值（临界值）为XT＋Std，最劣值（临界值）为XT-Std；参照值为不加权参照值。

按照雷达图分析要求，为四个年龄组每一名少年男子体操运动员身体素质五项一级指标态势创建雷达分析图。例如，12岁组叶某五项一级指标态势的雷达分析图如图5-11所示，从图中可直观看出，柔韧素质是其优势指标，但力量、速度、耐力和灵敏素质均发展较差，属于劣势指标，可见该运动员各素质没有得以科学、协调、全面的发展，整体身体素质较差。

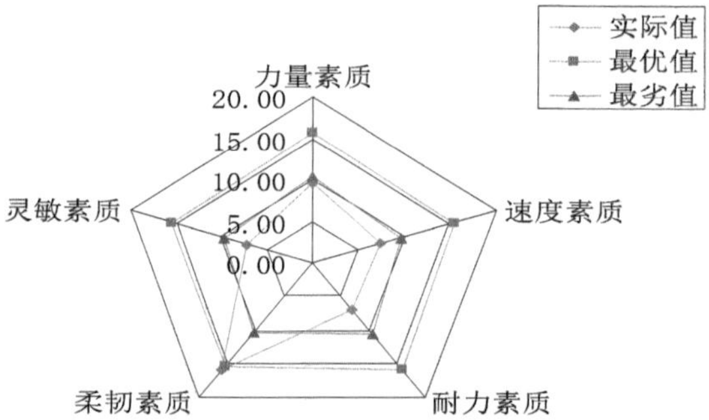

图5-11　12岁组少年男子体操运动员叶某五项一级指标态势的雷达分析图

最后对每一位运动员的雷达分析图进行分析和总结，得到少年男子体操运动员4个年龄组每名运动员身体素质一级指标的优势与劣势指标，具体见表5-7至表5-10，明确了每名运动员下一阶段应着重改进、提高的各项身体素质。

表5-7　9岁组少年男子体操运动员身体素质的优势与劣势一级评价指标一览表

姓名	优势指标	劣势指标
段某		
牟某	力量	
李某	速度、综合	
石某	力量、速度、耐力、灵敏、综合	

续表

姓名	优势指标	劣势指标
骆某	速度	
王某	柔韧	
张某		
勒某	力量、速度、耐力、灵敏、综合	
逯某	速度	
张某		
袁某	力量、速度、耐力、灵敏、综合	
刘某	耐力	
郭某		灵敏
郑某		
蔡某	速度、灵敏、综合	
李某		速度、耐力、灵敏、综合
朱某		力量、速度、柔韧、综合
陈某	耐力、柔韧	
张某		
汤某	力量、速度、耐力、柔韧、灵敏、综合	
李某	力量、速度、耐力、灵敏、综合	
吴某	柔韧	
杨某	柔韧	
潘某		速度
龙某		力量、灵敏、综合
闫某		速度、耐力、柔韧、综合
高某		耐力、柔韧、综合
吴某	柔韧	灵敏
詹某		
曾某		力量、综合
叶某		力量、速度、耐力、灵敏、综合
许某		
何某		力量、柔韧、灵敏、综合
欧某	力量、灵敏	
梁某		
李某		速度、耐力、柔韧、综合
罗某		力量、速度、耐力、综合

表5-8 10岁组少年男子体操运动员身体素质的优势与劣势一级评价指标一览表

姓名	优势指标	劣势指标
张某	力量、速度、耐力、灵敏、综合	
张某		
王某		
张某		
王某	力量、灵敏、综合	
邹某	柔韧	力量
周某	力量、速度、耐力、灵敏、综合	
唐某	力量、耐力、柔韧、灵敏、综合	
江某	速度、耐力、灵敏、综合	
黄某		
姚某	力量、速度、灵敏、综合	
杨某		
李某	力量、速度、耐力、综合	
赵某	柔韧	
崔某		力量、速度、柔韧、灵敏、综合
滕某		灵敏
梁某		力量、速度、综合
罗某	柔韧	速度、耐力
刘某		力量、耐力、综合
白某		耐力
蒙某		力量、耐力、柔韧、综合
黄某		力量、柔韧、灵敏、综合
程某		
程某		
易某		
潘某	柔韧	
代某	灵敏	力量、速度、柔韧、综合
杨某		耐力
龙某		
张某		速度、耐力、柔韧、综合
陈某		
石某		
张某		力量、速度、耐力、灵敏、综合

续表

姓名	优势指标	劣势指标
康某	柔韧	灵敏
王某		柔韧、灵敏、综合
水某		
杨某		力量、速度、耐力、灵敏、综合
彭某		灵敏
董某		
冯某		

表5-9 11岁组少年男子体操运动员身体素质的优势与劣势一级评价指标一览表

姓名	优势指标	劣势指标
金某	力量、速度、耐力、综合	
李某	力量	
袁某	速度、柔韧	
历某		耐力
李某		
王某		
余某	力量、速度、灵敏、综合	
张某	速度、综合	
张某		
待某	柔韧、综合	
魏某		
曹某	力量、速度、柔韧、灵敏、综合	
田某	力量、速度、灵敏	
麻某		
姚某	力量、速度、耐力、柔韧、灵敏、综合	
袁某	速度	
周某		力量、柔韧、灵敏、综合
周某	力量	
张某		耐力、柔韧、灵敏、综合
卢某		
陆某	耐力	柔韧
李某		灵敏

续表

姓名	优势指标	劣势指标
黄某		力量、速度、柔韧、综合
何某		力量、速度、耐力、综合
罗某	柔韧	力量、速度
陈某		力量、速度、耐力、综合
杜某		灵敏
王某		力量、速度、柔韧、综合
赵某		柔韧、灵敏、综合
任某		力量、速度、耐力、柔韧、综合
黄某	耐力	
李某		
邓某		
危某		力量、耐力、灵敏、综合
李某	柔韧	

表5-10　12岁组少年男子体操运动员身体素质的优势与劣势一级评价指标一览表

姓名	优势指标	劣势指标
季某		耐力、灵敏
钟某		
杨某	速度、耐力	
吴某	灵敏、综合	
章某	柔韧、灵敏	
高某		柔韧
邱某		速度、耐力、灵敏
罗某		
胡某		速度、耐力、柔韧、灵敏、综合
傅某		
陈某	力量、灵敏、综合	
柏某		
苏某		
朱某	力量、速度、耐力、灵敏、综合	
陈某	力量、耐力	
叶某	柔韧	力量、速度、耐力、灵敏、综合

续表

姓名	优势指标	劣势指标
莫某		
彭某		柔韧
陈某	力量、速度、灵敏、综合	
别某		
郭某		
但某		力量、速度、灵敏、综合
金某		柔韧
熊某		力量、速度、耐力、柔韧、综合

5.3 少年男子体操运动员身体素质的差距诊断

对运动员的身体素质进行诊断，准确、客观地判断运动员的身体素质现状，最终目的就是为规划和制定运动员身体素质训练战略提供依据和导向。

在评价指标体系中，权重的大小反映了各级各项指标对少年体操运动员身体素质的重要程度，但在具体的实际训练中并不能完全以权重为依据来安排每位运动员身体素质的训练内容。原因有：一方面，每位运动员身体素质都有各自的特点，在发展上也存在差距，训练效果也不尽相同，因此每位运动员的优势和劣势也不一样，各自需要进一步发展和完善的身体素质也是不一样的；另一方面，少年时期身体素质发展的一个主要特点是注重发展处于敏感期的各项素质。因此，为每位少年男子体操运动员量身制定身体素质训练战略之前，应考虑到不同运动员需要致力完善和发展的身体素质所存在的问题是不同的。只有明确每位运动员身体素质的个体差异和发展目标差距，才能真正体现针对性训练原则。

5.3.1 差距诊断的方法

对少年男子体操运动员身体素质进行差异诊断，可以寻找不同运动员身体素质的发展差异和差距，一方面便于针对性地安排训练，服务于运动员身体素质训练过程的合理规划；另一方面，通过大样本量个体的差距诊断，可从整体上了解我国少年男子体操运动员身体素质发展状况。本研究运用目标挑战模型理论对我国少年男子体操运动员身体素质的一、二级指标的发展水平进行了差距诊断目标挑战模型，即规划和制定运动员体能训练策略的方法，所谓身体素质目标挑战模型是指构成运动员身体素质的诸多有效指标的整体最优值的集合体。

按照运动员身体素质目标挑战模型的要求，应建立统一且客观的标准，客观诊断每名运动员每项身体素质指标与目标模型的差距，这个差距称为差距系数。因为不同指标的权重不同，故一般的差距系数公式包含指标权重，差距系数具体的计算公式为：

差距系数=权重×差距百分数×100=权重×（模型值-实际值）÷模型值×100

从计算公式可看出，如果运动员在某项指标上实际值达到或超过其模型值，则差距为0，表明该运动员达到了该项指标目标值的100%。反之，如小于100%，说明运动员该指标与目标值之间存在差距，有待进一步提高与发展。可见，运动员某一指标的差距系数越小，说明该运动员该项指标与模型的差距越小，即差距系数越小。

在运动训练学领域里，曹景伟、金宗强、孙葆刚、姚旭霞、韩夫苓曾采用目标挑战模型法对中国优秀女子赛艇公开级运动员体能、排球运动员专项体能、优秀儿童乒乓球运动员专项体能、女子游泳运动员专项体能、女子自由式摔跤运动员专项体能分别进行了差距诊断，并根据诊断结果规划和制定了运动员体能训练策略。

已有相关研究在思路和方法上为本研究提供了有益借鉴，但也存在有待完善或不足之处。首先，从目标挑战模型差距系数的计算公式可知，模型值是影响差距系数的关键因素之一。体育学领域里已有相关研究对目标挑战模型的理解存在一定的分歧，或者没有结合具体的研究实际科学确定模型值。曹景伟较早运用此方法对中国优秀女子赛艇公开级运动员体能进行了差距诊断，其中目标模型中每项指标模型值是15名中国优秀女子赛艇公开级运动员的最优值；金宗强、韩夫苓分别对我国优秀排球运动员专项体能和我国优秀女子自由式摔跤运动员专项体能进行差距诊断时，指标目标模型值也是选取样本中每项指标的最好成绩；而姚旭霞、孙葆刚分别对我国14~17岁优秀女子长距离游泳运动员专项体能和我国优秀儿童乒乓球运动员专项体能进行差距诊断时，指标目标模型值是选取20分制满分所对应的指标的成绩。笔者认为，不能单纯以所选取样本的最高值或20分制满分所对应的成绩作为该指标的目标模型值，应充分考虑运动项目的需求特征与所诊断的样本的特点，以及各项身体素质之间的相互转移关系。另外，有学者在对差距诊断结果的分析阐述中，认为差距系数大与权重大相吻合，可以说明差距系数的合理性和运动员身体素质发展的良好趋势。而实质上差距系数越大，说明对运动员自身而言，该指标离理想的目标差距越大，即表明训练效果不理想，应进一步加强发展；而权重系数越大，说明该指标在整个指标体系中越重要，理应得到教练员与运动员的高度重视与重点发展，从而其发展程度理应较好，其差距系数则会因加强发展而缩小。但差距系数与权重系数并不完全具备反差的对应关系，差距系数反映的只是对运动员自身而言其各素质的发展状况，客观地检查运动员各素质的训练效果，并发现其急需重点提高和发展的各项素质；权重大且差距系数也大的指标，反映其训练安排不合理或没有取得好的训练效果等。

5.3.2 差距诊断结果与分析

本研究中，第一，根据体操项目特征，更注重少年男子体操运动员身体各种素质的协调和综合发展，而不是强调某一素质的绝对值；第二，根据身体发育特点，少年期是重要的选材阶段，其身体素质的发展本身具有一定的侧重性和敏感期，兼有一般身体素质与专项身体素质的适时发展，且应防止部分素质之间发生不良转移；第三，就样本而言，普遍存在个别运动员某一项素质特别突出而技术水平一般的现象，可见该运动员突出发展的这项素质的成绩明显不具有代表性。

钟添发、田麦久等提出了竞技能力结构特征模式理论，即认为优秀运动员竞技能力结构特征模型反映训练目的、状态、结果，所选拔的对象应该是未来有可能发展至这一模型要求的训练素材。在体适能评定理论与方法研究中，理想的评价标准应该是样本测试数据处于80%百分位数以上，根据竞技体育的特点，理想模型建立的百分位数通常在90%以上。因此，结合竞技能力结构特征模式理论与少年男子体操运动员训练目标等，本研究采用样本量中90%百分位数所对应的成绩为目标模型值（表5-11），对少年男子体操运动员身体素质进行差距诊断。

表5-11 少年男子体操运动员身体素质一级指标的目标挑战模型值一览表

一级指标	9岁组模型值		10岁组模型值		11岁组模型值		12岁组模型值	
	不加权	加权	不加权	加权	不加权	加权	不加权	加权
力量	16.71	4.06	16.61	4.17	15.59	4.09	16.13	4.43
速度	17.60	3.68	16.49	3.40	16.28	3.31	16.01	3.24
耐力	16.82	2.74	17.11	2.81	17.90	3.43	16.18	3.18
柔韧	18.99	3.64	17.68	3.33	17.42	2.96	15.84	2.52
灵敏	16.90	3.27	16.72	3.18	17.66	3.05	16.59	2.77

根据计算公式可知，无论是采用不加权模型值还是加权模型值计算差距系数，最终的差距系数大小不变，本研究采取不加权的模型值进行计算。根据差距系数的计算公式，结合运动员身体素质指标测量实际值，分别得出了四个年龄组每名运动员各项身体素质评价指标距离目标模型的差距系数，并依据差距系数排定了每位运动员身体素质一级指标差距名次，具体见表5-12、表5-13、表5-14、表5-15。某项素质指标差距系数越大，表明该运动员在一定时期内应重点加强发展该素质。由差距分析结果可知，每名运动员在未来身体素质发展规划上存在很大个体差异性。例如，9岁组少年男子体操运动员段某应着重发展力量素质，牟某则应重点提高耐力素质，而李某应优先改善柔韧素质，作为全能第一名的石某在柔韧素质方面也存在一定的差距。显然，差距诊断既为每名运动员明确了其身体素质科学、合理的发展方向，也为运动员各项身体素质明确了发展目标。

表5-12 9岁组少年男子体操运动员身体素质一级指标差距系数一览表

姓名	力量素质差距系数	速度素质差距系数	耐力素质差距系数	柔韧素质差距系数	灵敏素质差距系数
段某	5.27①	5.15②	3.07⑤	3.97③	3.17④
牟某	0.98⑤	2.18③	4.34①	1.87④	2.71②
李某	2.26②	0.00⑤	2.10③	2.41①	1.57④
石某	0.00②	0.00②	0.00②	3.90①	0.00②
骆某	2.97①	1.03⑤	1.88④	2.65②	1.92③
王某	2.68②	2.29④	3.04①	0.00⑤	2.45③
张某	3.55⑤	4.25③	4.98①	4.55②	3.59④
勒某	0.00②	0.00②	0.00②	2.83①	0.00②

续表

姓名	力量素质差距系数	速度素质差距系数	耐力素质差距系数	柔韧素质差距系数	灵敏素质差距系数
逯某	2.72③	1.47⑤	2.70④	3.58①	3.02②
张某	8.60①	8.38②	4.99④	5.57③	2.93⑤
袁某	1.78②	0.37③	0.00⑤	2.28①	0.26④
刘某	5.49②	9.26①	0.54⑤	2.07④	4.87③
郭某	7.44②	4.70④	4.67⑤	4.82③	9.44①
郑某	7.63①	6.10③	5.36⑤	5.60④	6.44②
蔡某	1.83③	0.50④	1.99②	4.33①	0.21⑤
李某	9.13③	11.61①	8.23④	6.88⑤	9.64②
朱某	10.57①	10.01②	6.18⑤	7.93③	6.84④
陈某	3.80②	3.69③	1.31④	1.31④	5.40①
张某	7.06①	6.85②	4.81④	6.57③	4.53⑤
汤某	1.24②	1.54①	0.34⑤	0.63④	0.77③
李某	0.00④	0.61③	0.92②	4.99①	0.00④
吴某	6.14③	7.94②	4.03④	0.00⑤	8.19①
杨某	10.38①	8.20②	6.17③	0.00⑤	6.12④
潘某	6.93③	11.11①	6.32④	5.10⑤	8.23②
龙某	11.51①	8.51③	4.50⑤	6.85④	9.56②
闫某	8.81③	12.99①	7.04④	10.96②	5.89⑤
高某	8.40③	8.82②	6.78⑤	12.76①	7.65④
吴某	4.13②	2.26③	1.67④	0.95⑤	8.60①
詹某	6.84①	6.14②	4.88⑤	5.66③	5.64④
曾某	10.97①	9.40②	5.41⑤	7.28③	7.26④
叶某	11.59①	10.99②	7.76④	7.44⑤	8.99③
许某	5.20⑤	8.65①	5.95④	5.99③	8.23②
何某	12.46①	8.80④	4.61⑤	10.32③	10.91②
欧某	1.53④	2.68②	2.15③	2.93①	1.29⑤
梁某	1.85④	3.13③	1.72⑤	3.64①	3.28②
李某	7.19④	11.37①	7.84③	8.69②	4.99⑤
罗某	9.62②	10.99①	7.05⑤	7.69③	7.58④
平均值	5.64②	5.73①	3.93⑤	4.73④	4.92③
标准差	3.74	4.09	2.47	3.13	3.27

注：①至⑤代表差距系数由大到小的顺序。

表5-13 10岁组少年男子体操运动员身体素质一级指标差距系数一览表

姓名	力量素质差距系数	速度素质差距系数	耐力素质差距系数	柔韧素质差距系数	灵敏素质差距系数
张某	0.50②	0.00③	0.00③	3.22①	0.00③
张某	3.92②	4.07①	2.76④	2.29⑤	3.66③
王某	5.04②	7.33①	4.34③	3.44⑤	4.17④
张某	1.35④	3.66③	5.01②	1.12⑤	5.02①
王某	0.00④	2.52②	1.72③	3.31①	0.00④
邹某	12.69①	5.13②	5.09③	0.00⑤	2.56④
周某	0.00②	0.00②	0.00②	1.99①	0.00②
唐某	0.00⑤	3.27①	1.06③	0.60④	1.13②
江某	0.89②	0.45④	0.69③	2.97①	0.42⑤
黄某	3.01③	2.24④	3.13②	1.16⑤	3.77①
姚某	0.00④	0.00④	1.72②	2.50①	0.65③
杨某	1.85③	2.39②	1.18⑤	6.25①	1.28④
李某	0.32④	1.11③	0.00⑤	3.84①	1.78②
赵某	2.36③	3.11②	3.22①	0.00⑤	1.15④
崔某	11.63①	10.44②	5.57⑤	7.60④	7.93③
滕某	5.08④	5.58③	3.66⑤	5.79②	8.77①
梁某	10.88②	11.54①	6.28③	5.26④	2.52⑤
罗某	8.94①	8.28②	6.34④	0.00⑤	6.82③
刘某	11.30①	5.67④	7.86②	4.77⑤	6.10③
白某	3.69⑤	5.76②	6.95①	4.55③	4.27④
蒙某	9.83①	6.16⑤	6.55④	8.92②	6.72③
黄某	11.80①	4.40⑤	5.55④	10.01②	8.12③
程某	2.18⑤	2.36④	3.21②	2.62③	3.97①
程某	2.92③	2.90④	3.85②	5.26①	2.29⑤
易某	3.19④	2.81⑤	3.32③	5.05①	3.74②
潘某	2.57②	1.34③	2.94①	0.68④	2.94①
代某	11.89②	10.13③	1.73④	11.98①	0.74⑤
杨某	7.29①	7.21②	6.40③	5.95④	5.86⑤
龙某	5.33①	3.75⑤	3.97④	4.53③	5.09②
张某	9.06③	8.34④	10.94②	11.04①	6.10⑤
陈某	4.75②	2.74④	5.05①	3.36③	4.75②
石某	3.89④	5.53②	2.54⑤	5.92①	4.69③

续表

姓名	力量素质差距系数	速度素质差距系数	耐力素质差距系数	柔韧素质差距系数	灵敏素质差距系数
张某	15.93①	12.48②	9.78④	5.19⑤	11.74③
康某	4.75③	7.26②	2.47④	0.00⑤	10.07①
王某	8.71①	6.08④	3.06⑤	8.53③	8.70②
水某	6.76①	5.78②	1.46④	0.90⑤	4.22③
杨某	0.50②	0.00③	0.00③	1.43①	0.00③
彭某	3.59③	1.95⑤	3.60②	3.58④	8.01①
董某	3.00④	3.45③	4.21②	4.31①	2.44⑤
冯某	1.75⑤	2.02③	1.90④	2.12②	3.70①
平均值	5.08①	4.48②	3.73⑤	4.05④	4.15③
标准差	4.31	3.24	2.59	3.07	3.03

注：①至⑤代表差距系数由大到小的顺序。

表5-14 11岁组少年男子体操运动员身体素质一级指标差距系数一览表

姓名	力量素质差距系数	速度素质差距系数	耐力素质差距系数	柔韧素质差距系数	灵敏素质差距系数
金某	0.07④	0.60③	0.00⑤	2.42①	2.25②
李某	0.00⑤	3.91①	2.89②	2.10④	2.80③
袁某	1.52③	0.37⑤	2.79②	1.19④	3.95①
历某	6.52②	6.23④	7.95①	5.24③	3.58⑤
李某	2.32⑤	2.91③	2.90④	4.63②	5.18①
王某	2.22⑤	5.28①	3.41③	3.10④	4.67②
余某	0.00④	0.32③	1.81②	2.99①	0.00④
张某	1.65②	0.00④	1.22③	1.65②	2.43①
张某	7.70①	7.38②	5.18⑤	6.42④	7.03③
待某	2.19①	1.21④	1.75③	0.00⑤	2.06②
魏某	1.28⑤	2.17③	3.12②	2.07④	3.83①
曹某	0.00②	0.00②	3.31①	0.00②	0.00②
田某	0.12⑤	0.49④	2.70②	5.09①	0.87③
麻某	0.96⑤	1.82④	2.87③	3.87②	3.98①
姚某	0.25③	0.00④	0.00④	0.78①	0.70②
袁某	2.46②	0.60④	1.87③	3.62①	0.00⑤
周某	11.74②	7.59④	5.12⑤	11.68③	12.15①

续表

姓名	力量素质差距系数	速度素质差距系数	耐力素质差距系数	柔韧素质差距系数	灵敏素质差距系数
周某	0.56⑤	1.81②	1.78④	2.68①	1.79③
张某	5.22⑤	8.01②	7.14④	7.22③	8.63①
卢某	5.44③	6.38①	5.49②	1.71⑤	4.60④
陆某	3.59③	3.93②	0.69⑤	7.51①	3.13④
李某	4.60⑤	6.26③	6.80②	4.72④	9.01①
黄某	9.57②	13.09①	3.99⑤	8.08③	7.59④
何某	9.55②	9.68①	7.30③	5.74④	4.44⑤
罗某	8.41①	6.61③	7.25②	0.00⑤	6.33④
陈某	10.16②	9.72③	11.44①	4.50⑤	5.74④
杜某	6.81③	7.48②	3.68④	2.48⑤	7.90①
王某	9.84②	10.88①	5.77⑤	7.43③	7.08④
赵某	5.74④	6.63③	4.58⑤	8.46②	10.01①
任某	8.62②	12.44①	8.59③	8.34④	6.33⑤
黄某	5.49②	5.77①	0.00⑤	2.89④	3.73③
李某	4.87④	4.98②	2.24⑤	5.13①	4.90③
邓某	2.21⑤	3.25④	3.48③	6.80①	3.91②
危某	11.99①	6.56④	8.97③	5.92⑤	8.99②
李某	3.71④	4.15③	5.34①	0.91⑤	4.40②
平均值	4.50③	4.82①	4.10⑤	4.21④	4.69②
标准差	3.74	3.72	2.78	2.85	3.00

注：①至⑤代表差距系数由大到小的顺序。

表5-15 12岁组少年男子体操运动员身体素质一级指标差距系数一览表

姓名	力量素质差距系数	速度素质差距系数	耐力素质差距系数	柔韧素质差距系数	灵敏素质差距系数
季某	8.68①	7.76③	6.73④	1.19⑤	8.41②
钟某	6.60①	4.01②	2.43④	1.29⑤	3.52③
杨某	1.57③	0.16④	0.00⑤	2.31②	2.72①
吴某	1.41①	1.01②	0.23④	0.80③	0.00⑤
章某	2.37②	2.29③	4.30①	0.00⑤	0.86④
高某	8.59①	6.55④	4.87⑤	7.34②	6.58③

续表

姓名	力量素质差距系数	速度素质差距系数	耐力素质差距系数	柔韧素质差距系数	灵敏素质差距系数
邱某	8.42③	9.29①	7.31④	0.53⑤	9.12②
罗某	4.61③	5.91②	1.98④	1.85⑤	6.57①
胡某	7.64③	9.60①	8.85②	7.34④	7.31⑤
傅某	3.57②	5.11①	1.92⑤	1.93④	3.19③
陈某	0.54④	0.89③	1.76①	1.38②	0.00⑤
柏某	3.20④	4.68②	2.13⑤	3.46③	4.79①
苏某	1.34③	1.27④	1.93①	1.14⑤	1.39②
朱某	0.00④	0.00④	0.01③	1.71①	0.56②
陈某	0.53④	1.13③	0.00⑤	1.98②	2.09①
叶某	11.03②	10.87③	11.20①	0.00⑤	9.41④
莫某	4.12①	0.89⑤	2.21④	3.94②	3.07③
彭某	7.86①	7.07②	1.34⑤	5.89③	5.54④
陈某	0.00④	0.00④	0.47②	0.61①	0.14③
别某	1.53④	1.05⑤	1.91③	2.73①	2.39②
郭某	3.11②	1.59④	2.16③	0.92⑤	3.40①
但某	13.71①	8.77②	2.84⑤	5.24④	7.26③
金某	8.54①	5.95③	5.37④	7.95②	5.30⑤
熊某	15.86①	11.25②	10.36③	7.21④	5.28⑤
平均值	5.20①	4.46②	3.58④	2.86⑤	4.12③
标准差	4.44	3.75	3.26	2.56	2.96

注：①至⑤代表差距系数由大到小的顺序。

通过每名少年男子体操运动员一级指标的差距系数，微观上能直观地确定每名运动员身体素质在一定时期内应优先发展的着重点，为有针对性地安排每一名少年男子体操运动员身体素质下一阶段的训练提供了科学依据，便于教练员针对每名运动员进一步制订、实施和完善各自的身体素质训练计划。然而，通过微观分析样本中每名运动员身体素质的发展差距，在整体上揭示我国少年男子体操运动员身体素质发展的差距，以便从宏观上了解我国少年男子体操运动员身体素质发展的实际情况，是本研究差距诊断的重要落脚点。因此，本研究进一步计算了四个年龄组少年男子体操运动员身体素质一级指标的平均差距（表5-16），以便从整体上统筹我国少年男子体操运动员身体素质的发展。

表5-16 少年男子体操运动员身体素质一级指标平均差距系数一览表

年龄组		力量	速度	耐力	柔韧	灵敏
9岁组	权重	0.2432 ①	0.2089 ②	0.1631 ⑤	0.1915 ④	0.1932 ③
	平均差距系数	5.64 ②	5.73 ①	3.93 ⑤	4.73 ④	4.92 ③
10岁组	权重	0.2513 ①	0.2060 ②	0.1642 ⑤	0.1881 ④	0.1904 ③
	平均差距系数	5.08 ①	4.48 ②	3.73 ⑤	4.05 ④	4.15 ③
11岁组	权重	0.2626 ①	0.2034 ②	0.1917 ③	0.1697 ⑤	0.1726 ④
	平均差距系数	4.50 ③	4.82 ①	4.10 ⑤	4.21 ④	4.69 ②
12岁组	权重	0.2745 ①	0.2026 ②	0.1967 ③	0.1592 ⑤	0.1671 ④
	平均差距系数	5.20 ①	4.46 ②	3.58 ④	2.86 ⑤	4.12 ③

注：①至⑤代表差距系数由大到小的顺序。

从整体上分析，我国少年男子体操运动员四个年龄组身体素质的五项一级指标，依据目标挑战模型差距系数的平均值大小分别排序（表5-16），9岁组为速度＞力量＞灵敏＞柔韧＞耐力；10岁组为力量＞速度＞灵敏＞柔韧＞耐力；11岁组为速度＞灵敏＞力量＞柔韧＞耐力；12岁组为力量＞速度＞灵敏＞耐力＞柔韧。

理论上，权重大的指标，其差距系数会因加强发展而相对缩小。然而，从上述分析可知，差距系数的平均值排序与权重排序并不存在反差一致性，权重的大小与差距系数的大小基本一致，其中权重较大的力量素质与速度素质，在4个年龄组中差距系数也同样较大，这反映了虽然力量与速度是少年时期男子体操身体素质发展重点，但训练结果并不理想，存在很大的发展和提高的空间。9岁、10岁组运动员耐力权重靠后，但整体发展较好，差距系数较小。11岁组运动员力量素质权重排第一，差距系数排第三，说明该年龄组运动员总体上力量素质的发展比其他三组稍强。另外，耐力素质已成为重点发展内容，权重得以明显上升，且其差距系数为最小，可见耐力素质在这阶段取得了较好的训练效果；而灵敏素质差距系数排第二位，明显有待进一步提高与发展。12岁组运动员耐力素质权重明显上升，而根据差距系数，该年龄组运动员耐力素质发展比其他3组要好，但力量和速度素质仍发展不够。

总体而言，少年男子体操运动员普遍应注重加强发展力量与速度两项素质，这与少年男子体操运动员身体素质实际训练和发展的重点是基本一致的。但是，从实实际训练效果上看，力量与速度仍是我国少年男子体操运动员相对薄弱的环节，相对其他3项素质而言，在总体趋势上离发展目标的差距较大，并没有取得理想的实际训练效果。可见，加强运动员力量与速度素质的发展，并实现两者的有机结合，优先发展速度力量，应引起教练员的高度关注。另外，柔韧素质虽然权重不靠前，但差距系数均比较小，说明相对其他4项素质而言，我国少年男子体操运动员柔韧素质整体发展较好。可见，实际训练中教练员们普遍抓住了少年时期是柔韧素质的敏感发展期这一特点，加强了柔韧素质的训练，并取得了良好的训练效果。

力量与速度，是四个年龄组运动员重点发展的素质，权重均排在前两位，但差距系数都较大。为了进一步了解这两项素质平均差距过大的原因，本研究对这两项素质的二级指标也进行了目标挑战模型分析，具体见表5-17、表5-18。

表5-17 9~10岁组少年男子体操运动员力量、速度素质二级指标平均差距系数一览表

年龄组		力量素质						速度素质		
		A1	A2	A3	A4	A5	A6	B1	B2	B3
9岁组	权重	0.1753②	0.1484⑥	0.1594④	0.1749③	0.1580⑤	0.1840①	0.3827①	0.3179②	0.2994③
	平均差距系数	3.34⑥	4.68③	3.36⑤	4.26④	5.30②	5.60①	10.80①	8.91③	9.09②
10岁组	权重	0.1700③	0.1601④	0.1557⑥	0.1580⑤	0.1748②	0.1814①	0.3799①	0.3153②	0.3048③
	平均差距系数	3.84②	3.69③	3.08⑥	3.36⑤	4.57①	3.67④	9.51①	7.76②	7.43③

从表5-17可看出，9岁组力量素质二级指标的差距系数大小为A6 > A5 > A2 > A4 > A3 > A1，权重大小为A6 > A1 > A4 > A3 > A5 > A2。可见，除了A6五级蛙跳之外，其他5个力量素质指标基本表现出了权重较大而差距系数较小的特点，这5个力量素质指标不仅主次安排合理，更重要的是取得了较理想的训练效果；实际训练中虽意识到五级蛙跳（下肢爆发力等）的重要性，却没有取得良好的训练效果。根据差距诊断结果，9岁组少年男子体操运动员应注重加强发展的力量素质是A6

五级蛙跳（下肢爆发力等）和A5地面直臂屈体分腿提倒立（专项腰腹力量等）等。另外，9岁组速度素质二级指标的差距系数为B1＞B3＞B2，权重大小为B1＞B2＞B3，可见，9岁组速度素质差距系数和权重系数最大的均是B1助跑最后5米跑速。因此，改善与提高9岁组男子体操运动员位移速度、加强专项技术与位移速度有机结合是今后训练的重点。

10岁组力量素质二级指标的差距系数大小为A5＞A1＞A2＞A6＞A4＞A3，权重大小为A6＞A5＞A1＞A2＞A4＞A3。可见，10岁组A6五级蛙跳权重最大，差距系数排在第四位，差距系数小于9岁组，该组下肢力量的训练效果优于9岁组。总体上，其力量素质应优先发展专项腰腹力量（A5地面直臂屈体分腿提倒立）、上肢快速拉引能力和力量耐力（A130秒摆动引体向上）等。另外，其速度素质二级指标的差距系数大小为B1＞B2＞B3，权重大小为B1＞B2＞B3，可见其跑的速度（B1助跑最后5米跑速）与翻转的动作速度（15秒原地团身后空翻）仍有很大潜力可挖掘。

表5-18 11~12岁组少年男子体操运动员力量、速度素质二级指标平均差距系数一览表

年龄组	力量素质								速度素质		
	A1	A2	A3	A4	A5	A6	A7	A8	B1	B2	B3
11岁组权重	0.1261 ④	0.1203 ⑥	0.1140 ⑦	0.1229 ⑤	0.1103 ⑧	0.1327 ②	0.1322 ③	0.1415 ①	0.3331 ②	0.3210 ③	0.3459 ①
平均差距系数	2.08 ⑦	2.57 ⑤	1.67 ⑧	3.48 ③	2.72 ④	2.50 ⑥	3.50 ②	4.27 ①	8.25 ②	8.09 ③	9.17 ①
12岁组权重	0.1216 ⑥	0.1209 ⑦	0.1300 ③	0.1311 ②	0.1131 ⑧	0.1234 ⑤	0.1273 ④	0.1325 ①	0.3213 ②	0.3103 ③	0.3684 ①
平均差距系数	2.42 ⑥	2.28 ⑦	2.90 ⑤	3.40 ①	2.91 ④	1.73 ⑧	3.38 ②	3.14 ③	7.99 ②	7.76 ③	9.54 ①

从表5-18可看出，11岁组力量素质二级指标的差距系数大小为A8＞A7＞A4＞A5＞A2＞A6＞A1＞A3，权重大小为A8＞A6＞A7＞A1＞A4＞A2＞A3＞A5；12岁组力量素质二级指标的差距系数大小为：A4＞A7＞A8＞A5＞A3＞A1＞A2＞A6，权重大小为A8＞A4＞A3＞A7＞A6＞A1＞A2＞A5。可见，差距系数与权重排序同样存在不一致性。11岁组运动员A8五级蛙跳（下肢爆发力等）既是训练的重要内容，又是有待进一步优先发展的素质；A7低双杠直臂屈体并腿连续提倒立（专项腰

腹力量等）和A4吊环控倒立（上肢专项支撑能力和控环能力等）也是11岁组运动员应着重加强发展的力量素质。12岁组运动员A7低双杠直臂屈体并腿连续提倒立（专项腰腹力量等）、A4吊环控倒立（上肢专项支撑能力和控环能力等）和A8五级蛙跳（下肢爆发力等）等训练效果不理想，有待进一步着重发展。在速度素质方面，11岁、12岁两年龄组的差距系数大小均为B3 > B1 > B2，权重大小均为B3 > B1 > B2，B3连续5个后手翻是11岁组和12岁组运动员应优先发展的速度素质。

综上，我国少年男子体操运动员各项身体素质差距系数的平均值排序与权重排序普遍不一致，突出体现在力量与速度两项素质上。可见，我国少年男子体操运动员力量与速度等素质的总体训练效果不理想。下肢爆发力与专项腰腹力量是9岁组和10岁组运动员应优先发展的力量素质，专项腰腹力量、上肢专项支撑能力和吊环控环能力、下肢爆发力等则是11岁组和12岁组运动员着重发展的力量素质。在速度素质方面，位移速度（助跑最后5米跑速）是9岁组和10岁组运动员应优先发展的速度素质，动作速度（连续5个后手翻）是11岁组和12岁组运动员应优先发展的速度素质。依据权重大小，科学确定少年时期男子体操运动员身体素质的训练重点，根据差距系数，加强发展力量与速度素质，并使各素质得以协调、合理的发展，是我国少年男子体操运动员的总体发展方向。而如何抓住训练重点，采取科学的训练方法和手段提高训练效果，则是我国少年男子体操运动员身体素质训练亟待解决的问题。

5.4 本章小结

本章根据本研究第四个研究任务，建立了各类诊断的具体标准，完成了对我国少年男子体操运动员身体素质的诊断。通过总体态势诊断，在整体上把握了影响少年男子体操运动员身体素质水平的主要因素，有利于各基层训练单位在宏观上正确把握少年男子体操运动员身体素质的总体发展方向。通过个体态势诊断，在微观上确定了我国每名少年体操运动员身体素质的优势指标与劣势指标，通过差距诊断，进一步确定了其身体素质有待重点改进、发展和完善的方面，明确了各项身体素质的具体发展目标，有利于教练员区别对待、因材施训。

（1）少年男子体操运动员身体素质诊断包括总体态势与个体态势

诊断、差距诊断，采用的诊断方法分别是帕雷托分析法、雷达图分析法和目标挑战模型法。通过科学建立少年男子体操运动员各项身体素质优势指标与劣势指标的诊断标准、各单项身体素质目标挑战模型值（发展目标），构建了少年男子体操运动员身体素质的诊断方法体系和具体诊断标准。

（2）总体态势诊断结果表明，力量、柔韧、速度、灵敏4项指标是少年男子体操运动员9岁、10岁组身体素质的优势指标，是决定这两个年龄组身体素质水平高低的主要因素；力量、耐力、速度3项指标是11岁、12岁组身体素质的优势指标，在训练实践中，着重加强运动员力量、耐力、速度的训练是提高11岁、12岁组身体素质整体水平的关键环节。

（3）通过界定我国少年男子体操运动员四个年龄组单项身体素质优势指标及劣势指标的临界值，采用雷达图分析法对四个年龄组运动员各单项身体素质的态势进行个体化诊断，在微观上准确定量地确定了每名运动员的优势单项素质与劣势单项素质，便于教练员区别对待、因材施训。

（4）采用样本量中90%百分位数所对应的成绩为目标模型值建立身体素质目标挑战模型，进行差距诊断，结果表明，一级指标差距系数均值的大小排序，9岁组为速度＞力量＞灵敏＞柔韧＞耐力；10岁组为力量＞速度＞灵敏＞柔韧＞耐力；11岁组为速度＞灵敏＞力量＞柔韧＞耐力；12岁组为力量＞速度＞灵敏＞耐力＞柔韧。总体而言，柔韧与耐力素质整体差距最小，训练效果较好；而力量与速度素质与目标模型值差距相对较大，训练效果不理想，是少年男子体操运动员应着重发展的两个方面。

（5）单项力量素质的差距诊断结果表明：9岁组运动员应重视和加强发展下肢爆发力和专项腰腹力量等；10岁组运动员应优先发展专项腰腹力量、上肢拉引力量；11岁组运动员应加强发展下肢爆发力、专项腰腹力量、上肢支撑力量和吊环控环能力等；12岁组运动员应加强发展专项腰腹力量、上肢专项支撑力量、下肢爆发力等。

（6）单项速度素质的差距诊断结果表明：位移速度（助跑最后5米跑速）是9岁组和10岁组运动员应加强发展的速度素质；动作速度（连续5个后手翻）是11岁组和12岁组运动员应加强发展的速度素质。

6 结论与研究展望

6.1 主要结论

（1）少年男子体操运动员身体素质是指机体完成男子竞技体操六个项目各类动作技术所外显出来的、符合少年阶段机体生长发育特点和运动训练特征的各种基本运动能力，包括力量、耐力、柔韧、速度、灵敏等。

（2）根据少年阶段身体素质发展的特点和运动训练特征，少年男子体操运动员身体素质的发展主要以动力性练习形式为主，9~10岁以发展相对力量、速度与柔韧素质等为主；11~12岁辅以静力性练习，加强力量耐力和最大力量的发展。其中，速度的发展应注重与力量和技术的紧密结合，力量素质主要以发展速度力量和相对力量贯穿始终。

（3）根据少年阶段训练任务与动作技术发展特点，每一年龄段身体素质的需求和发展侧重点均存在差异，整体上少年男子体操运动员以全面发展身体素质为主，专项身体素质训练随着年龄增加而逐步加强。按9~12岁四个年龄组分别设置评价指标、权重、标准，是少年时期运动员动作技术实际训练和身体生长发育的客观需求。

（4）少年男子体操运动员4个年龄组身体素质评价指标体系的一级指标均为5个：力量、速度、耐力、柔韧、灵敏；9岁、10岁组二级指标均为16个，其中力量素质指标6个，速度素质和耐力素质指标均为3个，柔韧素质指标和灵敏素质指标均为2个。11岁、12岁组二级指标均为18个，其中力量素质指标8个，其他素质指标个数同9岁、10岁组。4个年龄组各级指标的权重和评价标准均不相同，总体上力量素质权重逐步增加，速度素质稳定发展，耐力素质在11~12岁加强发展，柔韧素质与灵敏素质权重逐步减少。

（5）评价结果表明，9岁组运动员肩部柔韧素质发展突出，腰腹速度力量、空翻的动作速度、平衡能力等整体水平具有很大的发展潜力和提高空间；10岁组运动员耐乳酸的能力、肩部柔韧性、上肢推撑力量发展较好，动作速度、平衡能力等整体水平有待提高；11岁组运动员上肢推撑力量和支撑耐力、耐乳酸的能力发展较好，腰腹力量整体水平不太理想，上肢悬垂拉引力量和直臂起肩的专项力量、下肢爆发力等仍有很大潜力可挖掘；12岁组运动员上肢支撑力量和耐力、肩部柔韧性发展较好，腰腹力量、空翻的动作速度、时空感等整体水平具有很大发展潜力和提高空间。

（6）少年男子体操运动员身体素质诊断包括态势诊断（总体态势诊断与个体态势诊断）和差距诊断。采用的诊断方法分别是帕雷托分析法、雷达图分析法和目标挑战模型法。通过科学建立个体态势诊断标准和各单项身体素质目标挑战模型值（发展目标），构建了少年男子体操运动员身体素质的诊断方法体系和具体诊断标准。

（7）总体态势诊断结果表明，力量、柔韧、速度、灵敏4项指标是构成少年男子体操运动员9岁、10岁组运动员身体素质的优势指标，是决定这两个年龄组运动员身体素质水平高低的主要因素；力量、耐力、速度3项指标是构成11岁、12岁组运动员身体素质的优势指标，在训练实践中，着重加强力量、耐力、速度的训练是提高这两个年龄组运动员身体素质整体水平的关键环节。

（8）差距诊断结果表明，一级指标差距系数均值的大小排序，9岁组为速度＞力量＞灵敏＞柔韧＞耐力；10岁组为力量＞速度＞灵敏＞柔韧＞耐力；11岁组为速度＞灵敏＞力量＞柔韧＞耐力；12岁组为力量＞速度＞灵敏＞耐力＞柔韧。整体上，柔韧素质与耐力素质训练效果较好；而力量素质与速度素质与目标模型值差距相对较大，训练效果不理想，是少年男子体操运动员下一阶段应着重发展的两个方面。

6.2 研究的局限性

（1）本研究许多评价指标主要源于实践训练内容与手段，虽然比较符合专项特点，但有些指标涉及许多肌肉群或几项素质的共同参与，一定程度上是一种综合能力的反映，很难较准确地反映某一项具体的身体素质或评价某一具体小肌肉群的某项能力。

（2）整个评价标准比较细化，虽然运动员各项身体素质具体评价分数更具区分度，但评分结果的差距在体现运动员身体素质发展水平差距方面的准确性有待实践检验。另外，本研究从运动成绩与身体素质评价结果的相关性角度对评价结果进行了检验，但影响运动成绩的因素是多方面的，对运动员进行进一步的跟踪研究，才能更准确、更客观地检验少年男子体操运动员身体素质评价体系的科学性。

6.3 研究展望

（1）根据所选评价指标的性质，后续研究中，在细化分析运动员各项具体身体素质时，结合实验仪器的具体测试数据，将训练场测试指标与实验室测试指标有机结合起来，进一步完善少年男子体操运动员身体素质评价体系，给教练员提供运动员各项身体素质的具体参数，进一步提高本研究的实用价值。

（2）笔者通过之前调研已与全国各基层少年男子体操教员和部分优秀运动员建立了良好友谊，后续将对参与本研究测试的运动员进行跟踪调查，结合系列课题和学术论文等综合探讨，加强理论研究与实践训练的纵深融合，检验和完善已建立的少年男子体操运动员身体素质各项评价与诊断标准，以进一步完善少年男子体操运动员身体素质评价与诊断体系。

（3）笔者作为国家体育总局科教司“中国体操运动项目协同创新平台建设”的执行者和中央财政支持地方高校发展专项资金项目“中国铁道协同创新平台”的负责人，已购置力量功率测试系统、红外线测试仪、速度与爆发力训练台、竞技状态综合诊断系统、便携式运动心肺功能测试仪等先进设备，将通过服务于部分省、市体操队的实践训练，深入开展体操运动员身体素质和技术训练水平的系统评价与诊断的科技攻关与实证研究。

参考文献

[1] 吕万刚，张云贵，韦广忠，等. 少年体操运动员专项素质测试方法及评价体系的研究[[J]]. 武汉体育学院学报，1998（2）：27-30.

[2] 陈小平. 跳水运动员力量训练研究——以清华大学跳水队多年力量训练为例[J]. 体育科学，2007（8）：37-44.

[3] 柳克奇. 体操教学与训练方法论[M]. 长沙：湖南大学出版社，2004.

[4] 胡亦海. 竞技运动训练理论与方法[M]. 武汉：湖北人民出版社，2005.

[5] 全国体育院校成人教育协作组《身体素质训练法》教材编写组. 身体素质训练法[M]. 北京：人民体育出版社，1999.

[6] 田麦久. 运动训练学[M]. 北京：人民体育出版社， 2000.

[7] 全国体育院校教材委员会. 运动生理学[M]. 北京：人民体育出版社， 2002.

[8] 石作砺，于葆，陈萍，等. 运动解剖学、运动医学大辞典[M]. 北京：人民出版社， 2000.

[9] 陈明达，于道中，于葆，等. 实用体质学[M]. 北京：北京医科大学、中国协和医科大学联合出版社，1993.

[10] 体育词典编辑委员会. 体育词典[M]. 上海：上海辞书出版社，1984.

[11] 体育运动学校《学校体育学》编写组. 学校体育学[M]，北京：人民体育出版社，2000.

[12] 柴建设. 再议身体素质与运动素质[J]. 体育科研，2002（2）：31-32.

[13] 王良民. 论身体素质教育[J]. 体育文化导刊， 2002（4）：65-66.

[14] 李松柏. 关于建立标准人（Stan dard Person简写SP）体系的假设[J]. 西北人口，2004（3）：13-14.

[15] 张汉强，颜素珍. 身体素质的概念阐释及其构成[J]. 社科纵横，

2008（11）：126-127.
[16] 胡亦海. 竞技运动训练理论与方法[M]. 武汉：湖北人民出版社，2005.
[17] 《体操》编写组. 体操[M]. 北京：人民体育出版社，1978.
[18] 郑湘平. 少年女子体操运动员力量训练及评价体系研究[D]. 武汉：武汉体育学院， 2011.
[19] 韩夫苓. 我国优秀女子自由式摔跤运动员专项体能评价与诊断研究[D]. 上海：上海体育学院，2010.
[20] 孙葆刚. 我国优秀儿童乒乓球运动员专项体能水平现状与评价诊断研究[D]. 北京：北京体育大学，2008.
[21] 金宗强. 我国优秀排球运动员专项体能评价体系与诊断方法的研究[D]. 北京：北京体育大学，2004.
[22] 袁运平. 我国男子优秀男子100m跑运动员体能水平的评价与诊断[J]. 中国体育科技，2005，41（6）：126-130.
[23] 刘巍. 东北高校排球运动员专项体能评价指标体系研究[D]. 长春：东北师范大学，2005.
[24] 陈国平. 我国青少年女子网球运动员身体素质评价指标体系的构建[J]. 首都体育学院学报，2010，22（5）：70-74.
[25] 郭仲熙，张瑛秋. 中国优秀青少年乒乓球运动员身体素质训练水平综合评价研究[J]. 体育科学，2004，24（5）：44-46.
[26] 欧文勤. 国内外优秀体操运动员专项力量研究状况综述[J]. 中国体育科技，1996（5）：23-28.
[27] 杨明，韩德慕，曹太勇，等. 对13~15岁少年男子体操运动员吊环专项力量素质结构的研究[J]. 中国体育科技，1993（12）：17-21.
[28] 许铭，何幸光. 广东省7~9岁男少儿体操运动员主要身体素质优化模型的研究[J]. 广州体育学院学报，1994（1）：91-96.
[29] 李蕊. 我国男子竞技体操运动员竞技能力评价指标体系的构建[D]. 西安：陕西师范大学，2009.
[30] 徐建成. 儿童体操基础训练的综合评价体系研究[J]. 体育成人教育学刊，2010（6）：61-63.
[31] 张华，张智新. 对优秀男子体操运动员专项身体素质训练模型的初步研究[J]. 山西体育科技，2004（3）：4-7.
[32] 李文川. 中俄男子高水平体操运动员体能训练比较研究[J]. 浙江体

育科技，2005（5）：46-49.
[33] 温小铁. 体操运动员的选材[J]. 湖北体育科技，1986（2）：69-78.
[34] 国家体育总局竞技体育司. 全国青少年奥运项目教学训练大纲[M]. 北京：人民体育出版社，2009.
[35] 曾凡辉. 运动员科学选材[M]. 北京：人民体育出版社，1992.
[36] 谭修德，刘建生，曹福顺，等. 我国儿童少年体操运动员科学选材标准的研究[J]. 体育科学，1993（4）：38-43.
[37] 温小铁. 体操运动员的选材[J]. 湖北体育科技，1986（2）：69-78.
[38] 曹太勇. 对体操专项身体素质测试方法的研究[J]. 沈阳体育学院学报，1988（1）：64-67.
[39] 王爱兰，黄海，袁尽洲，等. 艺术体操运动员身体素质测量方法与指标体系评价的研究[J]. 西安体育学院学报，1997（4）：37-40.
[40] 黄宝根，吴玉昆. 男子体操运动员前庭机能稳定性及其平衡能力测定问题的探讨[J]. 上海体育学院学报，1984（1）：20-25.
[41] 张云贵，欧文勤. 国家体操队男子队员下肢关节力量测定及评定的研究[J]. 武汉体育学院学报，1995（2）：23-27
[42] 肖光来，钟秉枢，黄玉斌，等. 利用肌肉功能电刺激对中国体操队运动员进行专项力量训练的研究[J]. 北京体育大学学报，1998（1）：25-29.
[43] 胡雯雯. 河北省少年（10~12岁）女子体操运动员专项身体素质评价体系构建的研究[D]. 石家庄：河北师范大学，2010.
[44] 陶武超，阮含芹. 浅析少儿体操的专项身体素质训练[J]. 三峡大学学报：人文社会科学版，2010（32）：185-186.
[45] 孙少伏，陈振伦. 浅谈体操专项身体素质训练[J]. 哈尔滨体育学院学报，2007（3）：110-112.
[46] 夏海燕. 对男子少儿体操运动员七项基本素质发展现状的探讨[J]. 安徽体育科技，1996（3）：48-51.
[47] 陈泳. 浅析男子少儿体操运动员一般身体素质训练[J]. 体育科技，2010，31（3）：50-53，59.
[48] 王庆伟. 男子体操运动员专项力量训练理论探讨[J]. 首都体育学院学报，2003（4）41-44.
[49] 赵元吉，彭庆元. 高水平体操运动员专项力量训练理论方法研究综述[J]. 四川体育科学，2004（3）：95-96，99.

[50] 葛晓通. 体操运动员专项力量训练的理论探讨[J]. 南京体育学院学报：自然科学版，2005（3）：74-76.
[51] 孟祥武，陈永进，郑国祥. 优秀男子体操运动员下肢力量训练理论探讨与评价[J]. 安徽体育科技，2005（4）：32-33，37.
[52] 任涛，钱竞光，叶强，等. 对体操运动员朱天戈肩关节专项肌肉电刺激力量训练的研究[J]. 科技资讯，2008（34）：231-233.
[53] 欧文勤，张云贵. 优秀体操运动员下肢力量素质特点研究[J]. 天津体育学院学报，1994（4）：47-53.
[54] 吴健. 对男儿体操运动员初期下肢速度力量训练的探讨[J]. 西安体育学院学报，1985（2）：38-41.
[55] 杨汉奇. 男子少儿体操运动员力量素质的训练[J]. 体育师友，2004（2）：29-30.
[56] 邱春，翟德平. 少儿体操运动员柔韧素质的训练[J]. 少年体育训练，2003（2）：23-24.
[57] 尚敏. 浅谈少年儿童体操运动员柔韧训练[J]. 成功：教育，2011（4）：166-167.
[58] 黄怡，赵慧荣. 女子体操运动员启蒙阶段的柔韧素质训练[J]. 少年体育训练，2008（5）：38.
[59] 何晋子. 试谈女子少儿体操运动员柔韧素质训练的手段[J]. 山西体育科技，2005（2）：11-14.
[60] 苏珊·格雷夫，谢东，黄斗. 论体操运动员耐力训练[J]. 体育科技，1986（3）：64-65.
[61] 苏珊·格雷夫. 体操运动员的耐力训练——谈心脏效率[J]. 哈尔滨体育学院学报，1984（1）：81-83.
[62] 刘然. 现代汉语辞海[S]. 沈阳：辽海出版社，2003.
[63] 田麦久，武福全，等. 运动训练科学化探索[M]. 北京：人民体育出版社，1988.
[64] 过家兴. 运动训练学[M]. 北京：北京体育学院出版社，1986.
[65] 徐本力. 运动训练学[M]. 北京：北京体育学院出版社，1990.
[66] 姚旭霞. 我国14~17岁优秀女子长距离游泳运动员专项体能评价与诊断研究[D]. 北京：北京体育大学，2010.
[67] 孙葆刚. 我国优秀儿童乒乓球运动员专项体能水平现状与评价诊断研究[D]. 北京：北京体育大学，2008.

[68] 袁运平. 我国优秀男子100米跑运动员体能水平的评价与诊断[J]. 中国体育科技，2005（6）：126-130.
[69] 陈绍绵. 工业过程的控制、检测与诊断研究[D]. 杭州：浙江大学，2010.
[70] 高骏. 电力变压器故障诊断与状态综合评价研究[D]. 武汉：华中科技大学，2011.
[71] 王博. 机器翻译系统的自动评价及诊断方法研究[D]. 哈尔滨：哈尔滨工业大学，2010.
[72] 黄海燕. 体育赛事综合影响的事前评估研究[D]. 上海：上海体育学院，2009.
[73] 金新政，罗乐宣. 软科学研究方法[M]. 武汉：湖北科学技术出版社，2002.
[74] 邓启光. 第一讲 如何理解《概念的内涵和外延》[J]. 天津师范大学学报，1981（1）：75-81.
[75] 欧阳敏. 谈谈定义的表述形式[J]. 齐鲁学刊，1988（3）：87-89，70.
[76] 同任. 定义概念应给出“种差”[J]. 编辑学报，2004（16）：300.
[77] 韩铁稳，赖方樵，汪柏树. 普通逻辑[M]. 北京：北京师范大学出版社，1989.
[78] 关朝阳，王强，傅道华，等. 中外男子体操运动员单项体适能差异比较研究[J]. 北京体育大学学报，2007，30（7）：1004-1006.
[79] 俞继英，张健. 竞技体操高级教程[M]. 北京：人民体育出版社，2000.
[80] 柳克奇. 体操教学与训练方法论[M]. 长沙：湖南大学出版社，2004.
[81] 俞继英，张健. 竞技体操高级教程[M]. 北京：人民体育出版社，2000.
[82] 黄光扬. 教育测量与评价[M]. 上海：华东师范大学出版社，2002：127.
[83] 张秋根，魏主安，殷茵. 循环经济评价指标体系的构建[J]. 安徽农业科学，2009（26）：12747-12748.
[84] 刑文华. 体育测量与评价[M]. 北京：北京体育学院出版社，1985.
[85] 顾春先，邬红丽，肖波，等. 中国高校校园体育文化指标体系研究[J]. 体育科学，2010，30（8）：41-48.

[86] 《体操大辞典》编辑委员会. 体操大辞典[M]. 北京：人民体育出版社，1999.
[87] 全国体育院校教材委员会. 运动解剖学[M]. 北京：人民体育出版社，2000.
[88] 张世林. 体育测量评价理论与方法[M]. 北京：中国社会科学出版社，2001.
[89] 金宗强. 我国优秀排球运动员专项体能评价体系与诊断方法的研究[D]. 北京：北京体育大学，2004.
[90] 曹景伟. 中国优秀女子赛艇公开级运动员体能诊断的方法学研究[J]. 中国体育科技，1999，35（9）：2-9.

后　记

光阴似箭，日月如梭。奋斗历练记忆犹新，情义感激永存于心！

我本科毕业后去工厂工作，硕士毕业后去高校任教，然后又满怀期望和抱负去攻读博士。经历刻苦努力的复习，初试和复试的漫长等待，在获知录取时反而心如止水。博士毕业后，我又马不停蹄地进入博士后流动站；随后，作为国家公派访问学者出国访学。农村学子历经燃干竹条、点煤油灯、喜拥电灯泡的寒窗苦读，也许曾经一度不问前进目标，或许不曾有宏伟志向，只求跟上社会进步的节奏，一路选择默默的学习与提升。回首过去，展望未来，目标可能仍旧茫然，故唯有选择生命不息、奋斗不止！

衷心感谢导师吕万刚教授多年来的悉心指导。作为您的硕士生和博士生，是您孜孜不倦的教导使我成长和进步。您高尚的人格品质、仁厚坦荡的处事风格、勤勉敬业的治学态度、谦逊宽容的为师之道、高瞻远瞩的学术认知，深深感染着弟子。衷心感谢您多年来在学习、生活、工作中给予我的无微不至的关怀和照顾！

感谢华中师范大学体育学博士后流动站合作导师、长江学者特聘教授王健对我博士论文开题和答辩给予的悉心指导。在我彷徨于十字路口时，您的指点迷津和鼎立相助，帮我拨开迷雾，照亮前行之路，衷心感谢！

感谢武汉体育学院教授漆昌柱、倖晓东、胡建国、翟廷立、魏旭波、龙斌，以及湖南师范大学教授李艳翎、湖北省体育局体操运动管理中心国家级教练员方家明等在论文开题、撰写、完善过程中给予我的细致指导与帮助。受益于你们前期的认真把关与指正，论文才得以高质量推进！

感谢武汉体育学院副教授孙伟、教练员姚吉庆，国家体操队教练员熊景斌、赵奇、金卫国、王国庆、白远韶、叶晓东、马长森、胡守文，湖北省体育局体操运动管理中心原主任杨威，各省、市体操队教练员刘万发、刘仕贤、黄志文、林朝阳、王合义、谢剑辉、吴刚、易捷、王献彪、王志坚、刘锦宇、代腾飞、陈伟等诸多专家。在问卷调查和测试过程中，受益于你们对我的无私帮助，我获取了宝贵的实践训练一线资料。同时，特别感谢参与这次测试的全国20余个省、市的200余名少年男子体操运动员。测试时你们纯真灿烂的笑脸和勤奋拼搏的精神，仍让我历历在目，衷心感谢你们的积极配合！

感谢武汉体育学院研究生院领导及老师长期以来给予的栽培与关照。特别感谢我的师兄郑湘平博士、孙立海博士在生活、学习、心灵上给予的关心、帮助与鼓励！

感谢给予转载和引用权的资料、图片、文献、研究思想和设想的所有组织和作者！

最后，特别感谢我的父母妻儿。感谢父母在我求学的道路上的默默支持，从不给我压力，只做我的避风港；感谢妻子马园艳一路的陪伴和鼓励，感谢聪明伶俐的女儿聂睿欣和调皮可爱的儿子聂一昕带给我的幸福快乐，你们是我现在前进的动力和快乐的源泉；也感谢自己，一直在坚持！

感恩相遇，感恩相识，感恩相伴，感恩相行！

聂应军

2019年1月于武汉